新幹線 VS 航空機

堀内重人

東京堂出版

はじめに

新幹線と航空機は、常に競合関係にあった。１９６４年（昭和39）に、世界初の最高速度２１０キロ運転を実現した日本の新幹線は、その速達性により今までの旅行形態だけでなく、日常生活まで変えた。バブル期は、首都圏の地価高騰が著しかったことから、マイホームを求めて西は三島、北は那須塩原や高崎などから、新幹線通勤が一般化した。そのためＪＲ東日本は、世界でも稀な全車２階建ての新幹線車両を導入して、東北・上越新幹線の東京口で使用している。一方の東海道新幹線は、４分頻度で運転されるなど、高速鉄道が通勤輸送に用いられる国は、わが国をおいて他に例はない。

新幹線の歴史は、スピードアップを模索した歴史でもあった。新幹線の最高速度は、開業からしばらくは２１０キロ止まりであった。これは騒音問題の激化や雪だけでなく、国鉄の経営悪化などの要因があった。それでも国鉄末期の１９８５年（昭和60）３月の上野開業時には、東北新幹線の「やまびこ」の最高速度が２４０キロに引き上げられ、翌年の11月のダイヤ改正時には、東海道・山陽新幹線の最高速度が２２０キロに引き上げられるなど、遅ればせながら改善が見られるようになった。

その間に海外では、１９８１年（昭和56）にフランスの高速鉄道であるＴＧＶが、最高速度２６０キロで開業し、翌年には２７０キロに向上させた。フランスも日本の新幹線の成功に刺激を受け、高速鉄道を導入した。だがフランスは日本とは異なり、沿線の人口密度が低いことから、騒音に対する規制は厳しくない。また高速新線と在来線のゲージが同じであるから、在来線への乗り入れを行っている。それゆえ日本とフランスを単純には比較できない。

日本もフランスの刺激もあり、国鉄の分割民営化後は、新幹線のスピードアップに積極的に取り組むようになった。

それには年々大衆化してきた航空との競争力の強化も目的であった。

新幹線と航空機のシェアの分岐点は、600〜800キロと言われてきた。国鉄・JRは、少しでもこの数値を伸ばすため高速化に取り組み、1992年（平成4）3月のダイヤ改正では、東海道新幹線開業以来のフルモデルチェンジ車である300系が、「のぞみ」としてデビューした。

300系は、新幹線初のVVVF制御（Valuable Voltage Valuable Frequency＝可変電圧・可変周波数）の車両であり、最高速度は270キロに向上した。それゆえ車高が低く、騒音対策のためにパンタグラフカバーが設けられている。その後にJR西日本は、トンネルの多い山陽新幹線区間で300キロ運転する500系を開発し、「のぞみ」に投入するなど、両社はスピードアップに熱心である。

一方のJR東日本は、1992年に400系を開発し、福島－山形間の奥羽本線を標準軌に改軌して、東京－山形間に「つばさ」を、さらに1997年（平成9）3月には、田沢湖線と大曲－秋田間の奥羽本線を標準軌に改軌して、東京－秋田間にE3系「こまち」をデビューさせた。需要が少ない地域へは、費用対効果を加味してミニ新幹線を開業させ、乗り換えの解消を図ることで航空機に対する競争力の強化を図っている。1997年10月開業の高崎－長野間の北陸新幹線は、将来は金沢や福井へ延伸させるため、フル規格で建設された。JR東日本の場合、沿線に大都市が少ないため、最高速度を上げるよりも、新在直通や座席数の増加などのサービス向上により、航空機との競争力強化を模索している。

新幹線と無縁であったJR九州も、鹿児島中央（旧西鹿児島）－新八代《しんやつしろ》間を、2004年（平成16）3月に開業させた。従来の新幹線は、大都市から地方へ整備されていたが、九州新幹線は地方から博多へ向けた整備となった。

2010年（平成22）12月4日に、東北新幹線が新青森まで開業したことで、東京－新青森まで3時間20分に短縮されたのも束の間、2011年3月5日にはE5系「はやぶさ」による300キロ運転の実施に伴い、東京－新青森間が3時間10分に短縮された。航空機から新幹線へシフトが起こり、航空機は減便を検討している。また同年の3月

12日には、九州新幹線が全通して、山陽新幹線と直通運転が開始した。最速列車の「みずほ」は、新大阪－鹿児島中央間を3時間47分で結ぶ。それまで大阪－鹿児島間のシェアは、鉄道対航空機が1対9と航空機が圧勝であったが、新幹線の開業で4時間の壁を破ったことから鉄道へシフトしている。鹿児島・熊本ともに、空港は都心部から離れているため、都心部へ乗り入れる新幹線は競争上、優位である。

新幹線は、高速化や新在直通運転の実施で所要時間の短縮を行い、航空機に対する競争力の強化を図ってきた。一方の航空は、800キロ以上の距離では新幹線に対する競争力があるため、マイレージを導入して顧客を囲い込む戦略を採用してきた。だが規制緩和が実施された2000年以降は、早割などの割引航空運賃を設定することで、新幹線に対する競争力を維持しようとしている。

本著では、1、2章では東京－大阪間および大阪－福岡間の新幹線と航空機の競争の歴史を紹介する。3章では、東北・上越新幹線開業による航空への影響について述べ、4章では在来線のゲージを拡幅して高速化を行った〝ミニ新幹線〟について述べたい。

5章では、JR化後の新幹線について取り上げ、6章では、航空事情の変化と運賃、利便性を規制緩和という視点から述べる。そして7章でわが国の今後の高速交通のあり方を台湾・韓国の事例も含め提案したい。

なお、本書は一般向けの書籍のため、本文中の敬称は省略させていただきましたことをお断りいたします。引用させていただきました各位に厚く御礼申し上げます。

堀内 重人

新幹線 VS 航空機 ◉ 目次

第4章　ミニ新幹線の謎……111

本文写真＝著者

第1章　東京－大阪間の客を奪え

1　高速鉄道の計画は戦前からあった‼

弾丸列車から「新幹線」へ

新幹線の計画は、実は戦前からあった。１９２９年（昭和４）10月24日にアメリカのウォール街で株価暴落に端を発した世界恐慌により、国内は未曾有の大不況に見舞われた。不況脱出のため、大陸へ進出することで事態の打開を図ろうとした日本政府は、１９３１年（昭和６）の満州事変だけでなく、１９３７年（昭和12）には日中戦争が勃発するなど、戦時色が強くなり始める。日中戦争はやがて膠着状態になったが、日本は天津・北京などの中国北部を占領した。当時の満州帝国への入国は、日本人であれば自由に入国が可能であり、日本から中国や満州帝国へ向かう客貨が激増したため、東海道・山陽本線の輸送量も増大した。当時の国鉄（鉄道省）は、輸送力の増強が迫られており、一部の区間や季節では輸送力が逼迫していたため、鉄道省内部に「鉄道幹線調査会」が設立され、主要幹線の輸送力増強についての検討が行われた。抜本的な輸送力増強を行うため、１９３９年（昭和14）に東京－下関間に在来の東海道・山陽本線とは別に１４３５ミリの標準軌の新線を建設し、東京－大阪間を４時間、東京－下関間を９時間で結ぶ「弾丸列車計画」が発案された。弾丸列車は１５０キロ運転と貨物の輸送力向上を行うため、最急勾配は10‰と緩やかにし、欧米を超える２００キロ運転が可能な規格とするため、軌道には60キロレールを使用することになった。

この計画は翌１９４０年（昭和15）９月に承認され、１９５４年（昭和29）に完成させる15か年計画として、１９４１年（昭和16）に建設工事が始まった。将来的には海底トンネルで対馬海峡を渡り、朝鮮半島の釜山へ向かう。そこから京城（現・ソウル）を通り満州帝国に入り、奉天（現・瀋陽）を通って首都新京（現・長春）に至る計画であった。さらに途中から分岐して北京から南下して、昭南（現・シンガポール）に至る壮大な構想も一部では描かれていた。

戦前の日本では、民政党と政友会が政権争いを行っており、民政党が政権を採れば改軌論が起こるが、政友会が政権を採れば地方の不採算路線の建設が促進された。これは民政党の議員は、都会出身の議員が多かったことに対し、政友会は地方出身の議員が多かったことによる。そんな民政党と政友会の争いも、１９４０年（昭和15）10月12日の近衛文麿首相の時代に統一され、大政翼賛会という一党独裁体制になった。

だが戦前の日本の鉄道は、機関車が客車を牽引することが一般的であるうえ、発電所などが敵国からの攻撃を受けると輸送が滞るため、軍は電化には消極的だった。そこで海岸線から離れた山間部は電化するとして、「弾丸列車」も電気機関車と蒸気機関車を併用する方式で計画された。旅客用電気機関車としてＨＥＦ50形式が、旅客用蒸気機関車としてＨＤ53とＨＣ51形式が、貨物用電気機関車としてＨＥＨ50形式、貨物用蒸気機関車としてＨＤ60形式が予定された。

１９４１年（昭和16）12月8日に太平洋戦争が勃発した後も工事は続けられ、日本坂トンネルや新丹那トンネルが着工された。１９４２年（昭和17）に新東山トンネルも着工されたが、翌年には戦況の悪化で中断した。この時、日本坂トンネルと新丹那トンネルも一部は完成していた。そこで日本坂トンネルは、いったんは在来線に転用されていたが、これらは後に新幹線に活用された。戦時中の時点で半ば強制的に土地買収を進めたが、１００キロ程度しか確保できなかった。それでも後の東海道新幹線建設に役立った。また駅構内などに車両基地があったため、これらを活用すればよかったことも、後の新幹線建設を円滑にした。

１９５０年（昭和25）6月に朝鮮戦争が勃発すると、デフレ不況に苦しんでいた日本経済は、息を吹き返した。昭和30年代に入ると、高度経済成長が本格化したことから、旅客・貨物ともに輸送量の増加が著しくなった。東海道本線は、１９５６年（昭和31）に全線で複線電化が完成したにもかかわらず、輸送力が限界に達しており、輸送力不足を解消するため以下のような対策が検討された。

①在来線の複々線化

②東海道本線とは別に狭軸の複線を建設

③標準ゲージの別線による戦前の弾丸列車の復活

当時の国鉄内部では、①が最も有力だったという。これは現有設備がそのまま活用できるため、費用面では最も安くなる。仮に資金面で工事が中断した際でも、完成部分がすぐに活用できるうえ、混雑の激しい部分の改善が早期に実現できることが理由であった。②と③を比較した場合、②の方が費用の面で割安であるが、客貨分離を行ったとしても、高速運転を行う特急列車とローカル列車が同一の線路を走行するのであれば、ダイヤ設定能力を落とすため、すぐに輸送力不足に陥る。③に関しては、先ほど述べたように戦前から弾丸列車が計画され、工事に着手している。標準軸ゲージを採用すれば、車体幅の大きな車両が導入できるため、それだけで輸送力増強に繋がる。また200キロ運転の高速列車は、100キロ運転の列車に比べ、所要時間が大幅に短縮されることから、少ない車両で大量に旅客をさばける。そこで十河信二総裁や島秀雄技師長は、将来に対する発展性を視野に入れて考えた場合、困難も多いかもしれないが「標準軸の別線増設」という形で客貨分離を行うことが抜本的な輸送改善に繋がると結論づけた。1957年（昭和32）5月に東京・銀座のヤマハホールで開催された国鉄鉄道技術研究所主催の技術講演会では、東京-大阪間に標準軸の新幹線を建設すれば、250キロ運転が可能であり、両都市間の所要時間は3時間に短縮できる。それには電車による動力分散方式であり、信号や線路設備なども在来線とは全く異なる新しい設計にする必要があるという旨の内容だった。その意向がその後の政府の調査会にも反映され、1959年（昭和34）4月20日に十河国鉄総裁と島技師長のもと、東海道新幹線の建設が開始した。

戦後は1957年（昭和32）に101系電車がデビューして、その優れた加減速性能や曲線通過性能、乗り心地などが高く評価され、長距離も動力分散方式の電車が適していると結論づけた。そこで1958年（昭和33）に、特急形151系電車がデビューしたこともあり、新幹線も動力分散方式の電車を採用することになった。

国鉄単独で建設資金を準備することは困難であったことから、当時の蔵相であった佐藤栄作の提案により、世界銀行から8000万ドル（当時は1ドル＝360円）の融資を受けて建設された。これは、国の単年度予算では計画が頓挫する可能性があるが、世界銀行から融資を受ければ国際公約となる。それゆえ政府は、事業継続を義務づけられたことになる。世界銀行からの借金は、東海道新幹線は開業から3年で単独黒字になったことから、借金の返済も順調に進み、1981年（昭和56）には完済している。

鉄道雑誌などで、新幹線が貨物輸送を行う予想図が紹介されたが、あれは世界銀行から資金の融資を受けるための手段であった。現在の新幹線は、貨物輸送に対応した設計になっていないうえ、貨物列車を走らせるだけのダイヤにゆとりがない。また高速列車と貨物列車は、性格が大きく異なるため、同一軌道で両者を運行すると、軌道が損傷しやすくなる。

東京オリンピックの開会式が1964年（昭和39）10月10日と決まっていたことから、それに間に合わせるため直前の1964年10月1日の開業を予定とした。200キロ以上で走行する高速列車の性能などを確認するため、1962年（昭和37）に神奈川県綾瀬付近－小田原付近の区間に試験線が建設され、鴨宮に基地とモデル線管理区が置かれ、各種試験だけでなく乗務員の訓練などを行った。

小田原－綾瀬間が試験路線に選ばれた理由は、以下の4つが挙げられる。

①戦前の弾丸列車構想に際に既に用地を取得しており、早い時期の着工が可能
②直線やカーブだけでなく、トンネル・鉄橋もあったためデータ収集が容易
③鴨宮付近では東海道本線と隣接しており、車両・資材などの搬入に便利
④国立にある鉄道技術研究所からも近く、問題が発生した時も対処が容易

ここで2編成の試作電車「1000形」を用いて、車両と設備のテストを繰り返し、問題点をあぶりだしながら改良を重ねた。1963年（昭和38）3月30日の速度向上試験では、1000形B編成が256キロの国内速度記録を達成している。モデル線での研究は、初代量産形の新幹線電車となる0系（図1－1）や、線路設備の開発に活かされることになった。またこの場所に中央鉄道学園小田原分所を設けて、新幹線のための乗務員と保線要員の養成も同

時に行った。
　モデル線には、弁天山トンネルをはじめとする多くのトンネルがある。トンネルに出入りする際やトンネル内でのすれ違う際、車内にいる乗客は、在来線時代よりも耳ツンがはるかに大きいことが分かった。これは気圧変化が大きいことが原因であり、量産車では車内を機密構造にすることなどによって、大きな成果を上げることができた。しかし相模湾に近いことから、鴨宮は冬でも比較的温暖だったため、降雪時の高速運転を想定した試験データは充分に得られなかった点が残念である。

　東海道新幹線の名古屋－新大阪間の経路は、東京－大阪間を1分でも所要時間を短縮するため、当初は鈴鹿山脈を貫いて近江八幡付近に出るルートも計画された。だがこのルートは、長大トンネルを掘削する必要があるため、費用だけの問題でなく、当時の技術力や工期の制約から断念した。そこで東海道本線と同様に、関ヶ原を経由するルートに変更されたが、将来、山陽新幹線が完成して西へ延びた場合、ダイヤが乱れた際に大阪－名古屋間で調整用の駅（地点）が必要となった。その用地を確保するため、自民党の副総裁まで上り詰めた大野伴睦⑴が、岐阜羽島の土地を確保するように動いた。「岐阜羽島は政治駅である」と言われるが、この駅はダイヤ調整用として建設されたため、仮に乗降が皆無でも問題はなかった。もし単なる政治駅だけならば、

図1－1　初代新幹線0系。丸みのある前面が特徴だ。

2面6線の駅など建設する必要がなく、相対式の2面2線のホームを建設し、ホームドアーを設ければ済む。岐阜や大垣に駅を設けると、それだけ距離が延びることから、最初からそのような考えはなかった。

建設されたモデル線区は、有効活用するために新横浜－小田原間の一部になっている。この手法は後続の東北新幹線の小山実験線や、リニア方式となる中央新幹線の山梨実験線にも踏襲された。

こうしてめでたく、東京オリンピック開会式の直前の1964年10月1日に、東海道新幹線は開業することができた。

ただし十河信二総裁や島秀雄技師長は、東海道新幹線が開業した時には既に国鉄を退職しており、開業時の総裁は三井物産出身の石田禮助《れいすけ》であった。開業当初は、資金的にも時間的にもゆとりがなかったことから、一部の駅では満足に屋根のない駅もあったと聞く。また東海道新幹線は、盛土区間が多いことから、開業から1年間はその区間では最高速度を160キロに落として運転していた。そのため開業当初は、東京－新大阪間の「ひかり」の所要時間は4時間、「こだま」が5時間だった。在来線特急「こだま」の東京－大阪間の所要時間が6時間30分であったことから、新幹線「こだま」であっても1時間半の時間短縮が実現した。

日本人のライフスタイルを変えた東海道新幹線の開業

新幹線の卓越した速達性は、さまざまな分野に波及した。国鉄は当初、東海道本線の特急・急行を利用する長距離の乗客が新幹線にシフトすると見ていた。開業時は「ひかり」「こだま」ともに全車指定であり、「ひかり」には超特急料金が適用され「こだま」よりも割高だった。ところで国鉄は少しでも利用者を増やしたいこともあり、1964年（昭和39）12月18日に二等車（現・普通車）に自由席を設けたため、東京から熱海や伊豆方面へ向かう短距離の乗客も準急から新幹線にシフトした。当時の東京－熱海間の準急の二等車自由席の準急料金は100円であり、「こだま」の二等指定席料金は500円と割高であり、自由席は100円引きの400円とした。当時の大卒の初任給が2

万１０００円程度であったため、準急の二等車自由席と新幹線「こだま」の二等車自由席の料金差は４００円もあり、当時の４００円は現在の価値に勘算すれば４０００円程度になる。それでも乗客は速くて便利なことを好んだため、休日になるとデッキまで混雑するようになり、熱海駅では満員の列車から降りた乗客が酸欠状態で倒れる事件が発生していたという。新幹線は全員着席の状態で輸送することを前提に設計されており、国鉄側も１２０％の乗車率となるように発券を制限していた。だが駅などは増収を図りたいため、この制限を無視して自由席特急券を乱発した。これは東京－九州間のブルートレインが、九州内で立席《りっせき》特急券を乱発して、Ｂ寝台車の車内の混雑が２００％に達した状態と同じである。車内の混雑度は２００％とラッシュ時の通勤電車並みとなったが、デッキや洗面所などは空気ダクトなどがなかったという。すぐに改造することになったが、０系電車のすべての工事が完了するまで時間を要するため、乗車率を１６０％以下にする乗車制限などを行っていた。

　現在の新幹線特急料金は、改札を出なければ「ひかり」と「こだま」を乗り継いでも、距離を合算した特急料金が適用されるが、当時は在来線の延長という発想から細切れになっていた。表１－１では、新幹線の開業以前の１９６３年から開業後の１９６７年までの航空機の乗客の推移を示した。新幹線開業以前は斜体で示したが、開業後は航空機から新幹線へ乗客はシフトしている。特に顕著なのが１９６５年（昭和40）1月以降であり、航空機の輸送量は3分の1～半分にまで減少した。

　１９６５年11月1日のダイヤ改正で、「ひかり」は東京－新大阪間の所要時間が３時間10分に短縮されたことで、同年の12月から翌１９６６年（昭和41）の３月までは、

表1－1　1963～1967年までの羽田－大阪線の乗客の推移（斜体は東海道新幹線開業前）。

	1月	2月	3月	4月	5月	6月	7月	8月	9月	10月	11月	12月
1963年	*75,067*	*72,486*	*100,157*	*101,511*	*80,019*	*75,033*	*85,742*	*97,638*	*77,649*	*119,285*	*114,981*	*89,767*
1964年	*97,867*	*94,318*	*120,329*	*138,763*	*138,183*	*107,627*	*106,605*	*132,457*	*104,844*	89,482	100,370	71,750
1965年	41,210	39,175	49,815	53,210	59,588	74,072	73,970	98,473	63,574	67,065	43,995	38,890
1966年	50,444	44,441	46,054	47,616	58,767	72,300	71,377	100,028	64,184	71,601	52,733	50,212
1967年	57,374	45,777	64,614	90,405	97,598	61,151	62,980	82,899	60,467	80,834	73,225	70,913

出典：国土交通省（旧・運輸省）『航空輸送統計年報』1963～1967年度

関ヶ原付近の積雪による車両故障や運休、遅延などが生じるようになった。そのため1966年や1967年は、1965年と比較して12月～3月の積雪時に航空へ乗客がシフトしていたことが分かる。

新幹線の経済波及効果は、ビジネスや観光だけにとどまらなかった。日帰りが可能になっただけでなく、時間的な距離が短縮されるため、人々の行動範囲が広がり、ライフスタイルを大きく変えることになった。当初は東海道新幹線の建設に懐疑的であった政治家や官僚も、今までの姿勢を転換することになり、今度は日本全国を新幹線で結ぶことで、さらなる経済効果を波及させることをもくろむようになった。そこで1970年（昭和45）5月18日に全国新幹線鉄道整備法を成立させ、1973年（昭和48）11月13日に表1－2で示す5路線の整備計画を発表した。

新幹線建設の本来の目的は、逼迫した東海道本線などの幹線の輸送力増強であった。だが全国新幹線鉄道整備法が成立すると、高速道路や空港とともに高速交通網の主役になっただけでなく、景気対策の公共事業の代表格として政治的・経済的な論争の対象となり、その性格が大きく変わる。

開業以来、国鉄によって運営されていたが、1987年（昭和62）4月1日の国鉄分割民営化に伴い、東海道新幹線の運営はJR東海、山陽新幹線はJR西日本、東北・上越新幹線はJR東日本が継承した。JR東海管内の東京－新大阪間で完結する列車であっても、JR西日本所有の車両が使われることも珍しくはないが、輸送量の関係で16両編成に限定される。

2011年（平成23）10月現在、東海道新幹線は最高時速270キロで運転され、

表1－2　1973年（昭和48）11月13日に整備計画を発表した5路線。

路線名	区　間	路線長
北海道新幹線	青森－札幌	360km
東北新幹線	盛岡－青森	170km
北陸新幹線	東京－大阪（長野・富山経由）	600km
九州新幹線（鹿児島ルート）	福岡（博多）－鹿児島	270km
九州新幹線（長崎ルート）	福岡（博多）－長崎	118km

出典：須田寛『東海道新幹線』などの文献をもとに作成

最速列車の東京－新大阪間の所要時間は2時間25分である。

東海道新幹線は、東京・名古屋・大阪という日本の三大都市間を高速移動する手段の一つである。JR東海のホームページによれば、2010年（平成22）3月の時点では、1日あたり341本の列車が運転されている。年間収益は、2005（平成17）～2008年度（平成20）までは、約1兆円強の水準を維持していた。2009年（平成21）3月末で、1兆0478億円の収益があった。

だが2009年度は、景気の低迷や2009年3月から当時の麻生太郎首相が実施した土休日の高速道路料金1000円化の影響を受け、1兆円を割り込んで9573億円となった。1日あたりの利用者数は約37万8000人であり、年間で1億3800万人が利用するなど、景気の低迷などで利用者が落ち込んではいるが、世界有数の営業収益を挙げている鉄道路線でもある。

万国博覧会の大成功で新幹線の需要がますます増加

日本万国博覧会（以下、万国博覧会）は、大阪府吹田市にある千里丘陵の約350ヘクタールにおいて、1970年（昭和45）3月15日～9月13日まで、「人類の進歩と調和」をテーマに183日間開催された日本初の国際博覧会であると同時に、史上初のアジアで開催された国際博覧会でもあった(2)。

当時の大学卒の男子の初任給が、4万0961円の時代であるにもかかわらず、入場料は800円であった。当時の800円は、現在の価値に直すと4000円くらいになるため、当時のサラリーマンの給料水準と比較して割高であった。それにもかかわらず、総入場者数は6421万8770人を記録し、当時は国際博覧会史上第1位であった。この記録は、2010年（平成22）中国の上海で開かれた上海万博の7278万人に抜かれ、現在では2位になっている。

万国博覧会は、国際博覧会史上初めて黒字となった博覧会であった。また1964年（昭和39）の東京オリンピックと並び、戦後は焼け野原からスタートして高度経済成長を成し遂げ、アメリカに次ぐ経済大国となった日本を、世界にアピールする意義を持つイベントとなった。そこで企業や研究者だけでなく、建築家や芸術家も多く起用された。建築家や企業は各パビリオンの建設に携わり、芸術家などは映像・音響などのイベントの制作だけでなく、展示物の制作に係わった。万国博覧会のシンボルである〝お祭り広場〟は丹下健三が、〝太陽の塔〟は岡本太郎の製作である。

万国博覧会の開催が決定したのが1965年（昭和40）の9月14日であり、翌10月には「財団法人日本万国博覧会協会」が設立され、会期までに必要な設備を整えることが決定した。その一つとして交通機関の整備も上げられ、大阪市など会場周辺の市街地では、路面電車を廃止して地下鉄を整備したり、阪急千里線の北千里への延伸や近鉄難波線の開業などの大規模開発が進められ、現在も使用されている。鉄道以外にも万国博覧会の開催に合わせ、前年に東名高速道路が全通している。また万国博覧会とは直接関係ない泉北ニュータウンや大阪駅前でも、泉北高速鉄道の建設や大阪駅前再開発などが、推し進められることになった。

一方で、民主的な日本国憲法が公布されているにもかかわらず、政府により多くの芸術家が万国博覧会という国家イベントに動員されたことに、文化界だけでなく芸術界からも、政府の少々強引なやり方に批判もあったが、若手の建築家やデザイナーが腕を存分にふるえる機会を与えたことも事実であった。また同じく1970年には、日米安保条約改定が予定されていた。そのため万国博覧会は、条約改定に関する議論や反対運動（70年安保闘争）に対し、当時の大学生には「国民の目を反らす行為」と映った。現在の大学生は当時と比較すれば無気力・無関心になったと言われるが、当時の大学生は良い悪いは別としてバイタリティーがあった。それゆえ大学生の中には、万国博覧会の開催に対して反対運動を行った学生もいた。

万国博覧会の前年の1969年（昭和44）7月21日に、アメリカのアポロ11号が月面着陸に成功し、人類が初めて月面に降り立った。その記念として宇宙飛行士は、「月の石」を持ち帰った。それを展示したアメリカ館は、特に人気が高いパビリオンであった。数時間待ちの行列ができたため、途中であきらめて他のパビリオンへ行く人も多かった。筆者は当時3歳であったが、炎天下の8月でも長蛇の列であったため、列に並んだ記憶すらない。この時、国鉄も「国鉄館」という独自のパビリオンを出展し、新幹線という世界に誇れる鉄道技術を展示したかったが、国鉄の経営は年々悪化しており、「万博への出展など分不相応」という批判が強かったことから断念した。そのため政府館の一部に、当時開発が始まったリニアモーターカーの模型などを展示した程度であった。

かつて１９４０年（昭和15）は、皇紀２６００年[3]に該当する年であり、3月15日～8月31日まで「紀元二千六百年記念万国博覧会」が東京市（当時は、東京府東京市[4]）で開催される予定だった。またこの年には、東京オリンピックの開催が予定されていたが、前年の１９３９年（昭和14）に欧州で第二次世界大戦が勃発したことにより、共に中止になっている。

本来ならば記念すべき年であるのだが、日中戦争の泥沼化や第二次世界大戦の勃発、大政翼賛会の発足など、世の中は戦時色が濃くなりつつある時代だった。その博覧会の前売り券を所有している人も多くいたため、今回の万国博覧会で使用できることになった。その結果として約３０００枚が使用されたと聞く。

万国博覧会の輸送計画を立てていた国鉄は、乗客の集中が予想される「ひかり」で使用する全編成を16両に増強することにしたが、この時点では食堂車は導入されなかった。当時の基本ダイヤは、1時間あたり「ひかり」が3、「こだま」が3であった。当初は1時間あたり「ひかり」が4、「こだま」も4として、多客時は16両編成とする案も出た。多客時だけでも「こだま」まで16両編成にするとなると、全駅のプラットホームを延伸しなければならないうえ、オフピークに16両の編成を遊ばせることになり効率が悪い。そこで「ひかり」すべて16両編成とし、「こだま」は基本が3で多客時が6の変則ダイヤにすることが望ましいとなった。

万国博覧会の入場者数は、６２４０万人を記録したが、そのうちの3割に当たる２２００万人が国鉄を利用した。国鉄利用者の中でも、１０００万人が新幹線を利用した。「万国博覧会で大阪へ行く際に、初めて新幹線に乗ったという人が多かった」と言われ、新幹線「ひかり」は「動く万博パビリオン」とも呼ばれたという。

ゴールデンウイーク期間中と夏期に、東海道本線上りの大阪－三島間に旧型客車を使用した臨時の夜行急行「エキスポこだま」が運転された。この列車は三島駅で、同駅始発の東京駅行き臨時列車「こだま492号」に接続していた。臨時の夜行急行「エキスポこだま」を東京まで運転すると、東海道本線の東京口では通勤輸送に支障を来すことになるため、三島から新幹線に乗り換えてもらうことで東京方面への連絡を図った。

このように万国博覧会へ来る大量の旅客をさばくために、新幹線をはじめとした交通機関は大きな役割を果たした。万国博覧会に備え、国鉄は新幹線用の0系だけでなく、波動用の12系客車などの増備や設備の改良を実施した。そこで終了後は、これらを有効活用するため、「ディスカバージャパン」という大々的な誘客キャンペーンを実施し、大きな成果が得られた。

2　黎明期の航空業界は深夜便が花盛り

国産機「YS－11」がフルに活躍

今日では信じられないことだが、プロペラ機が全盛だった時代の日本の夜空では、深夜便が高度成長期の旅客・貨物の輸送を支えていた。深夜便は1953年（昭和28）12月15日に、全日空（ANA）の前身の一つである株式会社日本ヘリコプター[(5)]が、東京－大阪間に郵便貨物専用便の運航を開始したことに始まる。戦後は、GHQにより航空事業が禁止されていたが、1952年（昭和27）のサンフランシスコ講和条約の発効により、日本企業による航空機の運航や製造の禁止が一部、解除された。同年の7月に航空法や航空機製造事業法が施行され、これにより日本ヘリコプターも同年に設立された。日本航空（JAL）は、前年の1951年（昭和26）にGHQの意向で当初は民間会社として設立したが、国際線を就航するために、翌年に半官半民の会社となった。深夜便は創業間もない日本ヘリコプターの収入を支える貴重な柱であった。またJALも、昭和30年代には東京と福岡・札幌に旅客深夜便を飛ばしていた。その便には、「ムーンライト」「オーロラ」というロマンチックな愛称を付け、乗客に親しまれていた。「ムーンライト」は1960年（昭和35）6月に羽田－福岡間で運航を開始し、深夜割引を実施していた。

その後、JALの深夜便は1970年頃に最盛期を迎え、1971年（昭和46）に日本国内航空は東亜航空と合併して東亜国内航空（TDA）となる。この時代のジェット機は、DC－8やB727などが使用されていたが、エンジンからの騒音がすごかったため、各地で騒音公害が問題となっていた。その騒音公害対策として、1998年（平成10）3月末までは航空券を購入時に「ジェット特別料金」として750円が徴収され(6)、その財源としていた。だがYS－11はプロペラ機であったため、ジェット機ほど騒音がひどくなかったため、夜間離着陸禁止の対象外として、1日5往復も運航された。

YS－11は、戦後、日本が開発した唯一の旅客機であり、1964年（昭和39）8月に当時の運輸省から形式証明を取得している。その語源であるが、1958年（昭和33）12月11日に日本飛行機の杉田工場でモックアップを完成披露した際のキャッチフレーズが、「横浜・杉田で11日に会いましょう」であり、横浜がY、杉田がSであり、11に合わせて〝YS－11〟となったという説もある。1964年（昭和39）9月9日には、ANAへリースされたYS－11の2号機が、東京オリンピックの聖火を日本全国へ空輸し、日本国民に航空復活をアピールした。

YS－11による深夜の旅客運航では、日本国内航空の営業所と空港間に、連絡バスを運行して対応していたと聞く。YS－11は、性能的に見れば決して悪い機材ではなかった。だが戦後の日本には、航空機製造の実績がなかったことから販売が伸び悩み、赤字が続いたこともあり、結局は180機で製造中止となった。航空機の製造に関しては、開発した機材が「250機以上売れるとペイする」と言われている。YS－11の場合、もう少し売れていたならば、これに続く後継機が出たかもしれず、残念でならない。B737は、1968年（昭和43）2月の初就航以来順調に販売を伸ばし、時代とともに改良が加えられた機種が登場している。2009年（平成21）2月の時点で総受注数が8179機であり、総生産機数が5942機となるベストセラー機に成長した。これには、格安航空会社（LCC＝

Low Cost Carrier）で持てはやされていることも大きな要因であると、筆者は考えている。

深夜便は旅客だけでなく、郵便の速達化に伴い、郵政省（当時）のチャーターによる郵便専用の深夜便も、国内3社が運航していた。だが1970年代になるとB747というジャンボジェットや、トライスター、DC－10が登場するなど、航空機の大型化と便数増大によるベリー（客室の床下にある貨物室）搭載力の向上や、夜間離着陸の完全禁止により、深夜便はその活躍の場を失った。そして1974年（昭和49）秋、TDAによる福岡便を最後に消滅した。

「45・47体制」の不思議

プロペラ機による深夜便は運航されていたが、主に速達郵便などの輸送が目的であり、定員も少ないことから、鉄道（新幹線）の競争相手にはならなかった。むしろ新幹線の影響を受けたのは、昼間の便である。

この時代に航空の利用は減少するが、これは新幹線の開業というよりも、この時代のANA（図1－2）は毎年のように重大事故を起こしていたこともあり、航空への不安が大きかった。特に1966年（昭和41）は、表1－3で示すように航空事故が多発した年であった。特にANAは、1965年（昭和40）2月14日にDC－3型貨物機が知多半島通過後に墜落する事故を契機に、1966年2月4日にB727が羽田で着陸に失敗し133名が死

表1－3　1966年（昭和41）に日本国内で発生した航空機事故の一覧。

発生日時	航空会社	機　材	発生場所	死　者	備　考
2月4日　19：01	全日空	B727	東京湾	133名	
3月4日　20：14	カナダ太平洋航空	DC-8	羽田空港	64名	
3月5日　14：21	海上保安庁	シコルスキー	東京湾	2名	
3月5日　14：00	英国海外航空	B707	富士山付近	124名	空中分解
8月6日　6：10	KLMオランダ航空	DC-8	東京湾	0名	
8月26日　14：35	日本航空	コンベア 880-22M	羽田空港	5名	訓練実施時
11月13日　20：30	全日空	YS-11	松山沖	50名	

出典：日本国内発生航空事故一覧1960－1969（http://mirabeau.cool.ne.jp/air/1960.html）をもとに作成

亡する大事故を起こした。そして同年の11月13日に松山空港でYS－11が着陸に失敗し、50名全員が死亡する大事故を立て続けに起こしている。

政府は、1966年（昭和41）5月20日の閣議了解により、将来の統合を前提にJALと日本国内航空の提携を進めた。日本国内航空は、1952年（昭和27）7月4日設立の日東航空や、同年9月13日設立の富士航空、1953年（昭和28）6月30日設立の北日本航空という地域内のローカル線を中心に運航していた3社を、当時の運輸省の指導により、1964年（昭和39）4月15日に合併により設立した事業者であるが、幹線も運航していた。だが幹線では、JALやANAを相手に苦戦を強いられ、経営不振に陥っていた。

そこで1966年の閣議では、幹線輸送はJALに担わせることを前提に、日本国内航空は幹線から撤退させ、準幹線やローカル線の運航を担うようにした。同時に同社が所有していたコンベア880やB727などの機材もJALにリースさせた。ところが落ち込んだ航空需要は、1967年（昭和42）以降になると好転し、1969年度（昭和44）にはローカル路線を主に運航する日本国内航空と東亜航空が共に黒字を計上した。そこで1970年（昭和45）に1966年の閣議了解が変更され、日本国内航空と東亜航空の合併が決まった。

航空業界は、「鉄道業界ほど規模の経済による優位性は働かない」と言われるが、規模（資本金）が大きくなることによる先行投資や合併によるネッ

図1－2　全日空の旧塗装機。

図1－3　0系のモデルチェンジ車である100系は、鋭利で洗練された外観が特徴であり、2階建て車を組み込んでいた。

トワークの充実などの利点もある。今日ならば、コンピューターによる予約システム（CRS）の構築に莫大な費用が掛かることもあり、航空業界も規模の経済による優位性が発揮されるようになった。

1970年に日本国内航空と東亜航空の合併が決定したが、実現したのは1971年（昭和46）5月15日であり、新しい商号は東亜国内航空（TDA）となった。これにより日本国内の航空会社は、JAL、ANA、TDAの三社体制となった。そこで1972年（昭和47）には、運輸省はこの3社に対して事業（路線）割り当てを行った。これが俗に言う「45・47体制」であり、昭和45年に閣議決定され、昭和47年から実施されたため、そのように言われる。その結果、国際線と国内幹線の一部はJAL、国内幹線は主にANA、国内準幹線とローカル線はTDAというように、運航を割り当てる市場調整を行った。

これは新幹線との競争を意識したものではない。航空業界への新規参入を「免許制」とし、運賃・料金の設定に関しては「認可制」としたため、むしろ航空業界への規制を強化した内容だった。

3　新幹線をさらに高速化せよ

初の2階建て車両「100系」の登場

東海道新幹線は、1965年（昭和40）11月1日のダイヤ改正により、東京－新大阪間を3時間10分で結ぶようになったが、その後は雪だけでなく、騒音問題や国鉄財政事情の悪化もあり、スピードアップは停滞する。1985年（昭和60）3月14日のダイヤ改正でようやく、ダイヤの見直しなどにより、3時間8分と若干ではあるが所要時間が短縮した。

同年には、東海道・山陽新幹線に0系のフルモデルチェンジ車である100系が登場した（図1－3）。100系は、将来のスピードアップも見込んでモーターの出力を25％程度アップしており、0系の全車電動車方式から12M4Tと、新幹線では初めて付随車も組み込んだ編成となった。両端の制御車と2階建て車両は非電動車となったため、渦電流ブレーキが導入された。渦電流ブレーキのメカニズムを分かりやすく言えば、ＩＨ炊飯器と原理は同じと言える。

８号車は食堂車であり、眺望の良い2階部分が食堂になっている。階下は厨房となっており、１００系からはビュフェが廃止され売店が設けられた。食堂車の厨房には、大量にご飯が炊ける炊飯器など高価な機器が導入されたが、換気に関しては0系食堂車よりもさらに悪くなった。また食堂部分の2階へ厨房で作った料理をリフトで持ち上げていたが、これが故障すれば車販要員まで動員して対応しなければならず、乗客からは好評であっても、食堂従業員からは不評であった。

９号車はグリーン車となったが、2階は開放型で階下にはグリーン個室が初めて設けられた。１９８５年に登場したX編成では、1人用、2人用、3人用の個室が、海側に面して設けられた。10号車も開放型のグリーン車であったが、試作車は車端部に1人用と2人用の個室も設けられていた。

１００系の登場もあり、１９８６年（昭和61）11月のダイヤ改正では、東海道・山陽新幹線の最高速度が初めて２２０キロに引き上げられた。これにより最速列車は、東京－新大阪間の所要時間が2時間49分となり、平均でも2時間56分と3時間の壁を破ることになった。

国鉄が分割民営化後に誕生したＪＲ西日本は、１９８９年（平成元）に１００系３０００番台車を導入した。この車両は、2階建て車両が4両連結されていたことから、〝グランドひかり〟の愛称で親しまれた。2階建て車両の内訳であるが、8号車は食堂車であり、7号車と9～10号車の2階部分は、グリーン車、階下は２－２の座席配置の普通車指定席となり、個室は設けられなかった。

〝グランドひかり〟の特徴として、山陽新幹線では最高速度が２３０キロにまで引き上げられたことから、東京－博多間の所要時間が10分短縮され、5時間49分となった。

ＪＲ西日本は、〝グランドひかり〟を用いて将来的には、最高速度を２７０キロまで引き上げたかったが、山陽新幹線内で試験運転を実施した際、騒音基準をクリアできなかった。

300系「のぞみ」が颯爽とデビュー

1991年(平成3)の秋にバブルははじけたが、その翌年の1992年(平成4)3月14日のダイヤ改正では、東海道新幹線に「ひかり」より格上の「のぞみ」という列車が登場した。「のぞみ」が登場した背景として、航空機の巻き返しがある。国鉄が分割民営化された当時は、東京-大阪間の鉄道対航空のシェアは、8対2で鉄道が優勢であった。航空の普通運賃は「認可制」であったが、航空各社は割引回数券などの発行により、利用者が増加傾向にあった。東海道新幹線しか黒字路線がないJR東海としては、航空機に対抗する必要性から、それまでの「ひかり」よりも到達時間の短縮を図ることになった。

東京駅最終の新大阪行きの「ひかり」は、他の名古屋と京都だけに停車する「ひかり」よりも7分速く、所要時間は2時間49分で最速であった。ところがこれ以上の時間短縮を行うとなれば、0系や100系では騒音問題だけでなく、車両性能の面でも無理であった。JR東海はさらに19分時間短縮を行い、2時間半で東京-新大阪間を結びたかった。そのためには東海道新幹線内では、最高速度を270キロに向上させる必要があった。そこで0系、100系に代わる次世代車両である300系の開発を行い、「ひかり」よりも速い列車種別として新たに「のぞみ」を誕生させた。300系は新幹線初

図1-4　新幹線のフルモデルチェンジ車である300系は、空気抵抗を減らすため、外観が大きく変わった。

のVVVF制御の車両であり、騒音問題をクリアするため、2階建て車両はやめると同時に、先頭車もより空気抵抗の少ない形状になった（図1－4）。パンタグラフの風切り音が騒音の大きな原因であることから、240キロ運転を行う200系ではパンタグラフを減らす代わりに、車体の上部に特殊高圧線を敷いて対応した。これに対し300系では270キロまで最高速度を引き上げるとなると、さらなる騒音対策が必要となるため、車高を下げて空気抵抗を減らすだけでなく、パンタグラフにカバーを設けた。そのため横から見ると、まるで2階建て車両が連結されているように感じる（図1－5）。

筆者は、「のぞみ」という列車名を聞いた時、「朝鮮鉄道の急行列車に使用されていた古い名称を、なぜ今さら新幹線で使うのか？」と思った。朝鮮鉄道とは、日本統治下の朝鮮半島で朝鮮総督府により運営されていた鉄道である。日満連絡の機能を有しており、下関－釜山間の関釜連絡船を介して、満州帝国に向けて急行列車が運転されていた。朝鮮鉄道の急行列車には、「ひかり」「のぞみ」以外に「興亜」「大陸」などがあり、朝鮮鉄道では現代のJRの優等列車と同様に、下り列車が奇数番号、上り列車が偶数番号を付けていた。急行「ひかり」（図1－6）は1、2列車であり、急行「のぞみ」は7、8列車であった。急行「ひかり」には、日本国内では1・2等車だけで編成された特急「富士」が、下関から関釜連絡船を介して釜山で接続していた。一方の急行「のぞみ」には、日本国内では3等車で編成された特急「櫻」が、下関から関釜連絡船を介して釜山で接続していた。朝鮮鉄道時代は同じ急行列車であっても、「ひか

図1－5　300系のパンタグラフカバー。横から見ると、2階建て車両のようにも感じられる。

図1－6　朝鮮鉄道時代の急行「ひかり」の1等展望車の外観。

り」の方が格上だった。それが新幹線で逆転することに、正直言って違和感があった。

ＪＲ東海は、列車名の一般公募は行わなかった。そこでＪＲ東海にその旨を問うと、「社内では仮称〝スーパーひかり〟の本採用を回避したかった。そこでかつての修学旅行電車で使われた〝きぼう〟をベースに命名した」という回答をもらった。

これは阿川佐和子が名称決定委員の1人であったことも影響している。阿川佐和子は、父である作家の阿川弘之より、「国鉄の列車名は、従来からすべて大和言葉で付けられてきた」との助言を受けていたという。そして父の言葉とともに最有力候補であった「きぼう」という言葉は、大和言葉で表すと「のぞみ」になると進言したとも聞いた。「のぞみ」が登場した当初は、全車座席指定であったこともあり、従来の「ひかり」「こだま」とは別体系の割高な特急料金が導入されたことから、企業などは出張の際に「ひかり」を使うことを奨励した。そのため「のぞみ」を利用すると、出張旅費を支給しない企業も多かったと聞く。

３００系は、「ひかり」に使用されることも多かったが、この場合は特別料金を徴収されることはなかった。しかし３００系からは高速化に対応して窓が小さくなったこと[7]や、騒音対策のために2階建て車両がなくなっただけでなく、食堂車やビュフェ車も製造されなかったため、乗り得だという感じはしなかった。食堂車などは製造されなかったが、当初は事前に申し込めばグリーン車では、シートサービスによる食事が提供されていた。そのグリーン車も個室が皆無となり、開放型だけとなった。また8～10号車に連結されたことから、車内を通り抜ける人がいるため、居住性では１００系よりも完全に劣るようになった。なお、３００系の普通車の座席の座り心地は、腰部の安定性が向上したため１００系よりは良くなっており、また不評であった普通車の３人掛けの真ん中のB席の幅が、少し広くなっている。

１９９２年（平成4）には、早朝と最終などの時間帯に限定されていた「のぞみ」であるが、翌１９９３年（平成5）になると山陽新幹線にも乗り入れ、博多へ直通するようになった。これにより東京－博多間の所要時間は、当時は新神戸が通過であったことから4時間57分となり、ついに5時間の壁を破った。そしてJR西日本も300系300番台を導入するなど、運転区間だけでなく運転本数も大幅に増え、東京－博多間に毎時1本は運行されるようになった。東海道・山陽新幹線で新型車が登場するたびに、「のぞみ」には優先的に充当されている。

当初の「のぞみ」の最高速度は270キロであったが、1997年（平成9）にJR西日本が導入した500系は、山陽新幹線内で300キロ運転を行うようになった。これによりフランスなどに引き離されていた最高速度もようやく追いついた。そして2011年（平成23）3月12日の九州新幹線開業と同時に鹿児島中央へ直通するN700系は、山陽新幹線内で300キロ運転を行う。

4　航空運賃割引制度による大変化

運賃の割引が新幹線との競争を激化

わが国の航空運賃は「認可制」であり、「同一距離・同一運賃」が原則であり、正規運賃の割引は認められていなかった。ところが1995年（平成7）12月22日からは、上限価格と下限価格という幅の中で、多様な運賃設定を可能とする「幅運賃制度」が導入された。航空業界の規制緩和が実施されたことに伴い、運賃に対する規制が「認可制」から「届出制」に緩和されたため、各社一律であった航空運賃も、早割・特割・激割などの割引運賃の導入が可能となった。さらに旅行業者とタイアップした宿泊料金込みの格安プランを販売している。航空会社も東京－大阪間でのみ使える予約変更が可能であり、裏書き（航空会社が自由に選択できる）が可能なシャトル便往復割引を導入して迎撃している。また以前の割引と言えば、「スカイメイト」などに限られていたが、今では各種割引運賃が設定されるようになった。この場合、クレジットカードで決済するため、チェックイン時にはクレジットカードを提示すれば、カウンターで搭乗券がもらえる。その搭乗券も、以前のように立派ではなく、スーパーマーケットのレシートのような感じのタイプとなっている。

ＡＮＡの場合、往復タイプの割引切符が充実する一方、「リピート6回」や「ワイドリピート」などの回数券タイプの切符は、２００２年（平成14）頃に廃止されている。また14日前の「早割」や28日前の「スーパー早割」は１９９９年（平成11）に廃止されたが、２０００年（平成12）からはバーゲンタイプの「超割」が登場した。

特定路線の乗り継ぎ割引は２００３年（平成15）頃から設定が始まり、一時期は増加傾向にあったが、２００７年（平成19）には「特定便乗継割引」と「乗継旅割」が新たに設けられた代わりに、従来の乗り継ぎ割引運賃は廃止されている。各種割引運賃が増加して航空機が割安で利用できるようになることは良いことではあるが、格安航空券は予約の変更が効かない、キャンセル料が高い、1か月くらい前に購入しなければならないなどの制約も多いため、時間にゆとりのある人しか利用できない。

割引運賃は充実したが、普通運賃は１９９５年を１００とすれば、２０００年には１２１となった。これは１９９８年（平成10）にジェット特別料金は廃止されたが、それまで徴収されていた７５０円は普通運賃に組み込まれ、さらに２００円値上げされたことも影響している。その後の普通運賃であるが、２００７年（平成19）には１３３となり、そして２０１０年（平成22）には１４４となった。航空運賃に対する規制緩和が実施された１９９５年（平成7）12月22日からは、運賃の設定の自由度が増した。だが鉄道など競合する交通機関だけでなく、航空会社間の競争も激化したため、利便性を求めるビジネスマン向けの普通運賃は、15年間で44％も値上げされた。

割引運賃で利用する人が増えると、航空会社はイールド（収益率）の低下を普通運賃の値上げで対応しようとする心理が働く。タクシー業界では、規制緩和が実施された２００２年2月1日以降は、各社が増車を行った影響から供給過剰となり、運賃の値下げ競争が激化したが、航空業界で規制緩和を行い競争が増えるということは、ただ単純に値下げ競争だけが発生するのではない。ビジネスマンなどは利便性を求めるため、航空会社は運航頻度を上げて対応しなければならない。またビジネスマンは急に出張が決まることから、出発直前であっても座席の確保を可能とする

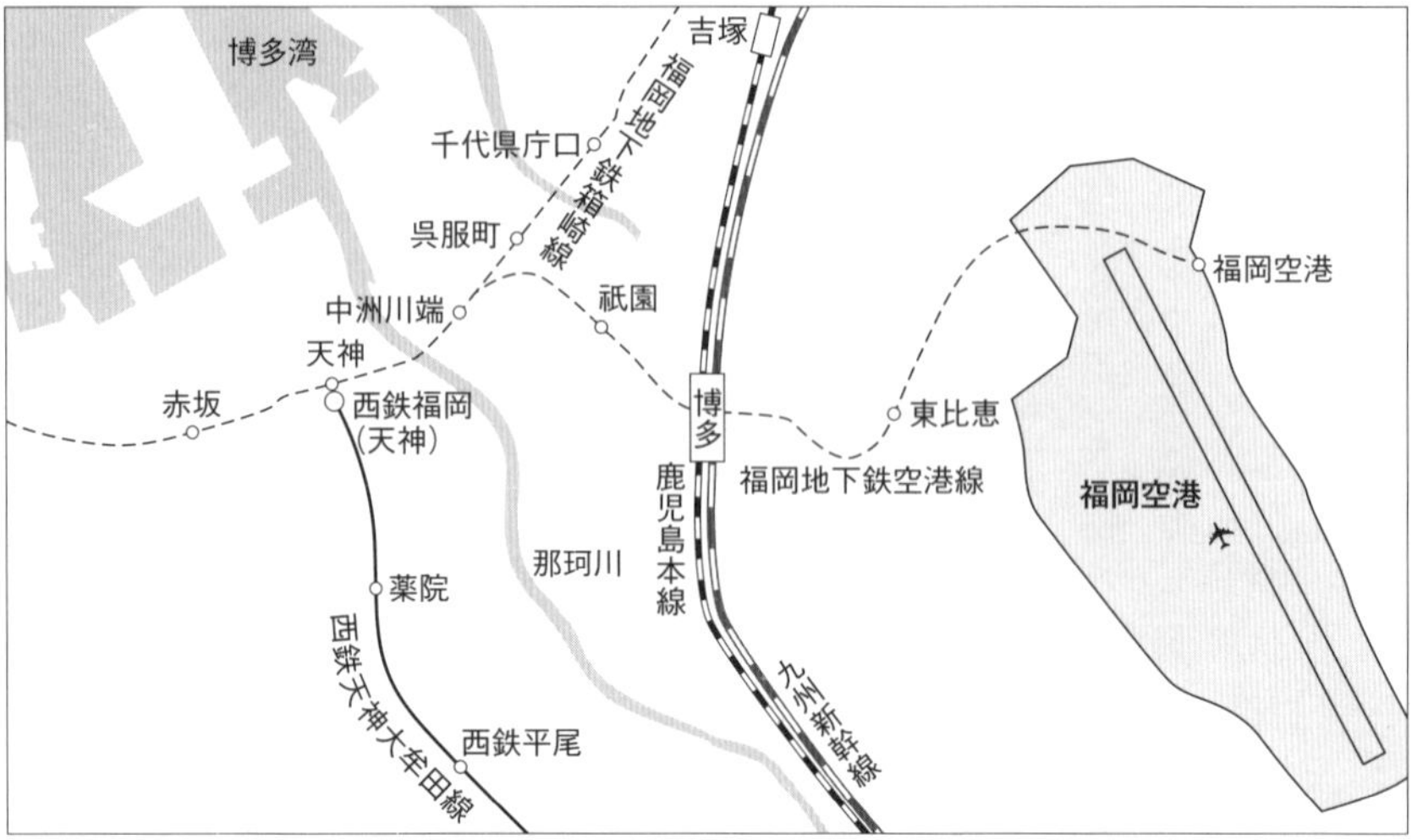

図１－７　福岡市の繁華街・天神と福岡空港は、福岡市営地下鉄で結ばれている。

ため、機材の大型化が不可欠となる。

増便に関しては、羽田空港や伊丹空港の発着枠にゆとりがないため、航空会社の意思に反して思うように進まなかった。ＡＮＡは、後発のＬＣＣと資本提携やコードシェア運航を行うことで対応し、ＪＡＬが企業カラーの全く異なるＪＡＳと合併した理由の一つに発着枠の確保がある。

そんな中、２０１０年（平成22）10月に羽田空港の滑走路増設による発着能力が増強され、従来よりも増便が可能となった。ビジネスマンの需要を満たすためのサービス改善を実施するには、費用も増加することから、航空会社は普通運賃を値上げせざるを得なくなる。今後は横田基地の空域の一部が日本へ返還されると、迂回が解消されることに伴い、さらなる所要時間の短縮による新幹線に対する競争力強化が見込まれる。

空港は都心部にないことから、そこへのアクセスが重要になる。そこで京浜急行電鉄や名古屋鉄道という空港連絡路線を持つ鉄道各社と連携も行っている。これらの鉄道会社が保有する路線の多くは、ＪＲの在来線と競合しているため、その影響もあると見られる。

福岡空港は、繁華街の天神からは直線距離で４・５キロと、図１－７で示すように都心部に近い。そのためお互いが隣接していると言っても過言ではなく、福岡－名古屋間では新幹線と航空会社との競争が非常に激化している。また阪神大震災が発生した1995年（平成7）1月から山陽新幹線は、3か月近く運休となったことから、大阪－北九州間で航空機が代替輸送を行った。このように新幹線が災害や事故などで運転を見合わせた場合は、航空機は新幹線の代替交通機関としての機能も果たしている。

JR東海・JR西日本の逆襲

長距離移動においては、従来から航空機との競合が続いていた。航空会社は高頻度の乗客に対し、専用ラウンジやチェックインカウンター、ホテルの割引など高付加価値を付けて優遇するマイレージ制度を設け、乗客（顧客）の大きな支持を得ているため、JR各社もエクスプレス・カードのように、会員に対しポイントを与えるシステムを開始した。だが航空よりも歴史が浅いこともあり、そのサービス内容は航空会社の水準に達しておらず、格段の違いがある。さらに新幹線は、飛行機のような手荷物検査が一切ないため、発車の直前に駅に駆け込んでも乗車できる半面、乗客の中には「セキュリティの面でやや不安感がある」という意見もある。

航空路線と競合する区間を中心に、国鉄時代から割引率の高い企画乗車券を販売していた。最近では、JR各社自身の会員制インターネット予約による割引特急券の発売を行っている。例を挙げると、ビジネス客の多い東海道・山陽新幹線では、JR東海エクスプレス・カードとJ－WESTカード（エクスプレス）による「エクスプレス予約」、JR東日本は東北・山形・秋田・上越・長野新幹線で「えきねっと」が該当する。JR東海エクスプレス・カードは、新幹線の自動改札機にかざすと、チケットレスで乗車できる。

このようにJR各社がインターネット予約サービスを行っているが、これは主にビジネス客向けの会員カード制である。またJR各社が独立して運営しており、会社が異なると発券や割引が受けられないといった問題もあるため、航空会社のマイレージ制度と比較すると劣っている。

そんな中、2006年（平成18）の神戸空港や北九州空港の開港は、競合する東海道・山陽新幹線への影響が大きかった。特に神戸空港は、都心部に比較的近いこともあり、JR西日本は「のぞみ」を新神戸に停車させるようにした。また「エクスプレス予約」の山陽新幹線への導入を拡大し、それまでの700系車両よりも最高速度を300キロに向上させ、高速性能と居住性の優れたN700系を共同開発するなど、それまで対立の多かったJR東海とJR西日本の両社は、連携を強化する方向へ転換しつつある。

福岡－大阪間は、福岡空港が都心部に隣接していることから、従来から競争が激しかった。JR西日本発足後は、すぐに普通車の座席配置を2－2にした「ウエストひかり」を導入した。2000年からは、「ウエストひかり」をグレードアップした「ひかりレールスター」を登場させた。そして2011年（平成23）3月12日の九州新幹線開業に伴うダイヤ改正では、鹿児島中央へ直通する「みずほ」「さくら」にN700系を導入することで、鉄道側が優位に立っている。

静かに戦うJR東日本

東北・上越新幹線を管轄するJR東日本は、「えきねっと」という会員に限定したインターネット割引を実施している。会員になるための費用は無料であり、「トクだ値」という乗車券・指定席券（グリーン券）が込みの企画切符は、インターネットで購入すると10～50％の割引が実施される。特に高速バスなどとの競争を強いられている在来線特急の割引率が高くなっている。また「トクだ値」は、区間を限定して設定されるが、東北・上越・北陸（長野）、山形・秋田新幹線の指定席を利用する場合、「えきねっと」で購入すると表1－4で示すような割引が実施される。これが適用されるのは、指定席特急券を券売機で購入することが条件である。また東北新幹線と山形および秋田新幹線にまたがって乗車する場合、重複して割引が適用される。

一方の高速化であるが、JR東日本はただ単純に新幹線の最高運転速度を上げるという施策を採用していない。4

章で詳しく述べるが、1992年（平成4）に新在直通の山形新幹線の開業、同じく1997年（平成9）の秋田新幹線の開業など、乗り換えの解消と在来線の改良により、航空機に対する競争力の強化を図っている。山形などは、航空機から大幅な利用者の転移があった。

東北新幹線の最高速度は、国鉄時代の1985年（昭和60）に240キロに向上して以来、そのまま据え置かれていたが、1997年（平成9）3月22日の秋田新幹線開業時に、東北新幹線にE2系、秋田新幹線直通用にE3系を導入し、これらの車両を使用した列車は275キロ運転が可能となった。

JR東日本は、JR東海やJR西日本とは異なり、最高速度を上げて所要時間の短縮を図ることには、割合消極的だった。その理由として、東京－盛岡間で最高速度を向上させたとしても、新たに航空機から乗客奪うことができず、反対に電気代などの経費がかさむことが挙げられる。またJR東海やJR西日本とは異なり、新幹線で通勤・通学する人が多くいるため、スピードアップよりも少しでも定員を増やした2階建て車両を導入し、輸送力を増強することが課題だったこともある。

秋田新幹線の開業に伴い、JR東日本が東北新幹線の宇都宮－盛岡間で最高速度を275キロに引き上げた理由は、それを行うことで東京－秋田間の所要時間が、最速列車では4時間を切ることが可能となったためである。

東北新幹線は、2002年（平成14）12月1日に八戸開業、2010年（平成22）12月4日に新青森まで開業した。300キロ運転を行う「はやぶさ」のデビューは、2011年（平成23）3月5日からであるが、盛岡以北のスピードアップに関しては、JR東日本は消極的である。盛岡以北の東北新幹線は、鉄道建設・運輸施設整備支援機構からの賃貸であり、

表1－4　“えきねっと”割引による新幹線の値引き。

東北・上越・北陸（長野）新幹線			山形新幹線（福島－新庄）	秋田新幹線（盛岡－秋田）
200km以下	200 ～ 400km	401km以上	一律100円引き	一律300円引き
100円引き	300円引き	400円引き		

出典：JR東日本のホームページ（https://jreast.eki-net.com/guidance/shiteiseki/waribiki/）をもとに作成

法令により最高速度が260キロとなっている。また整備費用を圧縮するため、規格外のカーブや勾配があり、これらが最高速度の向上をはばんでいるという。

2013年（平成25）には、「はやぶさ」「こまち」は宇都宮－盛岡間で320キロ運転が予定されており、時間短縮の効果は5分程度になるという。だが2015年（平成27）の北海道新幹線として新函館への延伸開業時には、JR東日本は東京－新青森間の所要時間を2時間50分程度にしたいとしている。

〔注〕

（1）岐阜羽島の駅前には、大野伴睦夫婦の銅像が建っているが、大野伴睦は東海道新幹線が開業する以前に逝去しているため、一度も岐阜羽島駅を利用していない。

（2）財団法人日本万国博覧会協会が主催であり、博覧会の名誉総裁には現在の近上天皇（当時は皇太子明仁親王）、名誉会長は当時の内閣総理大臣であった佐藤栄作が就任した。

（3）皇紀とは、1872年（明治5）12月に、明治政府により制定されたわが国独自の日本紀元のことである。神武天皇が即位した年を元年とするため、1940年（昭和15）が皇紀2600年であった。戦前は、2月11日を紀元節として祝日にしていた。1948年（昭和23）7月に、国民の祝日法を制定するに際し、日本国憲法の理念にふさわしくないという理由で、紀元節は一度は廃止された。これに伴い、皇紀も一般的には使われなくなった。しかし1966（昭和41）の祝日法の改正に伴い、当時の佐藤栄作首相は1967年（昭和42）2月に、2月11日を建国記念日とすることを政令公布し、紀元節が事実上復活した。

（4）東京府と東京市は、1943年（昭和18）10月1日に合併を行い、東京都が発足した。10月1日が「都民の日」となり、東京都の公立学校が休みになっているが、これの発足は当時の軍事事情が影響していた。軍部の命令は、まず東京府に伝わり、それから東京市そしてその下にある区に伝わった。このような複雑な統治体制では、指揮・命令の伝達に支障を来すため、東京府と東京市が合併して東京都となった。それ以外に、東京府の知事は内務大臣が任命していたが、東京市の市長は公選制であった。国（軍部）としては、東京市を廃止して民意が反映されない体制を望んだ。東京都は、戦時体制下にある首都東京の機能強化を図る目的で誕生した。

（5）全日空は、株式会社日本ヘリコプターと株式会社極東航空という2つの航空会社が合併して、1958年（昭和33）3月に誕生している。それまでのローカル線は乱立していたことから、当時の運輸省は一本化する方針を打ち出した。そこで1957年12月に、日本ヘリコプターは株式会社全日本空輸に商号を変更し、極東航空の路線を引き継ぐ。そして翌年の3月に、極東航空を吸収合併する。

（6）この料金は、空港周辺の騒音対策に使われる空港整備特別会計の特別着陸料に相当する額として国に納付されていたため、騒音を発生するジェット機を利用することに対する税金（環境税）であった。1998年（平成10）3月末で、運賃に統合される形で廃止された。

（7）初代の0系電車は広窓で眺望に優れていたが、外側のガラスにヒビが入るなど、窓ガラスの破損が多かったことから、1976年（昭和51）頃に増備した車両からは、窓が小型になった。窓ガラスの破損は、金属は気圧の変化により伸縮しやすいが、ガラスは伸縮しづらいため、そのギャップにより外側の窓ガラスにヒビが入りやすかった。国鉄末期になると、金属とガラスを固定する（支える）Hゴムが改良されたため、100系の量産車からは広窓に戻った。300系以降の車両は、さらなる高速化を行うことから、窓ガラスの破損を少なくするため、窓が小型になっている。

第2章　大阪－福岡間は日本有数の激戦区

大阪－福岡間は、新幹線と航空機の激戦区である。福岡空港は、福岡市内の繁華街である天神に近いこともあり、国鉄時代から新幹線のスピードアップや企画切符を設定するなど、航空機を意識した競争が行われている。

1 新幹線は九州へ

東京－博多間が大幅な時間短縮

山陽新幹線は、1975年（昭和50）3月10日に博多まで開業し、新幹線は東京－博多間で運転されるようになった。山陽新幹線は、より直線となるようにトンネルを掘削したため、西明石駅の西側と姫路駅の東側には半径3500メートルのカーブが介在するが、熱海駅東側の半径1600メートルと比較すれば緩やかである。また東海道新幹線に多数あった盛土区間は、将来的に最高速度を向上の支障になることが営業運転を行うと分かってきた。そこで山陽新幹線では、これを可能な限り高架にしたため、高速運転に耐えられる路盤となった。

だが東海道新幹線が開業すると、沿線から騒音が問題視されるようになった。この騒音問題は、今後とも付きまとう厄介な問題であり、国鉄は防音壁を設けるなどの対応を行うことになった。新幹線の最高速度の向上を阻害する一番の要因は騒音であり、この問題の回避もあり、山陽新幹線ではトンネルが多くなった。

山陽新幹線が開業した当時は、六甲トンネルの下り線にある10‰の上り勾配は、列車のスピードアップをはばんでいたが、九州新幹線の新八代－鹿児島中央間や、北陸新幹線の高崎－軽井沢間には、30‰の急勾配が介在するため、現在では10‰程度の勾配は驚くほどではない。

現在の新幹線車両は12M4Tの編成の場合、出力300キロワット程度の交流電動機を搭載している。モーターが小型化され、半導体技術の進歩により電圧と周波数まで自在に変更できる。それゆえトランスも不要となり、車体の軽量化が進んだことから、少々の勾配があっても速度が落ちることはない。だが山陽新幹線が開通した当時の0系は、全車電動車であったとは言え、モーターの出力が180キロワットしかなかった。そのうえ、モーターも直流直巻式であり、かつ電圧を降圧させるためのトランスも備えなければならず車体が重かった。

山陽新幹線が開通した当時は、東京－博多間の所要時間は、名古屋、京都、新大阪、岡山、広島、小倉だけに停車する速達型の「ひかり」で、6時間56分を要した。それまでの寝台特急「あさかぜ」などでは、東京－博多間の所要時間は16時間以上も要していたため、大幅な時間短縮であった。この時代は、まだ航空機の運賃が割高であったため、東京－博多間の旅行に新幹線を利用する人も多かった。また開業した当初は、夜行の新幹線が計画され、「あさかぜ」などの従来のブルートレインに代わり、新幹線用の寝台車が計画され、試作車である961形電車の4号車は、寝台車となっていた[1]。

だが夜行新幹線を運行するとなれば、いつ、保線を行うのかが問題となる。新幹線は在来線とは異なり、無視界運転である。分かりやすく言えば、200キロ以上の高速で運転するため、障害物を発見してからブレーキを掛けたのでは、間に合わない。そこで踏切を廃止するだけでなく、ATC（＝Automatic Train Control）という車内信号を導入して、人間の機能をバックアップしている。そのため昼間には一切保線を行わず（危険であるため、行えない）、新幹線の運行が終了した0時～6時までの間に、保線を行っている。

山陽新幹線は将来のさらなる高速化に備え、上下線間隔を10センチ広げて4・3メートルとした。また将来の高速化とメンテナンス対策も兼ね、新大阪－岡山間の一部ではスラブ軌道が導入された。このスラブ軌道は、東北・上越新幹線などでも広く採用され

表2－1　国鉄時代の東京－博多間の所要時間の変化。

ダイヤ改正日	所要時間	車　両	備　考
1975年3月10日	6時間56分	0系	山陽新幹線開業
1980年10月1日	6時間40分	0系	三原－博多間の減速の解除
1985年3月14日	6時間26分	0系	余裕時分の見直し
1986年11月1日	5時間57分	100系、0系	最高速度の向上

出典：『鉄道ジャーナル』など各種文献をもとに筆者が作成

るようになった。

開業時には、6時間56分であった東京－博多間の所要時間は、表2－1で示すように1980年（昭和55）10月1日のダイヤ改正から、三原－博多間の減速が解除され、6時間40分になった。これは三原－博多間の路盤が固まり、この区間で減速する必要がなくなったためである。1985年（昭和60）3月14日のダイヤ改正では、ダイヤの余裕を見直したことで6時間26分に短縮された。最高速度の引き上げはなかったが、減速区間の解除や運転時間の見直しだけで、東京－博多間の所要時間は30分も短縮されている。国鉄最後のダイヤ改正となった1986年（昭和61）11月1日からは、東海道・山陽新幹線の最高速度が220キロに引き上げられ、東京－博多間の所要時間は5時間57分と、6時間を切るようになった。

博多駅か福岡空港か

福岡空港は都心に近く、博多駅から直線距離で2・5キロしか離れていない。1944年（昭和19）に旧陸軍の蓆田《むしろだ》飛行場として開港したが、定期旅客便は1951年（昭和26）10月に日本航空が福岡－大阪－東京間で路線を開設したことで、民間航空としての歴史がスタートする。

1960年代になると日本の高度経済成長に伴い、福岡空港も発展期に入る。まずは1960年（昭和35）6月にJALが、羽田－福岡間にレシプロ機を用いて、深夜割引便の「ムーンライト号」の運航を開始する。そして1961年（昭和36）10月には、JALが羽田－福岡間にDC－8というジェット旅客機を就航させた。昭和40年代に入ると、国民の海外渡航の自由化に伴い、1965年（昭和40）9月にJALが福岡－釜山線を開設し、国際空港としての歴史が始まる。旅客需要が増大したことから、1969年（昭和44）4月に第1旅客ターミナルビルの供用が開始する。大阪で万国博覧会が開催された1970年（昭和45）12月には、米国空軍から当時の運輸省への移管が決まり、1972年（昭和47）4月に大部分が返還された。これにより福岡空港は、国が管理する「第二種空港」として供用を開始した。福岡空港の位置付けは、羽田空港、伊丹空港、中部国際空港という3大都市圏の空港に次ぐ拠点空港である。

現在の福岡空港は、国際線用も含めると旅客ターミナルビルが4つ、貨物用も国際線を含めると2つあり、年間の発着数は14万回（国内線12・6万回、国際線1・4万回）に上り、この数値は羽田、成田に次いで国内では3位である。国内線は、2011年（平成22）3月末の時点で25路線に就航している。特に福岡－羽田線は、札幌（新千歳）－羽田線に次いで乗降客数が多いドル箱路線であり、JAL・ANA・スカイマークの3社が1時間に最大で計4便を運航することもあり、年間の利用者数は1500万人を超えている。

だが2800メートル滑走路が1本だけであるため、この滑走路をフルに活用して旅客だけでなく、貨物もさばいている。そのため1本の滑走路あたりの発着回数は日本一である。

福岡空港は、ロンドンのガトウィック空港と同様に市街地にある。だが福岡空港は、より市街地に近く、住宅が密集していることから、騒音対策上、午前7時～午後10時までに発着が制限される。そのためシンガポール、バンコクなどからの国際便も、福岡空港に午前7時以降に到着させなければならず、現地の出発時間が午前1時～2時頃になる。

このように福岡空港は都心部に近く、かつ1993年（平成5）3月に福岡市営地下鉄1号線が、博多－福岡空港間を延伸する形で福岡空港まで乗り入れたため、博多駅からは5分、繁華街の天神から10分で到着するようになった。その反面、大規模な拡張が難しく、かつ騒音問題などもあり、(2) 現状では大幅な増便は困難となっている。

福岡空港は国に返還され、第二種空港という主要国内航空路線に必要な空港として機能し始めた。だが1975年（昭和50）3月には、山陽新幹線が博多まで開業したことに伴い、東京－博多間の直通運転が開始された。これによる羽田－福岡線の乗客の推移を表2－2、大阪－福岡線の乗客の推移を表2－3で示した。

山陽新幹線が博多開業するまでは斜体で示し、1976年（昭和51）11月の国鉄の運賃・料金の50％値上げ以降は、下線を付した。表２－２および表２－３から言えることは、羽田－福岡線も山陽新幹線の博多開業により利用者は減少するが、大阪－福岡線よりも落ち込みは小さかった。反対に１９７６年11月の国鉄の運賃・料金の50％値上げが実施されると、新幹線のグリーン車を利用した方が航空機よりも割高となったことや大阪－福岡線よりも距離が長いこともあり、航空の利用者は山陽新幹線の博多開業以前の水準よりも多くなった。

一方の大阪－福岡線は、山陽新幹線の博多開業による利用者の減少は、羽田－福岡線よりも顕著であり、国鉄が運賃・料金を50％も値上げした１９７６年11月以降は利用者も航空へシフトしたが、山陽新幹線の博多開業以前の水準にはならなかった。大阪－福岡線にとれば、新幹線は脅威であると言える。

2　積極的なJR西日本

「ウエストひかり」はゆったりとした座席

山陽新幹線は、１９８７年（昭和62）４月１日に

表２－２　羽田－福岡間の航空機利用者の推移（斜体は山陽新幹線開業前、下線付は国鉄の運賃・料金値上げ後）。

	1月	2月	3月	4月	5月	6月	7月	8月	9月	10月	11月	12月
1973年	*120,407*	*111,868*	*162,672*	*139,130*	*140,612*	*115,210*	*131,355*	*162,774*	*134,801*	*159,244*	*155,774*	*124,418*
1974年	*143,545*	*132,934*	*182,432*	*165,993*	*182,336*	*134,782*	*177,024*	*244,162*	*163,689*	*168,369*	*166,303*	*135,196*
1975年	*155,154*	*132,098*	174,838	128,127	141,548	108,147	119,175	193,960	113,729	143,564	142,571	122,788
1976年	139,623	132,116	177,683	146,027	158,484	127,097	138,009	206,270	142,850	176,333	182,308	160,185
1977年	190,474	190,960	263,354	215,420	245,471	171,363	203,151	278,253	187,098	235,462	216,432	174,459
1978年	203,989	201,558	279,651	218,834	232,498	176,303	209,588	285,003	206,783	248,353	240,896	195,083

出典：国土交通省（旧運輸省）『航空輸送統計年報』昭和48～53年度をもとに作成

表２－３　大阪－福岡線の乗客の推移（斜体は山陽新幹線開業前、下線付は国鉄の運賃・料金値上げ後）。

	1月	2月	3月	4月	5月	6月	7月	8月	9月	10月	11月	12月
1973年	*132,713*	*111,869*	*162,456*	*141,910*	*143,489*	*114,068*	*128,532*	*169,798*	*134,511*	*168,446*	*155,641*	*114,081*
1974年	*143,401*	*128,744*	*175,928*	*151,372*	*165,100*	*128,867*	*143,244*	*174,850*	*137,651*	*146,948*	*141,524*	*108,938*
1975年	*133,592*	*111,087*	116,237	72,395	89,588	62,087	64,223	98,887	57,970	77,119	81,170	66,030
1976年	69,815	63,046	86,514	78,355	82,159	61,677	67,155	97,747	73,171	84,484	89,644	81,270
1977年	105,441	96,045	115,634	102,687	101,890	92,559	96,824	108,101	91,308	107,888	101,577	86,323
1978年	102,298	92,495	113,164	98,361	106,652	93,882	102,465	122,289	106,457	127,602	119,874	102,190

出典：国土交通省（旧運輸省）『航空輸送統計年報』昭和48～53年度をもとに作成

国鉄からＪＲ西日本に継承された。この時点の山陽新幹線の列車は、基本的に東海道新幹線の16両編成「ひかり」を、新大阪から延長して対応していた。「ひかり」の中には、新大阪－博多間が各駅停車となり、途中で速達タイプの「ひかり」に抜かれる列車もあった。臨時列車や東京駅発着が不可能な早朝深夜の「ひかり」だけが、新大阪－博多間の運転であった。これは国鉄時代の考えであり、東京を起点にダイヤを設定していた。山陽新幹線で「こだま」を走らせるとなれば、16両編成で運転するだけの需要がない。新大阪で分割併合を行うとなれば所要時間が延びるだけでなく、そのための要員が増加するうえ、切り離した車両をどこに置くのかという問題も生じる。

東海道新幹線と比較すれば、山陽新幹線は旅客需要が小さい。そのため16両編成の列車では、輸送力過剰である。ＪＲ西日本は、大阪に本社を構える事業者である。最も売り上げの見込まれる京阪神－博多間において、福岡空港へのアクセスが良いことから、航空会社との競合が激しかった。１００系はすべてＪＲ東海の所有となったことから、それに対抗すべくＪＲ西日本は所有する比較的状態の良い０系を、延命化工事も兼ねて内装を改良して「ウエストひかり」としてデビューさせた。その際、新大阪－博多間で各駅に停車する「ひかり」を廃止すると同時に、「こだま」を６両に減らす代わりに増発を行った

「ウエストひかり」は、従来の「こだま」６両Ｒ編成と区別するため、ＷＲ編成と命名された６両編成４本が用意された。運転開始は、１９８８年（昭和63）３月13日のダイヤ改正からであり、当初は航空機が運航されていない早朝・深夜帯の４往復の「ウエストひかり」に充当された。運行開始前の１９８７年（昭和62）12月10日に新大阪駅で展示され、同月15日からはＰＲもかねて暫定的に「こだま」で運用を開始した。

「ウエストひかり」は、運行開始した当初は普通車とビュフェだけだったが、座席は２－２列の横４列とした。そして車内にアクセントを付けるため、奇数車両と偶数車両で座席モケットの色が異なっていたが、シートピッチは従来車と同じく９８０ミリに統一した（図２－１）。１００系の普通車の座席はヘッドレストが小さいうえ、腰部の安定性が良くなかったため、「ウエストひかり」の座席に対して「見た目はグリーン車並みだが、座り心地が悪いのでは

ないか」という噂も流れた。ＪＲ西日本の運輸部輸送課は、航空機から乗客を取り返すことに必死であったことを筆者は知っており、「そんなことはない」と思っていた。そして乗車したところ、ヘッドレストも大きく、頭からすっぽり体がホールドされ非常に快適であった。ただ改造車の宿命もあり、２－３の座席配置であった普通車の２列側に新たな座席を置いたドア付近は、足の置き場を間違えると扉が開いたり、車内販売のワゴン車が引っかかるため、「サービス上問題ありだ」と感じた（図２－２）。その旨をＪＲ西日本に言うと、「ここは調整用にしており、指定席では販売していない。自由席の場合、混んだ時は１人でも多く座ってほしい。その座席の一つ後ろの座席の乗客からすれば、前に座席がないと違和感があるうえ、テーブルが使えない。そのため設けている」という回答をもらった。テーブルに関しては、試験的に外側の肘掛にテーブルを内蔵していた座席もあった。

ビュフェであるが、新幹線初期の35形式には椅子が設けられていたが（図２－３）、その後導入された37形式は、スペースが狭くなり椅子もなかった。これは、１９７４年（昭和49）から「ひかり」には、食堂車が連結されたことから、ビュフェは軽食や飲み物中心の提供となったことが影響している。そして使い捨ての紙製の食器やプラスチックのスプーンが使用され、37形式のビュフェは不評だった。東北・上越新幹線では、食堂車が連結されていないこともあり、ビュフェには椅子こそ設けられなかったが、陶器やガラスの食器に金属製のスプーンなどが使用され好評だった。そこで「ウエストひか

図２－１　２－２の座席配置となり、横幅がゆったりと、グリーン車並みになった。

図２－２　以前は２人席だったところに設けた座席は、扉の付近でワゴン車が引っかかることがあった。

り」では、ビュフェ室を拡大させて椅子とテーブルを設置し（図２－４）、陶器やガラスの食器に金属製のスプーンなどを用いるようにした。車両番号も５０００、７０００番台から５３００、７３００番台に改番され、１編成ごとに内装の色や椅子の形状が違っていた。「ウエストひかり」ではもう一つトピックがある。それはビュフェの営業に、丸玉給食という大阪に本社を構える事業者が新規参入し、麺類ではなく主にカレーライスが提供された。

「ウエストひかり」は好評のため、１９８８年（昭和63）５月のゴールデンウイーク時にはグリーン車２両を増結した８両編成で運行した。続いて夏を前にして、グリーン車を組み込んだ12両編成となり、山陽新幹線はトンネルが多いこともあってか、シネマカーが編成に組み込まれた。シネマカーは、大窓の０番台を改造した３０００番台で、食堂車と同様に片側通路が採用されたが、思っていたほど需要がなかったため、比較的早く姿を消した。

グリーン車には従来と同じく１０００番台と２０００番台が使用されたが、当初の座席は０系オリジナルであったため旧態依然としていた。特に１０００番台は、普通車との違いはシートピッチが広いこと、足置きがある程度の差であった。

当時のＪＲ西日本は、グリーン車に対しては消極的であり、手間の掛からないモノクラスを志向していた。翌年の１９８９年（平成元）に「グランドひかり」がデビューすると、同じ１００系でもＪＲ西日本のグリーン車は、ＪＲ東海のグリーン車よりも居住性で優れていたため、利用者から好評であ

図２-４　「ウエストひかり」のビュフェは、テーブルと椅子が設けられ、軽食堂車の雰囲気でもある。

図２-３　窓側に椅子があったため、景色を見ながらの食事が楽しめた。

った。これによりグリーン車に対する自信を持ったJR西日本は、単価の高い収入源であるグリーン車に力を入れるようになった。そこで1000番台・2000番台ともに、100系X、G、V編成と同等の座席へ交換すると同時に、車内の化粧版を張り替える改造を行った。その結果、100系と遜色のないレベルにまでグレードアップした。

1999年（平成11）11月からは、一部車両で車内放送などを原則として省略した「サイレンス・カー」を試験導入した。これは2000年3月からは、「ウエストひかり」を発展させた最新型の700系を使用した「ひかりレールスター」に受け継がれた。「ひかりレールスター」の普通車自由席は2－3の座席配置であったが、指定席は2－2の座席配置が継承された。不況の時代であったためグリーン車は設けられなかったが、指定席の一部にはコンパートメントもある。その結果、「ウエストひかり」は、「ひかりレールスター」と入れ替わるように運用を終えた。

「グランドひかり」を投入

1985年（昭和60）に登場した新型車両である100系は、国鉄時代に誕生した食堂車を備えたX編成と、1988年（昭和63）に誕生したカフェテリアを持つG編成があったが、これらはすべてJR東海が所有していた。G編成が導入された時期はバブル期であり、新幹線でもグリーン車から座席が埋まった（図2－5）。それゆえグリーン車を増やす目的から、8号車の

図2－5　100系グリーン車の2階席は眺望が優れているうえ、背面と引き出し式の2種類のテーブルが備わっていた。

図2－6　カフェテリアは種類が豊富であったが、スーパーマーケットの惣菜コーナーの印象はぬぐえなかった。

2階をグリーン車とする代わりに、階下にはテイクアウト形式のカフェテリアを設けた（図2－6）。G編成は、主に食事の時間帯に掛からない東京－新大阪間や、東京－岡山間の「ひかり」を中心に使用された。

当時のJR西日本は0系しか所有しておらず、100系は皆無であった。X編成は食堂車があるため、博多直通に使用されていたが、朝に東京を出発して昼過ぎから夕方に博多に到着し、それから東京へ折り返す運用であった。

そこでJR西日本は、旅客サービスの向上と到達時分の短縮を目的に、1989年（平成元）に100系を東京－博多間の「速達ひかり」（通称「Wひかり」）を導入した。JR東海のX編成をさらにグレードアップさせ、2階建て車両を4両組み込んでいるため「グランドひかり」と呼ばれるV編成である。東京－博多間の運用を前提にしているため、G編成では省略された食堂車を設けた。グリーン車はすべて2階となり、視線が防音壁よりも上にあるため、眺望が向上した。

X編成は、朝に東京を出発する列車に使用されたが、JR西日本の「グランドひかり」は、朝に博多を出発する列車に投入することにした。その結果、東京駅を夕刻に出発する列車にも100系が投入され、サービスが大幅に向上した。また登場した時期がバブル期であり、G編成と同等にグリーン車を3両とするため、2階建て車両をさらに2両増やし、7～10号車まで計4両連結している。7、9～10号車の2階のグリーン車（図2－7）は、車窓からの展望が良いことだけでなく、乗客は階下を通り抜ける構造であったため、

図2－7　グランドひかりは、2階建て車両を4両も組み込んでいたため、貫禄があった。

図2－8　グランドひかりの食堂車の椅子は、トワイライトエクスプレスで使用されるタイプであった。

静かで落ち着いた空間であった。１００系のX編成と同様に、間接照明が採用されたこともあり、読書などをするには照度が不足していた。そこで読書灯が設けられたが、グランドひかりのグリーン車は、座席の傍らにスイッチがあったため、使い勝手が良かった。２階建て車両の1階は、７、９〜10号車は普通車指定席であり、「ウエストひかり」と同等に２－２の座席配置だった。座席には、オーディオが備わっていた。

食堂車は8号車の2階に設けられ、間接照明が採用されるなど、食堂車もグレードアップされており、前年の１９８８年（昭和63）の夏にデビューした「トワイライトエクスプレス」の食堂車スシ24[3]のノウハウがフィードバックされている（図２－８）。またデジタル式の速度計が設けられたため、食事をしながら走行速度が分かった。バブル期に登場したことや、前年にデビューした寝台特急「北斗星」の豪華メニューが好評であったことから、帝国ホテルが担当する列車の食堂車には、７０００円と５０００円のフランス料理のフルコースが用意されていた[4]。1階は厨房と売店が設けられ、かつてのビュフェと同様に弁当やおつまみ、ビール、コーヒー、そして記念品などが購入できた。

２階建て車両は付随車であるため、従来車並みの出力を維持するため、先頭車を電動車とすることで対応した。また将来の２７０キロ運転を見据え、それが可能な性能が与えられた。具体的には、以下のような対策が講じられた。

①最終ノッチで速度が２３５キロ以上になると、電動機が80％弱め界磁制御になる
②力行12ノッチを新たに追加したほか、電動機が電機子の温度上昇防止対策（電機子コイル端部に通風孔を設ける）を施したタイプに変更
③主制御器、主整流装置と断流器を弱め界磁制御回路を搭載したタイプに変更
④新設計の主抵抗器を導入
⑤歯車比を従来の２・４１から２・１７に変更
⑥発電ブレーキが使えない付随車には、渦電流ブレーキを採用しているが、放熱性に優れたベンチレーテッドディスクブレーキも採用

⑦構体の耐圧性能を強化

「グランドひかり」には、ＡＴＣの２２０信号を２３０に読み替えるトランスポンダ車上子を搭載していた。山陽新幹線で２３０キロ走行を行う時は、ＡＴＣ受電器で２３０キロのＡＴＣ信号を受信するのではない。これはトランスポンダを介して行われ、まずは地上子が２３０キロ走行を許可するか否かの信号に変換する。それからトランスポンダ車上子にその信号を送信していた。

新大阪－博多間の所要時間は、国鉄末期の１９８６年（昭和61）11月１日のダイヤ改正から、東海道・山陽新幹線の全区間で最高速度が２２０キロに引き上げられたことにより、２時間59分とわずかながら3時間を切るようになった。そして１９８９年（平成元）３月11日のダイヤ改正からは、最高速度が２３０キロに引き上げられたことで、さらに10分短縮されて2時間49分となった。

「グランドひかり」に個室車が設けられなかった理由

国鉄時代に登場した１００系X編成およびJR東海が導入したG編成は、９号車の階下に個室グリーンを設けていた。グリーン個室は当初、１人用、２人用と３人用が登場した。１００系の試作車には、10号車にも1人用と2人用の個室が設けられ、１人用は車外通話も可能であったが、量産車からは9号車の階下だけとなった。ＪＲ東海へ移行後に、４人用個室も設けられた。

個室グリーンは、山側に通路を設けられていたため、富士山を見ることはできなかった。１人用は、電動リクライニングの座席が海側に向けて設けられていた（図２－９）。当時のグリーン車の座席は、新幹線などでようやく無段階のガスオイルロック式が登場した頃であり、従来の機械式と比べてリクライニングが円滑になったと感じたものであるが、１人用個室の電動リクライニングシートは、一歩先を進んでいた。そして傾斜角度も従来型のグリーン車よりも深く、睡眠を取るにも適していると感じた。また大型の固定机に、卓上型の目覚まし時計やインターホンにＢＧ

Mが設けられ、ビジネスマン向けの設備だった。2～4人用個室は（図2－10、2－11）、それぞれソファーが設けられていた。X編成の個室グリーンは、一時期は食堂車からのルームサービスが行われていた。

筆者は、100系のグリーン車は何度も利用しているが、個室グリーンは1度も利用したことはない。在来線には100系のグリーン車よりもシートピッチが広く、液晶テレビを備えたグリーン車もあったが、100系のグリーン車は重厚感と落ち着きがあって、個人的には好きであった。個室グリーンをのぞいた感じでは、壁はクロス張りとなっており豪華さは感じられたが、1人用は横方向に圧迫感はあった。車窓からの展望も期待できないため、車内で書類に目を通したり、書類や原稿を作成するビジネスマンや作家向けだと感じたこともあり、あまり利用したいとは思わなかった。

ところで「グランドひかり」のグリーン車は、すべて2階に設けられたこともあり、JR東海の編成よりも居住性は向上していたが、グリーン個室は設けられなかった。その理由は、JR西日本管内ではグリーン個室の需要がほとんどなかったからである。グリーン個室に限ら

図2-10　2人用個室は、座席がソファーになり、少し室内が広くなった。

図2-9　1人用グリーン個室の椅子は電動式であったが、室内は狭いため、書類作成を行うビジネスマン向きであった。

ず、ＪＲ西日本管内ではグリーン車の需要も減るため、１両あれば充分である。「グランドひかり」でグリーン車を３両も設けたのは、ＪＲ東海の管内ではそれだけの需要があることに加え、東京－博多間や東京－広島間などに、お得なグリーン切符を設定していたため、ＪＲ西日本管内に発着する「ひかり」よりも需要が見込めたからである。山陽新幹線は、国鉄時代から黒字経営を行っていたが、断面交通量は東海道新幹線とは天と地ほどの差があった。特にグリーン車などの優等設備は、顕著であった。そのような理由から「ウエストひかり」も、グリーン車は１両しか連結していなかった。これは新幹線が開業する以前に、１５１系特急電車に設けられていた〝パーラーカー〟でも実証されていた。東海道本線では利用されても、山陽本線の特急に転用されると、極端に利用が減ったため、やがては普通車に改造されて廃止となった。空気を運ぶような設備を設けても仕方がない。

だが２階建て車両の階下の部分は、眺望性が悪いことから、そのぶんだけ魅力が劣る。そこで「ウエストひかり」が２－２の座席配置で人気があったことから、それを踏襲した普通車指定席とした（図２－12）。ただ単に２－２の普通車としただけでは、人気が出ないと考えたＪＲ西日本は、座席にオーディオを設け、ビデオスクリーンを設けて映画などを流すサービスを実施するようにした。

筆者は階下席を利用したこともあるが、階下であることを払拭させるため、照明が多く設けられており、暗さは感じなかった。だがビデオスクリーン前の

図２-11　４人用個室も、座席はソファーであった。

図２-12「グランドひかり」の階下は、２－２の横４列配置である。

座席では、まぶし過ぎて目がチカチカした。眺望は、階下であるから防音壁やバラストを見ることになるため、下を向いて書類などに目を通したり、読書する設備だと感じた。読書などをする際も、読書灯がなくても充分な照度があった。座席の座り心地は、グリーン車には及ばないが、２－２の座席配置であるために横幅が広く、従来の普通車よりも格段に優れていた。

3　まるで飛行機のような500系「のぞみ」

500系「のぞみ」300キロ運転のための軽量化努力

５００系は、ＪＲ西日本が黒字路線である山陽新幹線において、さらなる航空機に対する競争力を強化することを目的として、開発・導入した車両である。「山陽新幹線が黒字路線である」といっても、東海道新幹線ほどのドル箱ではなく、常に航空機との激しい競争にさらされている。航空機との競争に打ち勝つには、さらなるスピードアップが必要になった。そこでＪＲ西日本は、５００系を導入する以前に、最高速度３５０キロで営業運転を行うことを目標に定めた。そして必要なデータを収集するため、ＷＩＮ３５０（図２－13）という６両編成の高速試験電車を製造して、あらゆる技術的な問題点を検証するための各種データを得ていた。ＷＩＮ３５０が６両編成となったのは、16両編成で運転するとなれば、最低でも６両編成でなければ充分なデータが得られないためである。

５００系は、将来的に３２０キロで走行した際のことも考慮して、全車電動車として力行性能を高めたことはもちろんであるが、車体強度も軽量化を図りつつ高剛性を保ち、車両の防音性能を向上させるため、厚さ30ミリのアルミハニカム材を用いている。

だがアルミにはんだ付けが難しいため、ろう付けという手法を用いた。これははんだに銀を溶かした合金を用いて溶接した。(5) アルミ合金を用いることで、１両あたりの重量が３００系よりも０・６トンも軽量化された。また台車強度だけでなく、環境（騒音）面などを含め、３２０キロ運転が可能なように設計されている。

３００系よりも軽量化が実現した要因として、全車電動車方式に戻し、渦電流ブレーキの使用を廃止したことも大きい。渦電流ブレーキの機器類は、交流モーターなどよりも重くなる。

１９９６年（平成8）1月に1編成が完成したため、各種試験を行った後、１９９７年（平成9）３月22日のダイヤ改正から新大阪－博多間で、定期列車が1往復、臨時列車が1往復の設定で、「のぞみ」として営業運転を開始した。これにより山陽新幹線内で３００キロを実施したことで、新大阪－博多間の所要時間は15分短縮され2時間17分となった。１９９７年7月に2編成目が完成したことに伴い、お盆などの多客期には新規に1往復の臨時列車を設定した。そして１９９８年（平成10）10月までの間に8編成が加わり、全部で9編成となった。東海道新幹線へ乗り入れを前提にしており、新製時はすべて1編成が16両編成であったため、１４４両が製造されたことになる。

５００系の外観上の大きな特徴として、鋭くとがった先頭車の形状にある（図２－14）。先頭車の全長は27メートルあるが、そのうちの15メートルが客室より前の先頭部分にあてられたため、かわせみの口ばしのようにとがった形状となった。これは空気抵抗を減らすと同時に、騒音の中でも３００キロでトンネルに突入した際に発生する微気圧波が抑えられる。山陽新幹線は１９７５年（昭和50）３月10日に博多まで全通したが、山陽新幹線は東海道新幹線と比較

図２-13　ＷＩＮ350は、500系開発の貴重なデータを得た試験車両である。

図２-14　「500系の先頭車は、かわせみのように先がとがっている。

して、トンネルが多いという特徴がある。7章で紹介する韓国の高速鉄道KTXは、トンネルの出入り口にフードを設けているが、このような物では効果が上がらない。やはり先頭車の形状が、環境問題を軽減するためには大きく影響している。

500系のもう1つの騒音を減らすための特徴として、「翼型パンタグラフ」が挙げられる。パンタグラフは、編成中の5号車と13号車の2か所に設置されているが、新たな形状の物が新規に開発された。これは断面が楕円形をした支柱上部に、フクロウの翼に似た舟体《ふなたい》を設けたT字型の構造とした。これは音もなく滑空するフクロウの羽を参考にしており、従来の菱形パンタグラフでは金属バネ上昇式であったが、この新型パンタグラフでは空気上昇式を採用している。

集電装置からの騒音を低減させた結果、300系で採用されていたパンタグラフ下部まで覆う大型のカバーがなくなり、外観がすっきりした。だが碍子のみを覆う小型の碍子カバーは、採用されている。また空気抵抗や騒音を低減するため、旅客の乗降用の扉は閉じた際に、車体側面との段差が生じることなく密閉されるようにプラグドアを採用し、窓ガラスの外側にポリカーボネートを張ることで、車体側面の段差を極力なくすようにしている。さらに騒音を低下させるためには、床下の機器に対しても、機器類は床面から吊り下げる構造とし、点検ふたを兼ねたカバーで車体の下半分を覆う構造とした。

先頭車の形状のデザインだけでなく、フクロウの羽型パンタグラフに関しては、JR西日本にはノウハウがなかった。そこで先頭車に関しては、航空宇宙研究所の力を借り、320キロまで最高速度を引き上げた際、最も理想的なスタイルとなったのは良いが、車体高を300系と同等まで維持しつつ車体断面積を縮小するため、客室自体に影響の少ない車体の裾や荷棚部分を削ったことにより、300系と比較して1割減の10・2平方メートルまで縮小した。そのため500系の車体断面は、他の新幹線車両とは異なり円形となり、窓際の席に座ると車内の圧迫感がある。特に先頭車は旅客定員が減少しただけでなく、乗務員室から1・2列目の座席は、車体が傾斜していることから、荷物棚を設ける空間がなかった。そこで座席配置はC席をなくして２－２の横４列とし、専用の荷物置きを設置することで対処している。東海道新幹線へ乗り入れることに対しては、ＪＲ東海からは「３００系並みの座席定員を確保してほしい」という要望があったため、グリーン車は３００系と同様に１１６０ミリのシートピッチを維持しているが（図２－15）、普通車に関しては１０２０ミリと３００系よりも20ミリ狭くなった。また運転台の直後に乗降用の扉がないなど（図２－16）、扉の配置が他の新幹線車両と異なり、かつ０系から３００系までは運転席直上にあった静電アンテナが、５００系の初期車は碍子カバー内に設置された[6]。そのため運転席から目視で確認ができなくなるなどの負の側面もある。フクロウの羽型パンタグラフも（図２－17）、外部から技術者をヘッドハントして開発を行った。

　ＪＲ西日本は、技術面だけでなく営業面においても、２匹目のドジョウを狙う傾向が強く、非常に保守的な企業体質である。労務の力が強く、技術屋（運転・車両）などは冷遇される傾向にある。特に運転部門を専門とする役員は、前社長の山崎正男くらいしかいないため、正直言って今後が心配である。安全対策を強化するのであれば、かつて運転部門（運行管理）を担当していた人材を元の職場に戻したり、退職した人材を嘱託として再雇用する必要がある。

　だが山陽新幹線の３００キロ運転と、大阪近郊区間における新快速の１３０キロ運転に関しては、他の事業者よりも先に行っている。５００系は３０

図２-15　500系のグリーン車は、従来と同様に1160ミリのシートピッチであるが、車内は少々圧迫感がある。

図２-16　500系の先頭車の部分には、旅客用の扉はない。写真の扉は運転手用のもの。

0キロ運転を行うため、アルミ合金を用いて軽量化したり、空気抵抗や騒音低減のための非常にとがった先頭車構造、フクロウの羽を参考にした独特のパンタグラフなどが導入されたため、「のぞみ」よりも割高な料金を適用するのではないという心配もあった。そこで筆者は、朝鮮鉄道時代は急行「ひかり」「のぞみ」よりも格上の列車として、釜山－京城（現・ソウル）間に特急「あかつき」が運転されており、JR西日本に対し「〝あかつき〟という名称を用いて、〝のぞみ〟よりも割高な料金は適用しないでほしい」という旨を要望した。「あかつき」（図2－18）は、線路状態の悪い京釜線で高速運転を行うため、流線形構造の軽量化された客車を用いて、急行「ひかり」「のぞみ」よりも1時間以上の時間短縮を行った。

JR西日本からは、「新大阪－博多間は航空機との競争が激しいため、とても「のぞみ」よりも割高な料金を適用できる状況にない。新たな名称を使うと列車名が煩雑になるため、500系を導入しても『のぞみ』として運行する」という旨の回答をもらった。2011年（平成23）3月12日に、九州新幹線が全通したことにより山陽新幹線との直通が始まると、「のぞみ」タイプの速達列車で鹿児島中央へ直通する列車は「みずほ」、「ひかり」タイプで鹿児島中央へ直通する列車は「さくら」となったため、従来よりも列車名が増えて煩雑になった。

500系の斬新な車体デザインは、1996年（平成8）には通商産業省（現・経済産業省）のグッドデザイン賞に選定されただけでなく、日本初の3

図2-17　500系のパンタグラフは、「ふくろう」の羽を参考にしている。

図2-18　朝鮮鉄道時代の特急「あかつき」の展望車。

00キロ運転の実施なども評価され、1998年（平成10）には鉄道友の会から第41回ブルーリボン賞を受賞している。

2004年（平成16）からは、東海道新幹線の区間でデジタルATCが導入されることになり、500系の全編成（当時はW編成）に車上設備を増設してデジタルATC対応としたが、外観上の変化はなかった。

500系は、高速化と騒音対策の両面では非常に優れた車両であったが、製作費は1両あたり約3億円、1編成で46億円となった。これは軽量化と高強度化を両立するため、アルミニウム合金に銀ロウ付けで溶接したハニカム構造の車体としたことも、製造コストが高くなった大きな要因である。そのため後で登場した700系は、500系よりも1編成あたり10億円弱のコスト削減を行った。

その後、最高300キロの高速性能だけでなく、居住性も優れた車両を目標にJR東海とJR西日本は、後継車として共同でN700系という車両を開発した。N700系は、2007年（平成19）3月のダイヤ改正から営業運転を開始した。そしてN700系の増備が進むと、500系は「のぞみ」の運行から徐々に退くようになった。そこで余剰となった500系のうち、5編成が山陽新幹線内の「こだま」に使用されている。そのため2008～2009年にかけて、16両編成から8両編成に短縮された。「こだま」で使用する500系は、V編成と言われている。ついに2010年（平成22）2月28日には、500系W編成を使用した「のぞみ」が最後の運行を行い、有終の美を飾った。

新規航空会社の参入

日本の航空業界は、国際線と国内幹線の一部はJAL、国内幹線と国際チャーター便はANA、国内準幹線とローカル線はTDAというように、「45・47体制」により割り振られていた。ところが1980年代になると「45・47体制」への批判が強まり、1986年（昭和61）にANAが国際線に進出するなど、「45・47体制」が崩壊した。19

90年代になると日本の航空業界にも規制緩和の動きが見られるようになり、日本の航空業界に新規参入した航空会社の第1号は、スカイマーク（当時は、スカイマークエアーライン）であった。スカイマークは、大手旅行代理店のHIS（エイチ・アイ・エス）の社長であった澤田秀雄が、「国内航空運賃は割高であり、もっと安くしなければならない」という考えのもとで出資を行い、1996年（平成8）11月12日に設立された。設立当初の資本金は1億5000万円であった。

当時の運輸省航空局に、「羽田空港における新規発着枠の配分について」の要望書の提出を行った。そして初号機は1998年（平成10）8月に導入されたが、これは航空機リースの最大手である米国ILFC社を通して、ボーイング社から新造機のB767-300ERをリースした。一般的にLCCは、米国のサウスウエスト航空を模範として、B737やA320などの狭胴機を1機種だけに絞り、機内もエコノミークラスだけのモノクラスである。米国では、1978年に民主党のジミー・カーター大統領が、航空業界の規制緩和を実施した。それにより国内線の航空需要が増加すると同時に、運賃は大幅に値下がりした。また国際線を運航していたパンアメリカン航空やトランス・ワールド航空などが凋落した半面、それまで国内線を運航していたユナイテッド航空、デルタ航空、アメリカン航空が台頭するようになった。ユナイテッド航空（図2-19）、デルタ航空（図2-20）、アメリカン航空は、価格競争をするだけでなく、CRS（＝Computer Reservations

図2-19　ユナイテッド航空の機体外観（奥の機体）。

図2-20　デルタ航空機の機体には、元ノースウエスト航空の機材もある。デルタ航空は、ノースウエスト航空を吸収合併した。

System）という予約・発券システムの構築や、コンピューターにバイアスを掛けて、自社の便に乗客を誘導する戦略だけでなく、ＦＦＰ（＝Frequent Flyer Program）を導入して顧客を囲い込むようにした。同時に需要の少ない都市間に関しては、直行便を廃止する代わりに、ハブ＆スポークシステムを導入して輸送の効率化を図った。日本の国内線では、Ｂ７４７などのジャンボジェット機が就航しているが、これは羽田空港の発着枠にゆとりがないためである。世界的に見てこのような国は皆無と考えてよく、米国国内や欧州内ではＢ７３７やＡ３２０、Ｂ７５７などの狭胴機が活躍している。

米国のＬＣＣの代名詞になっているサウスウエスト航空は、１９６７年に会社が設立された後は、国内線専門の航空会社として運航が継続されていた。１９７８年の規制緩和後は、大手航空会社のような拠点となる巨大空港にハブ＆スポークシステムを構築するのではなく、サウスウエスト航空は独自の戦略を採用した。

まず機材をすべてＢ７３７に統一すると同時に、コスト削減のためにエコノミークラスだけのモノクラスとした。そして運航も、巨大空港に乗り入れるのではなく、都心部に近いセカンダリー空港に乗り入れ、ハブ＆スポークを築くのではなく、飛行時間1時間程度の都市間を直行便で結び、運航頻度を上げるようにした。これには到着から出発までの駐機時間を40分程度とすることで、機材の運用効率を上げた。その際、客室乗務員も機内清掃などを行うようにした。

1時間程度の飛行時間であるから、機内サービスも簡素化されており、キャンディーを配る程度である。セカンダリー空港は設備面では古くて老朽化しているが、そのぶんだけ発着料などが安いうえ、都心部に近いために乗客には便利である。サウスウエスト航空の採用したこの戦略により、自家用車を利用していた人が航空機へシフトしただけでなく、運賃が割安であることから、アムトラックの中距離客も航空機へシフトさせることに成功した。

サウスウエスト航空は、これらの戦略を掲げることで経営的にも成功したため、米国だけでなく欧州などの国でもサウスウエスト航空を模倣する動きが見られるようになった。しかしＬＣＣであるスカイマークがリースしたＢ７６

７－３００ＥＲは、通路が２本あるワイドボディ機である。スカイマークは、羽田空港の発着枠に制約があるため、ＪＡＬやＡＮＡもＢ７４７－４００を就航させざるを得ない国内の需要動向を加味した結果、Ｂ７６７－３００ＥＲ程度のキャパシティーがある機材が最適であると判断した。

　最初の運航は、１９９８年（平成10）９月19日の福岡－羽田線であった。Ｂ７６７－３００ＥＲが１機しかなかったこともあり、１日３便の運行が限度であった。後発企業であるため、既存の他社と差別化を行うため普通運賃を他社の半額に抑える戦略を採用した。設立の母体がＨＩＳであったため、航空券を販売するノウハウを有しているうえ、ＪＴＢなどの旅行会社へ手数料を支払う必要もないことも運賃を半額にするうえで有利に働いた。それだけでは運賃を半額にすることは難しいため、他社のようにスーパーシートなどの上級クラスは設けず、サウスウエスト航空と同様にモノクラスで座席間隔を詰めるなどを行い、機内サービスの簡素化を行った。そして同年10月に２号機を受領し

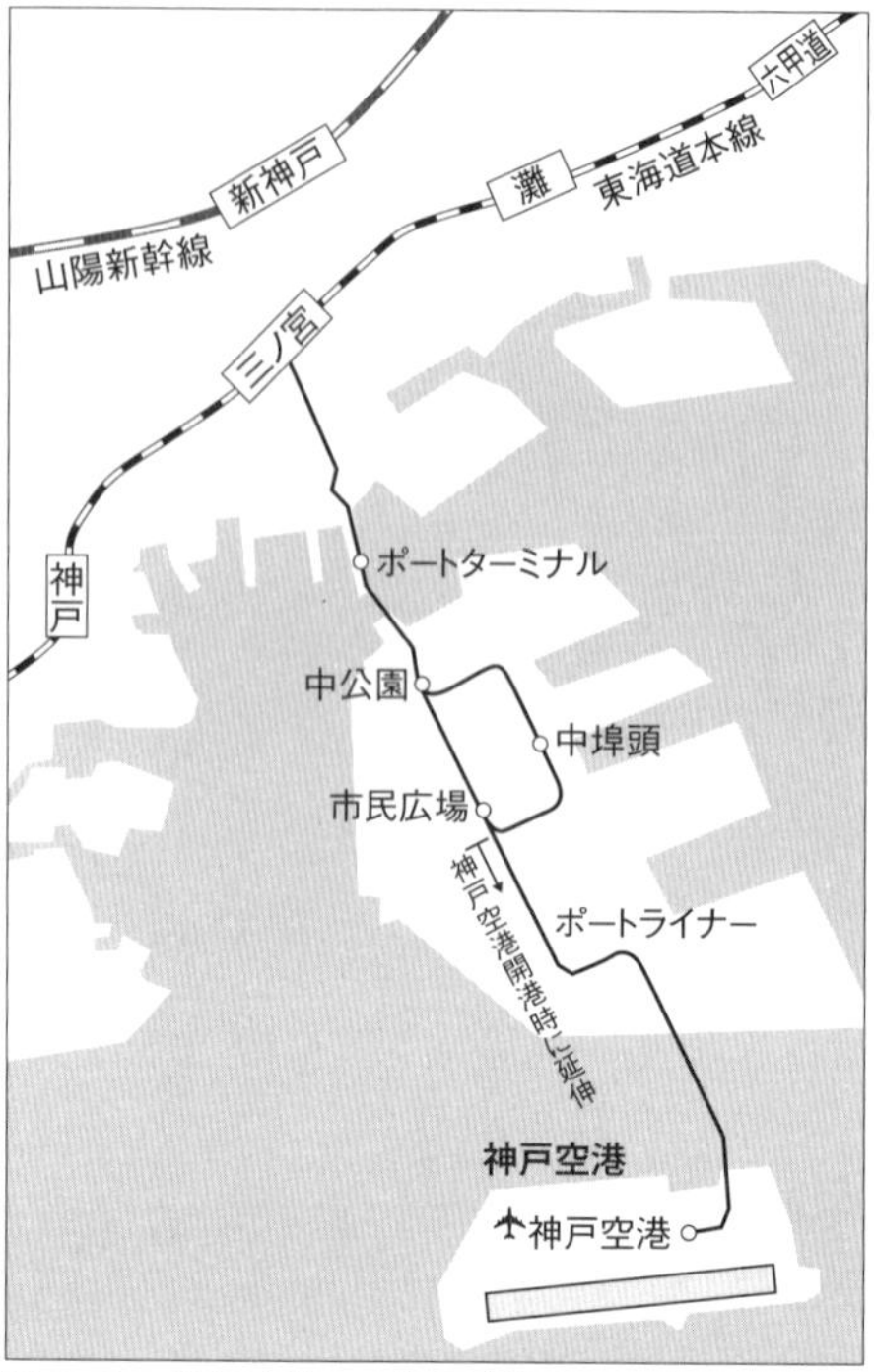

図２-21　神戸空港は、瀬戸内海を埋め立てて建設された。

図２-22　神戸空港は海上空港であるため、騒音に対する規制は緩い。神戸市が管轄している。

たため、当時は割引がなかったこともあり、運賃が割高であった大阪（伊丹）－札幌（新千歳）線に着目し、「最も収益が期待できる」と考え、1999年（平成11）4月24日に1日2往復で就航した。この時、同時に大阪（伊丹）－福岡線も1日1往復就航している。だが2000年（平成12）7月1日からは、羽田空港の発着枠が2倍の1日6往復になり、事業の効率化を図るため2機目の機材を羽田－福岡線に投入することにしたため、両路線とも2000年6月末で休止となった。

そんな中、2006年（平成18）2月16日に神戸空港が開港したことから、神戸－羽田線を開設したり、神戸－札幌（新千歳）線を開設するなど、神戸空港を関西の拠点にする傾向を強める。スカイマークは、西日本を中心に路線の拡大および展開を考えており、これは以前に羽田－札幌（新千歳）線を就航していた時、冬場は雪でダイヤが乱れることもあり、不測の事態に対する経費の増加を危惧するためである。JALやANAは、伊丹空港や関西空港に発着するため、これらの空港に発着すれば勝負にならないと判断している。神戸空港は神戸市が管理することもあり、伊丹空港や関西空港よりも発着料が安いうえ、図2－21で示すように海上空港であるため、騒音に対する制約が少ない。それゆえスカイマークは、神戸空港を大阪地区のセカンダリー空港と位置づけている（図2－22）。

2010年（平成22）2月1日には神戸－福岡線を開設したが、同年の4月11日に休止するなど、スカイマークは利用状況が悪ければすぐに撤退する。スカイマークの大阪（伊丹）－福岡線は休止されたが、神戸－長崎・熊本・鹿児島・那覇線は運航している。だが2011年（平成23）3月12日に九州新幹線が全通したことから、神戸－熊本線、神戸－鹿児島線は、新幹線との競争にさらされることになり、搭乗率が低下すれば撤退もありうる状態になった。神戸－長崎線や神戸－那覇線は、新幹線の影響を受けにくいため、今後も運航が継続されるだろう。

「のぞみ」より人気の高い「ひかりレールスター」

「ウエストひかり」は乗客に好評であったが、使用している0系電車は老朽化が進んでいるうえ、最高速度が220

キロという車両性能の限界から速度向上が望めない。そして1995年（平成7）の阪神・淡路大震災後は、3か月程度山陽新幹線が不通になったことも重なって航空がシェアを伸ばしていた。さらに1997年（平成9）3月のダイヤ改正からは、500系「のぞみ」が山陽新幹線内で300キロ運転を行うようになると、0系の旧態依然ぶりが顕著になった。

そこでJR西日本は、「ウエストひかり」の後継の列車として「ひかりレールスター」の導入を決めた。そして2000年（平成12）3月11日からは、最新の700系を投入して最高速度を285キロに向上させ、速達性だけでなく、居住性も含めた抜本的な改善を図った。「ひかりレールスター」に使用される700系は7000番代（E編成）を使用しており、同じ700系であってもJR東海所有のC編成およびJR西日本所有のB編成とは、仕様が大きく異なる。「ひかりレールスター」がデビューした当時は、「インテリジェント・サルーン」という呼び名があった。

特に「ひかりレールスター」の台車は、500系で使用する台車を履いていることから、他の700系と比較すれば乗り心地が悪い。そして16両編成の他の700系で実施しているFMラジオでのミュージックサービスは、「ひかりレールスター」では実施していない。これは山陽新幹線内で使用される100系も同様である。またJR東海は、16両編成以外の入線を認めないことから、鳥飼《とりかい》基地への回送による入線以外、「ひかりレールスター」が東海道新幹線内を走行することはない。

図2-23　顧客のニーズを的確につかんだ「ひかりレールスター」。

さらに「ひかりレールスター」の外部であるが、従来の白地に青帯ではなく500系に似たグレー地にダークグレーと黄色の帯をサイドに配した塗り分けとなった（図2－23）。

「ひかりレールスター」は1編成が8両編成であるが、「ウエストひかり」に設けられていたグリーン車は設けられておらず、全車両が普通車となっている。またビュフェが廃止されてしまったため、やや実用本位の車両となった感は否めない。「ひかりレールスター」が登場した時は、不況の真っただ中にあったことも影響している。もしグリーン車を利用したければ、「のぞみ」などグリーン車を連結した列車を利用すればよいという考えもあった。

1～3号車の自由席車(7)は、700系B編成の普通車で使用する座席とほぼ同等の設計である。つまり他の新幹線車両と同一の2－3の横5列の座席配置とすることで、定員を確保している。座席のモケットは深緑色を採用している。

4～8号車の指定席車の座席は、0系「ウエストひかり」を踏襲した2－2の横4列の座席配置であるが、「ウエストひかり」よりもシートピッチが60ミリ広くなり、1040ミリとゆったりしている。そのため座席幅が広くなり、隣の座席との間に肘掛が設けられ、リクライニング角度も自由席よりも大きい。座り心地に関しては、グリーン車並みであるにもかかわらず、通常は510円で利用できることから人気がある。グリーン席との明確な差異は、座席のシートピッチが120ミリ狭いことと、フットレスト、読書灯、オーディオが設けられておらず、かつ床に絨毯《じゅうたん》が敷かれていない程度である。

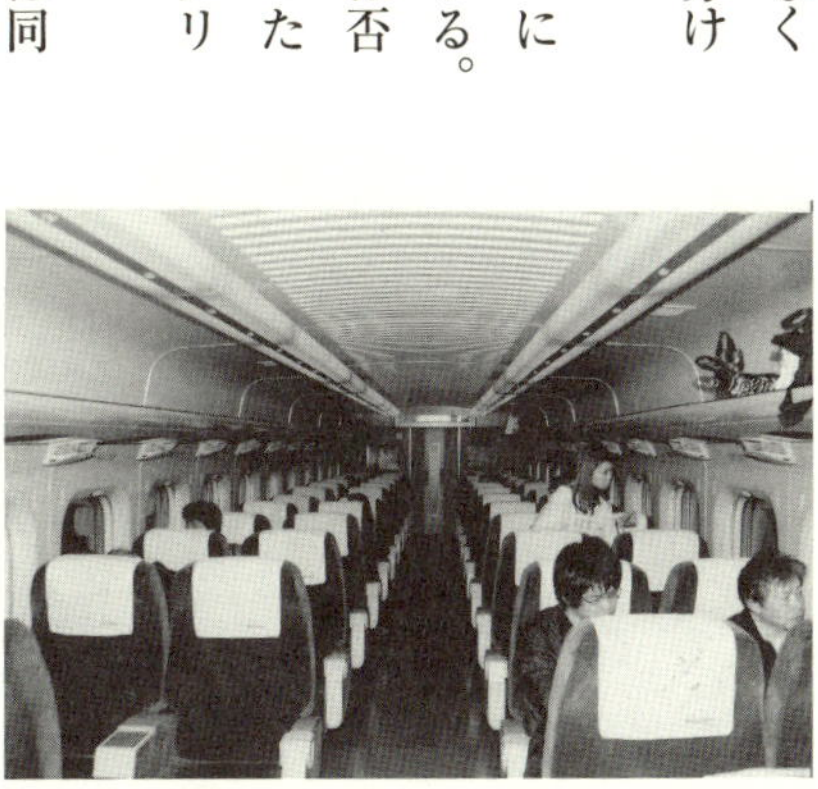

図2－24　指定席車は、2－2の横4列座席が継承された。

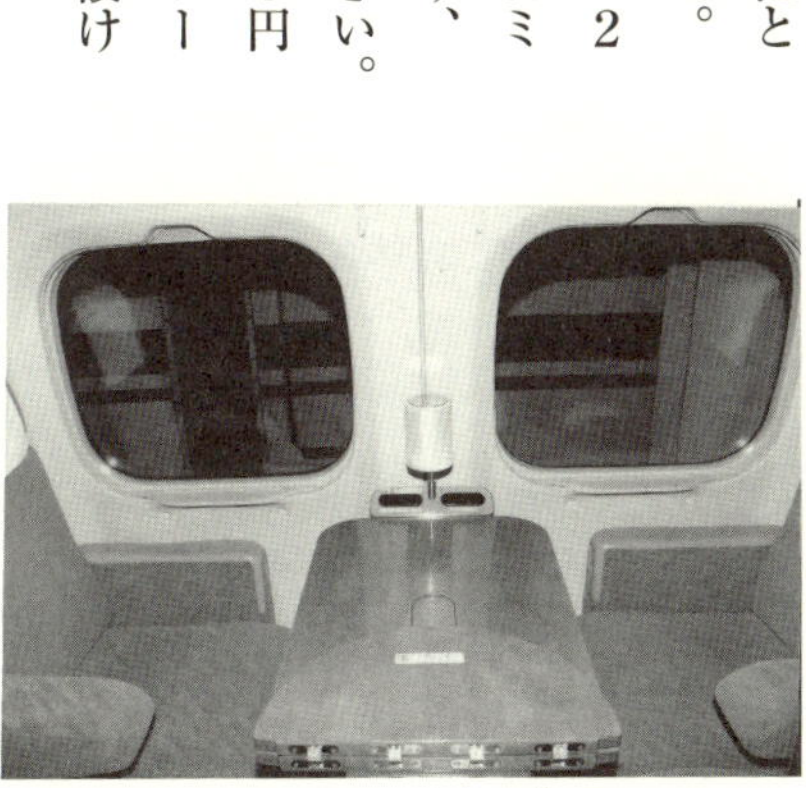

図2－25　コンパートメントの車内。

ＪＲ西日本では、普通車指定席の座席を〝サルーンシート〟と呼称しており、シートモケットは安らぎ感のある青色を採用している（図２－24）。指定席車の中で、７号車は車椅子を設置するスペースが設けられており、バリアフリー対応になっている。

ＪＲ西日本は、他社と比較して喫煙に関しては寛大な方であったが、時代の流れと灰皿の清掃コストを削減したい思惑もあり、２００４年（平成16）８月からは５号車の指定席車が禁煙車となり、２号車の自由席も２０１１年（平成23）３月12日からは禁煙車となった。そのため愛煙家は６号車に乗車せざるを得なくなった。また喫煙車両のデッキに設置されていた灰皿は、コスト削減の一環もあり、２００７年（平成19）１月末までに撤去された。

特徴的なサービスとして、４～８号車の進行方向に向かって最前列の座席が、〝オフィスシート〟に設定されており、基本的に通常の指定席とは別枠で販売されている。デッキと客室を仕切る壁に大型テーブルとコンセントを備えているため、ノート型パソコンなどが使用しやすい。そして８号車の新大阪寄りの端部には、４人用の〝コンパートメント〟が通路を挟んで左右に合計４室設けられている（図２－25）。簡易個室であるが、ホテルと同様に照明の調整が可能である。室内には交流電源が一つあり、パソコンなどを使う際に重宝できる。〝コンパートメント〟の利用は、「フルムーン夫婦グリーンパス」を除けば３人以上に限定され、運賃・指定席特急料金が必要である。一部を除いて企画乗車券などが使えず、「エクスプレス予約」や「e5489（いいごよやく）」によるパソコンや携帯からの座席指定もできないため、グリーン車よりも敷居が高いかもしれない。そのようなこともあり、〝コンパートメント〟の利用率は決して高くはない。

ＪＲ西日本の徹底したマーケティングリサーチは、「ひかりレールスター」という商品開発に繋がった。そして「ひかりレールスター」は、利用者から支持され、京阪神－福岡間において航空からシェアを奪還することに成功した。居住性が優れているだけでなく、最高速度は「のぞみ」と同一の２８５キロであり、かつ原則として後続列車に追い越されず、新大阪－博多駅の標準所要時間は２時間45分であった。「のぞみ」と比べると、速達型の「ひかりレールスター」で6分、姫路・福山・新山口などの中規模駅にも停車する「ひかりレールスター」でも、所要時間の違いは22分である。指定席特急料金が「のぞみ」よりも安い「ひかりレールスター」を指名する利用者が多く、常に満席の状態が続いた。

だが「ひかりレールスター」にも転機が訪れた。2011年3月12日に九州新幹線が開業したことで、新大阪－鹿児島中央直通の「みずほ」「さくら」が誕生した。これらの列車には、最新型のN700系が導入され、「ひかりレールスター」で使用されていた700系は、「こだま」に使用されることが多くなってしまった。「みずほ」「さくら」で使用されるN700系には、〝コンパートメント〟は廃止されたが、普通車指定席は2－2の座席配置であるため、「ひかりレールスター」で培ったノウハウは継承されている。

〔注〕

（1）山陽新幹線開業の前後の1973年（昭和48）に961系試験車が6両製造された。この車両の4号車には、特別個室が3室と1人用の個室寝台と2段式の寝台が設けられていた。1人用個室は、後に登場するオロネ25タイプであった。だが実際に961系車両が営業運転に就いたことはなかった。

（2）かつて追い風の場合は、迂回して南側から34番滑走路へ進入する形で着陸するようにしていた。だが市街地上空を長時間飛行しなければならず、騒音問題が顕著化するリスクがある。そこで騒音を軽減する目的もあり、海側からの離着陸を基本としており、多少の追い風でも玄界灘側の滑走路16を使用している。また空港の大規模な拡張が困難なため、旅客数や年間発着回数が非常に多いことから、国際線も含め旅客ターミナルビルを4つも設けたため、1つの旅客ターミナルビルはやや狭くなった感が否めない。そのために利用客の輻輳や、それに伴う発着便の遅延も発生しやすい。

（3）「トワイライトエクスプレス」は、1989年（平成元）7月から、当初は団体臨として運転を開始したが、サシ481

を改造した食堂車スシ24だけは、前年に完成していた。当時は、琵琶湖周遊の観光列車などに組み込まれて営業していたが、その時のテーブル配置は2-2であった。

（4）当時、新幹線の食堂車は、日本食堂（現・日本レストランエンタープライズ）、帝国ホテル、ビュフェとうきょう、都ホテルの4社が担当していた。グランドひかりの中でも、帝国ホテルが担当する食堂車の7000円のフルコースはローストビーフであり、5000円はビーフステーキだった。1989年（平成元）4月1日から消費税が導入されたため、この金額に3%の消費税が必要となった。また7000円のローストビーフを食べる場合は、当時は5000円を超える飲食には特別地方消費税が3%必要であった。1991年からは、7501円以上の飲食に条件が緩和される。

（5）アルミは、表面に酸化物の膜を作り内部を保護するため、はんだ付けしようとすれば、表面を洗浄したり、銀食といってはんだの中に銀を溶かす必要がある。銀の融点は961℃であるが、はんだという錫と鉛の合金には、250℃程度の温度で溶ける。

（6）8両編成に短縮されたV編成では、集電装置は700系などで採用されているシングルアーム式のパンタグラフに交換され、静電アンテナも2・7号車の先頭車寄りに移され、目視確認ができるようになった。

（7）「ひかり」540号は1〜7号車が、「ひかり」543号は平日のみ1〜5号車が自由席となる。

第3章　新幹線は北へと伸びる

1　東北・上越新幹線が変えたもの

「雪に弱い」と言われた新幹線の汚名返上へ

東海道新幹線は、冬場になると関ヶ原付近に降った雪が原因で、列車の遅延が相次いだため、「雪に弱い新幹線」と言われた。関ヶ原は滋賀県と岐阜県の県境に位置しており、1600年（慶長5）の徳川家康と石田光成による天下分け目の合戦で有名な所であるが、関ヶ原周辺は谷間となっており標高も高く、冬期には激しい降雪のある地域でもある。鴨宮の気候は冬でも比較的温暖であるため、積雪のあるこのような区間を冬期に高速で通過する状況の研究が、開業前には充分に行えなかった。

ところで開業初年度は、路盤が軟弱な場所では160キロ以下に減速して走行していたが、皮肉にも関ヶ原付近がその区間に該当した。そのため開業初年度は、雪による目立った遅延や車両故障などは起きなかった。それが顕著になるのは、翌年の1965年（昭和40）11月1日のダイヤ改正で、最高速度を全線で210キロに引き上げてからである。

国鉄も雪に対して全く無策であったわけではないが、あくまで在来線の考え方であった。齋藤雅男著『驀進』によれば、新幹線はATCによる車内信号であるから、降雪による信号の確認が困難になることはなく、先頭部には100キログラムの物体を時速200キロの速度で跳ね飛ばすことができる鋼板があるため、関ヶ原の雪では問題にならないと考えた。また岐阜羽島駅と米原駅のポイントには、電気融雪機が備わっており、さらに沿線の市町村などにも除雪協力隊を組織してもらうようにしていたため、当初はこの程度で充分だと思ったという。

だが200キロ走行を行うと、100キロでの走行時と比較して運動エネルギーが4倍になる。新幹線が積雪による大きなトラブルに見舞われたのは、1965年12月16日であったという。この日は、新大阪6時00分始発の「ひかり2号」だけでなく、後続の「ひかり4号」「こだま102号」が、関ヶ原付近で故障のため運転不能となった。この日の関ヶ原付近の天候は雪であり、積雪は1メートルを超えていたという。「ひかり2号」は、本来ならば9時10分に東京駅に到着する予定であったが、12両編成のうちで動かすことができる2ユニット4両のモーターを動かし、16時00分過ぎに東京へ到着したという。そこで齋藤は、東京駅の19番線の下のピットに入って0系を確認したところ、車体の下部の機器類が損傷を受けただけでなく、窓ガラスも割れ、車内にあるドアの開閉の表示灯にまで、氷や石がぶつかって割れていたという。

車両がこのような状態に損傷していたことから、齋藤は車両だけでなく、積雪時の架線の状態や雪による軌道の状態およびメンテナンスも検討するため、電力の専門家や保線の専門家にも加わってもらい、東京駅を17時00分過ぎに出る「こだま」に乗車して米原駅へ向かっている。20時00分頃に着いた米原駅で齋藤は、200キロで通過する「ひかり」を下りホームで観察していた時、雪が新幹線に与える影響の大きさは、在来線とは比べ物にならないということを実感する。その様子は、雪煙に包まれた車体が近づき、地面から5メートルも離れている架線の上部を超え、はるかに高く粉雪が舞い上がったという。それだけならまだよいが、列車に付着した雪が氷となって列車から落下して、バラストを跳ね飛ばして下りホームや駅の事務所などの窓ガラスを壊して、壁に当たって跳ね返ったという。齋藤も、想像を絶する現象に驚くと同時に、「危険である」と感じて、東京の総合指令所に積雪区間に対し70キロ信号を出している。この当時110キロ信号は都市部の急カーブ地帯にだけしか設けられておらず、関ヶ原付近にはなかった。160キロ信号では危険だと判断してその下の70キロ信号としたらしい。これは列車の運行に支障が出るだけでなく、米原や岐阜羽島駅にいる乗客にも危険が及ぶと判断したためである。この現象を見ると、「速度が2倍になれば運動エネルギーが4倍になる」という理論はもろくも崩れ、理論では表すことができないことも起こっていた。

積雪のある区間は70キロで徐行せざるを得ないとしても、上りの名古屋−東京間は200キロで走行しなければ信用が得られない。そのため齋藤は、とにかく「思い付くことは何でもやってみよう」と考え、名古屋に到着した新幹線の床にこびり付いた雪を除去するため、赤外線ランプで雪を溶かすことや、竹ぼうきなどで雪を落とすことを試みた。それと並行しながら、関ヶ原付近で線路に水をまくことで雪の状態がどのように変化するのかを調べた。

赤外線ランプを用いると雪は少しは解けたが、全部溶かすとなれば赤外線ランプを強化するか、名古屋駅で長時間停車させなければならないため、断念せざるを得なかったという。そのため竹ぼうきなどで、人海戦術で雪を払い落すことを行った。そうしなければ関ヶ原地区よりも気温が高い地域を走行中に、雪の塊が落下してバラストを跳ねて、民家などに被害を出すからである。

一方の線路に水をまく試みは、比較的好調だった。関ヶ原付近は、盛土区間であるため路盤が弱い。雪を溶かしてしまうぐらいの大量の水をまくと、路盤が緩んで脱線する危険性がある。雪の変化を見るため、青色に着色した15℃の水を線路にまくと、雪の表面が溶けてザラメ状になり、雪が舞い上がらなくなった。齋藤は水温を変えて実験しているが、水温16℃が最も効果的だったという。それより高い温度の水をまくと雪は溶けやすくなったが、関ヶ原の外気温がマイナス7℃であるところに高温の水をまくと、温度差でレールが伸びたり、ヒビが入るなどして危険であることが分かったという。これは後ほど開業する東北・上越新幹線でも同じであり、地下水を16℃まで温めて線路にまいている。

実験から得られたデータによると、外気温マイナス7℃で積雪がある状態において、水温16℃の水を7ミリ散水すると160キロ運転までは可能だと分かったという。そこで岐阜羽島－京都間でスプリンクラーを設置することになり、路盤の状態が悪化する危険性を回避させるため、5ミリ程度の水を散水している。そして外気温が2℃になると散水を止めていると聞く。齋藤は、気象庁のデータでは信頼性が低いため、国鉄独自で気象調査を行うようにしている。こう考えると、国鉄という組織は非常に技術力が高く、専門家の集団であったことが分かる。関ヶ原付近は、マイナス7℃にまで気温が下がるが、地下水は通年15～16℃程度であった。これらの対策により、冬場に10～20分程度の遅れは出したが列車の運休が減り、信頼性が大幅に向上した。この苦い経験は、後に開業する東北・上越新幹線に活かされた。

一方、東北・上越新幹線は、最初から高架軌道を採用しているため、路盤は東海道新幹線よりもはるかに頑丈である。そのため16℃の水を1時間あたり40ミリと大量にまいて雪を溶かしている。東北・上越新幹線の沿線の気温は、関ヶ原よりも低いことから地下水の水温も低く、かつ大量に温水をまく必要性から冬場はボイラーで地下水を加温しており、多額の費用を要する。そのため東海道・山陽新幹線よりも、若干、特急料金が高くなっている。

東北・上越新幹線でスプリンクラーのない区間は、先頭車についたスノープラウで60センチ程度の積雪であれば跳ね飛ばすことができる。また車両もボディーマウントとして、床下の機器類をカバーで覆うか、車内に機器室を設けて設置している。そのため雪による車両故障や遅延は生じていない。ただボディーマウントにしても、全く雪が入らないのかと言えばそうではなく、若干ではあるが隙間から雪が入るという。「東海道新幹線もボディーマウントにすれば良いのではないか」という意見もあったが、そこまですると定員が減少するだけでなく、機器類の点検などを行う際、手間を要するようになる。そこで100系からは、主要機器だけカバーで覆うようにした（図3-1）。

2015年（平成27）には北海道新幹線が開業し、その後は札幌まで延伸されるであろうが、その際は長大トンネルを掘削して明かり区間を減らすようになるだろう。その方が維持管理費が安いだけでなく、騒音対策費も安くなるからである。

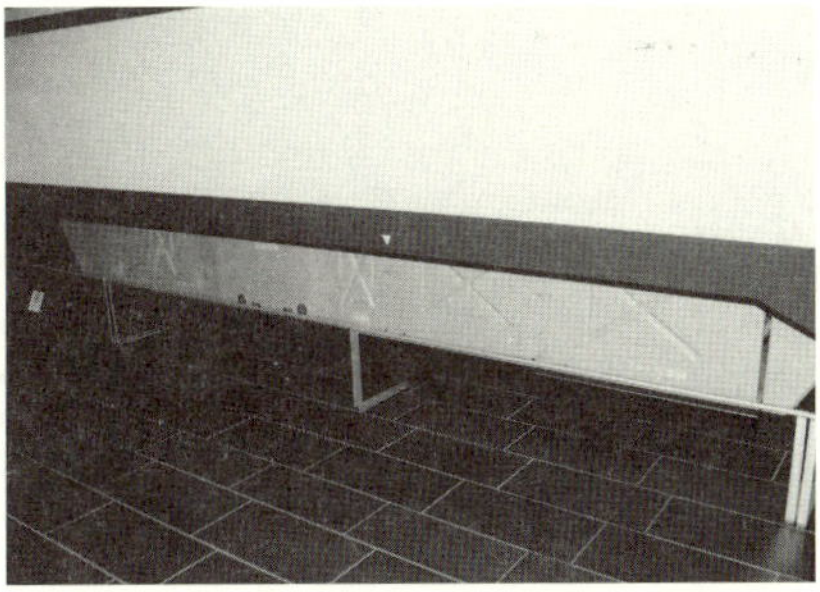
図3-1　100系から床下機器をカバーで覆うようにした。

図3-2　新幹線リレー号には、185系200番台が使用された。

羽田－仙台、羽田－新潟便の廃止

１９８２年（昭和57）６月23日に東北新幹線は、大宮－盛岡間が暫定開業した。大宮から東京方面へ向かう乗客を、京浜東北線や東北本線・高崎線のローカル列車に乗車させることはサービス上問題があったため、大宮－上野間に１８５系２００番台（図３－２）を２編成（14両編成）使用した「新幹線リレー号」を運行して対応するようにした。乗車するには、新幹線特急券を所有していることが条件であったため、定期券や青春18きっぷでは乗車できなかった。ただグリーン車は、「新幹線グリーン券所有者が優先」であり、普通車自由席の乗客も利用できなくはなかったが、高齢者や身障者が優先であった。

新幹線リレー号の所要時間は26分であった。大宮駅で東北新幹線と新幹線リレー号の接続には、20分程度の時間があてられた。また同年の11月15日には上越新幹線が開通したが、東北新幹線と同様に大宮暫定開業であった。

１９８５年（昭和60）３月14日に、東北・上越新幹線は悲願の上野乗り入れが実現すると同時に、東北新幹線の「やまびこ」は最高速度を２４０キロに向上させ、列車の増発を行った。これにより東北新幹線は、「やまびこ」「あおば」の運転本数が従来の52本が92本となり、所要時間も郡山、福島、仙台だけに停車する速達型の「やまびこ」を利用すれば、上野－盛岡間の所要時間が２時間45分、仙台以北が各駅に停車する「やまびこ」でも３時間21分となった。

従来はリレー号へ乗り換えを強いられたこともあり、上野－盛岡間の最短所要時間は３時間56分であったことを考えると、大幅に所要時間が短縮されている。また上野－仙台間の所要時間が１時間53分となり、２時間の壁を破ることになった。

一方の上越新幹線も、「あさひ」「とき」が従来の42本から68本に大幅に増発されたが、上野－新潟間は３３０キロ程度と距離も短いことや、高崎－長岡間は12‰の勾配が連続することもあり、最高速度は２１０キロ止まりであった。それでも大宮で新幹線リレー号への乗り換えが解消され、上野－新潟間の所要時間は１時間53分となり、２時間の壁を突破した。

東北・上越新幹線が上野へ乗り入れ、利便性が大幅に向上したことにより、航空機が影響を受けることになった。羽田－仙台間は、1957年（昭和32）からANAが就航していたが、1985年に定期旅客便が廃止となっている。また1985年3月14日のダイヤ改正からは、東北新幹線に新花巻と水沢江刺という2つの新駅が開業した。それにより当時のTDA（日本エアシステムを経て、現在はJAL）が運航していた羽田－花巻間の定期旅客便が廃止となった。その後、羽田－花巻線は復活しており、現在はJALが1日2便の運航を行っている。

上越新幹線の開業による航空への影響であるが、新潟空港は上越新幹線が開通した1982年（昭和57）にAとBの2本の滑走路を要していた。特にB滑走路は、上越新幹線が開通する前年の1981年（昭和56）に2000メートルに延長されている。一方のA滑走路は、有効長が1300メートルしかないため、小型機やヘリコプターなどに限定された。

航空は、1985年の上野開業の影響をもろに受け、羽田－新潟間の航路は廃止となった。その後、2004年（平成16）10月23日に新潟県中越地震が発生した際、上越新幹線が不通になっただけでなく、関越自動車道も不通となった。陸上の交通手段が不通となったため、新潟空港は救難拠点となり、臨時ではあったが久々の羽田便が開設された。また同年の10月27日より11月10日までは、24時間管制を実施して対応した。

悲願の上野乗り入れ

東北・上越新幹線は大宮暫定開業であったため、上野から比較的近い宇都宮や高崎などは、新幹線を利用すれば料金面で割高になる半面、所要時間で大差がなかった。そこで東北本線では、急行「まつしま」「ざおう」「ばんだい」が、高崎・上越線では急行「佐渡」「ゆけむり」などの急行列車が存続することになった。

東北・上越新幹線の上野駅は、開業までに水面下で右往左往していた。東北・上越新幹線の当初の建設計画には、正式に上野駅を建設するという計画はなかった。あくまで東京駅や新宿駅と同様に候補の一つにすぎなかった。その中で東京駅を起点とする場合は、上野駅は造らないとしていた。そのためルートも日暮里付近から地下に入り、上野公園の真下を通って秋葉原付近で地上に出ることになっていた。

ところが当時の東京都知事であった美濃部亮吉が、上野公園の真下を通るルートに難色を示したため、在来線とほぼ同じルートで建設されることになった。美濃部知事が反対した理由として、戦前に京成本線の日暮里－上野間を地下ルートで建設した際、図3－3で示すように上野公園の地下を通ったことが挙げられる。特に京成電鉄の上野駅は不忍池のそばにあり、池の水が干上がってしまった（図3－4）ため、美濃部知事はそれの二の舞いは避けたかった。

地元住民や浅草地区の住民は、上野駅は東京の北の玄関口と考えていた。北海道・東北地方だけでなく、上信越・北陸地方・北関東・常陸方面への起点でもあるため、東北・上越新幹線の起点にならないことに猛反発した。そこで地元出身の政治家も巻き込んで大規模な上野駅建設の請願運動が始まった。上野駅のある台東区の住民からすれば、上野が起点にならないのであれば、せめて上野駅を造ってほしいという願望があった。

これに対する国鉄側は、上野駅の北側に急カーブがあるために建設が難しいことや、地下駅の建設費用が莫大であることを理由に難色を示した。その結果、両者の交渉は平行線をたどった。

しかし1975年（昭和50）になると、東海道新幹線にトラブルが目立つようになったため、施設修繕という理由で週1回ではあるが、運転本数を削減するなどの暫定ダイヤを策定していた。これは東海道新幹線開業以来、運転・車両などの専門家を人事異動などで他の部署に異動させたことが原因であり、10年程度では施設の老朽化によるトラブルは考えられない。このトラブルは、専門家を元の部署へ戻すことでやがて収束に向かった。

東海道新幹線が暫定ダイヤを作成して対応したことに伴い、東北・上越新幹線用のホームとなる予定であった現在の東京駅の14・15番線のホームは、東海道新幹線に転用された。その結果、東北・上越新幹線用のホームが1本減ることになった。そうなると今後は、北陸新幹線の建設だけでなく、青森から先に北海道新幹線が建設されるなど、新幹線網が拡大すれば全列車を東京駅だけでさばくことは難しくなった。また、ダイヤが乱れた際の調整用の駅も必要になるため、東京駅の機能を補完する上野駅の建設に対しても、「現実的な案ではないか」という声が上がり始める。また東北・上越新幹線は、1971年（昭和46）11月28日に建設工事に着手して当初の計画では、1976年（昭和51）に開業する予定であったが、1973年（昭和48）のオイルショックによる物価高騰や国鉄の経営悪化もあり、計画は大幅に遅れてしまった。そのうえ、大宮－東京間の土地買収も思うように進まなかった。そこで1977年（昭和52）に東北・上越新幹線の上野駅の建設が決定した。

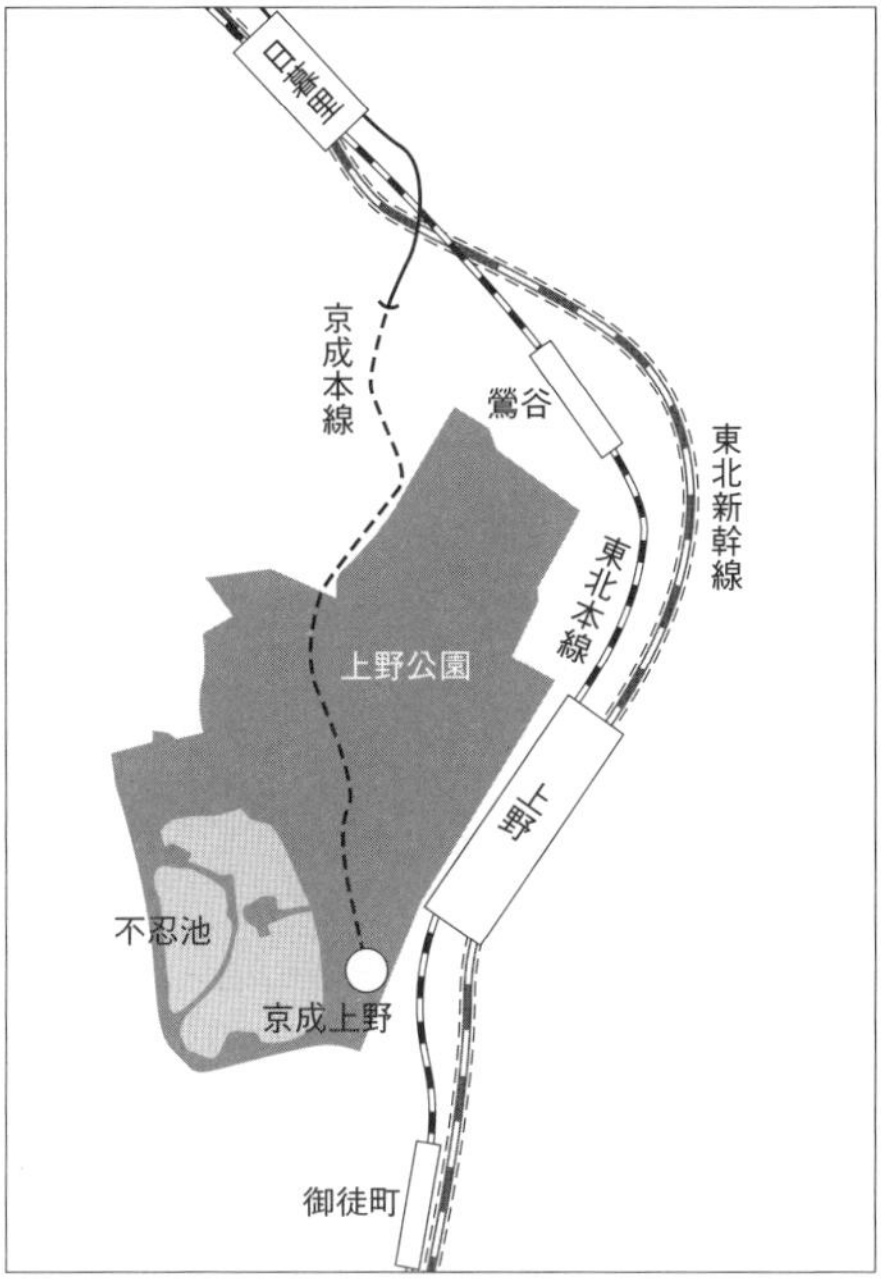

図3-3　京成電鉄は、上野公園の真下を通っている。

図3-4　戦前に京成電鉄が上野公園の真下を通った際、池の水が枯れたという。写真は現在の不忍池。

東北・上越新幹線は、1985年（昭和60）3月14日にようやく、上野駅に乗り入れた。東京駅への乗り入れは、さらに6年後の1991年（平成3）6月20日である。大宮－東京間の建設が大幅に遅れた理由として、1973年（昭和48）4月26日から戸田市・与野市・浦和市の住民の一部が、東北・上越新幹線の建設に対する非常に大規模な反対運動を起こしたことが最大の原因である。この時代になると、新幹線の騒音問題や橋脚による日照権の問題も顕在化していた。反対派の住民は、工事用の敷地内への居座りだけでなく、デモ行進や国鉄との説明会の打ち切りなどを実施した。

そのため国鉄は、大宮－東京間を地下で建設することも検討したが、建設費が膨大になるため躊躇《ちゅうちょ》せざるを得ず、地上ルートに変更された。

沿線住民から猛反対を受け続けていた国鉄は、その見返りとして赤羽駅まで埼京線という通勤新線を並行して建設し、池袋－赤羽間で開業していた赤羽線へ乗り入れて、新宿や池袋へ直通するようにした。埼京線が開業すれば、並行する東北本線の混雑緩和だけでなく、大宮から乗り換えなしで新宿・池袋まで直通するうえ、埼玉県南部の公共交通脆弱地域の利便性が向上する。また東北・上越新幹線の大宮駅以南の区間も、急曲線が多いことから最高速度は110キロとなった。

新幹線の建設に猛反対した団体として、赤羽の星美学園が挙げられる。この学校は中高一貫教育を行う女子校であるが、新幹線による騒音に対して最後まで猛反対した。最終的には、学校の真下に赤羽台トンネルを建設して、

図3-5　妥協の産物の赤羽台トンネル。星美学園の下を通っている。

埼京線とともにトンネルで抜けることで合意した（図3－5）。

東北・上越新幹線を上野駅に乗り入れる際、日暮里付近から地下に入るが、工事に支障を来《きた》すビルを切り崩しながら工事を進めた。そのため大宮－上野間の距離は27・7キロであるにもかかわらず、6500億円も要しており、1キロあたりの建設費は236億円であった。そして上野駅の建設だけで約800億円も要した。これは地下4階に、2面4線のプラットホームを設けなければならなかったことも影響している。大宮－上野間の建設に要した金額は、大宮－盛岡間の465・2キロの建設費が約2兆円であったことと比較しても割高であった。

東北・上越新幹線の上野駅乗り入れに伴うダイヤ改正では、東北・上越新幹線の増発が行われる以外に、東北新幹線の「やまびこ」の最高速度が240キロに引き上げられ、利便性が向上した。新幹線リレー号は役目を終え、185系200番台は新たに新設された上野－水上、万座・鹿沢口、前橋、黒磯方面へ向かう新特急に充当された。新特急は、50キロまでの自由席料金が急行料金と同じであり、それ以上の距離はB特急料金が適用された。そして定期券所有者も、特急券さえ購入すれば自由席に乗車が可能であったが、所要時間では急行と大差なかった。そのため利用者からは、「ぼったくり」という意見が多く、評判は決して良くなかった。

大宮－上野間は急曲線が多いことから、上野－大宮間は新幹線でも約20分近くかかるため、新宿・池袋方面から東北・上越、北陸新幹線を利用する場合は、新宿・池袋から埼京線や湘南新宿ラインを利用し、大宮から新幹線を利用する方が便利であり、かつ料金面で割安になることもある。

東北・上越新幹線の高速化に向けた取り組み

1985年（昭和60）3月のダイヤ改正では、東北新幹線では大幅な増発も実施され、「やまびこ」「あおば」の運転本数が従来の52本が92本となり、利便性が大幅に向上した。所要時間であるが、郡山、福島、仙台だけに停車する速達型の「やまびこ」がこのダイヤ改正から登場し、この列車を利用すれば上野－盛岡間の所要時間が2時間45分となり、ついに3時間の壁を破ることになった。東北新幹線の上野（暫定時は大宮）－盛岡間は、東海道・山陽新幹線と比較すれば沿線の人口が少ない。大都市と言えば仙台だけであるが、仙台のみ停車という「やまびこ」を設定することは、営業上困難であった。大きな需要が見込める首都圏の上野駅へ乗り入れたため、郡山・福島・仙台にだけ停車する「やまびこ」が設定できるようになった。また仙台以北の各駅に停車する「やまびこ」も、3時間21分に短縮された。ダイヤ改正以前の上野－盛岡間の最短所要時間は3時間56分であったことを考えると、大幅に所要時間が短縮されている。これは最高速度の向上だけでなく、余裕時分の見直しによる所要時間の短縮もある。

暫定開業時は、大宮－盛岡間で18分の余裕を与えていた。これは東北新幹線の沿線は豪雪地帯であるため、雪によるダイヤの遅延を加味していたが、東北新幹線は雪に対する万全な備えを行ったため、雪によるダイヤの遅延はほとんど生じなかった。そこで上野開業時には、上野－盛岡間の余裕時分を8分に切り詰めた。最高速度の向上とダイヤの余裕時分の見直しにより、上野－仙台間の所要時間が1時間53分となり、2時間の壁を破ることになった。

東北新幹線のスピードアップは、240キロ運転を実施する編成の車両には、ATC受信機やATC制御装置などの車上装置に「240キロ」信号段を追加する改良を行った。0系ではATCが表示する最高速度に対し、運転計画速度は10キロ低い速度としていたが、200系はATC装置の照査誤差や速度計の表示誤差が小さかった。そこで運転計画速度を向上させる案を提出し、200系を用いた速度向上試験時の確認を経て、ATCの最高速度を240キロ、運転計画速度を235キロとした。

240キロ運転を実施するにあたり、架線およびパンタグラフの事故防止対策と騒音対策も兼ねて、パンタグラフの数を半減させた。パンタグラフの削減するに際し、各種試験を行った結果、特殊高圧線を引き通すことで摺板摩耗量、走行騒音、集電性能などに良好な結果が得られたため、実施することになった。パンタグラフを半減させる方法として、1ユニットで1つのパンタグラフから、2ユニットで1つのパンタグラフと半減させた。その結果、12両編成の「やまびこ」でも、三つのパンタグラフで対応するようになった。またブレーキや抵抗器の性能試験も実施している。

２００系はサイリスタ制御であるが、電気ブレーキを使用する際には抵抗器を使用する。そこで２４０キロからブレーキをかけた際、抵抗器の温度上昇の具合やブレーキ距離、摩擦ブレーキと電気ブレーキの協調状態なども、満足できる結果であった。２４０キロから非常ブレーキを掛けた際のブレーキディスクも、強度上の問題がないことが分かった。

その後は、１９９２年（平成４）７月には、奥羽本線の福島－山形間を１４３５ミリゲージに改軌を行った。新在直通運転が可能な４００系の開発を行い、「つばさ」は乗り換えの解消で所要時間を短縮した。東北新幹線は、１９９７年（平成９）３月22日のダイヤ改正でＥ２系使用の「やまびこ」は、最高速度を２７５キロに引き上げて所要時間を短縮した。これにより途中、仙台だけに停車する最速の「やまびこ」の東京－盛岡間の所要時間は、２時間20分となった。さらに田沢湖線の盛岡－大曲間と奥羽本線の大曲－秋田間を１４３５ミリゲージに改軌を行い、Ｅ３系を使用した「こまち」を直通させ、東京－秋田間の所要時間の短縮が実現した。

２０１１年（平成23）３月５日のダイヤ改正からは、新青森まで延伸開業したことに伴い、Ｅ５系を使用した「はやぶさ」による３００キロ運転が実現したため、東京－新青森間の所要時間は３時間10分に短縮された。その間にデジタルＡＴＣの導入が進められ、最高速度からの減速が円滑となり、最高速度で走行する時間が伸びたことによる時間短縮効果もある。

一方の上越新幹線も、１９８５年（昭和60）３月14日のダイヤ改正で悲願の上野乗り入れが実現した。最高速度は２１０キロのままであったが、大宮で新幹線リレー号への乗り換えが解消され、約20分の所要時間が短縮された結果、1時間53分と2時間の壁を破ることになった。東北新幹線が２４０キロ運転を行い、東海道・山陽新幹線も２２０キロ運転されるようになると、上越新幹線が旧態依然となった。上越新幹線の高崎－長岡間は12‰の急勾配が連続するうえ、中山トンネルの工事中に異常出水に見舞われたこともあり、急遽、ルートを変更して建設せざるを得なくなった。それが原因でトンネル内では、160キロに減速を強いられる。また上野－新潟間の所要時間が2時間を切った結果、ライバルの航空機も羽田－新潟線を廃止してしまった。そのため上越新幹線に関しては、スピードアップの必要性に乏しかった。

だが長岡や新潟で在来線特急に接続するため、特に北陸方面へ向かう旅客では、航空機との競争も意識せざるを得なかった。1988年（昭和63）3月13日は、JR発足後の最初の白紙のダイヤ改正となり、長岡－金沢間に設定された速達型の特急「かがやき」に接続する「あさひ」は、240キロ運転を開始した。さらに1990年（平成2）3月10日のダイヤ改正からは、朝と夜の下り「あさひ」の2列車に限り、上毛高原－越後湯沢間にある大清水トンネル内の下り12‰の勾配で、日本の営業列車では最初に275キロ運転を開始した。これは200系F90番台という編成が用いられ、ATCの信号表示に「275」と出るようになっていた。この列車は、大宮－上毛高原間や越後湯沢－新潟間は、240キロ運転を実施していた。

200系が登場した当時、0系よりもモーターの出力を25％もアップさせた全車電動車であり、かつ軽量化のためにアルミボディーを採用したこともあり、予想よりも走行抵抗が少なかった。そこで余力の面から「260キロくらい出せる性能を有する」と考えられてきた。

だが残念ながら240キロを超える運転は、環境面（騒音）でクリアできなかったため、さらなるスピードアップへの夢はE2系に託された。1990年3月のダイヤ改正から、「あさひ」が大清水トンネル内で275キロ運転を実施しても、所要時間の短縮は2分程度であった。275キロで走行する区間はわずかだったが、1992年（平成4）に「のぞみ」が登場しても、「あさひ」が日本一速い新幹線であった。

1997年（平成9）3月に北越急行が開通すると、北陸方面へのメインルートとして脚光を浴びるようになり、越後湯沢－金沢間に特急「はくたか」が設定された。その結果、上越新幹線と「はくたか」を乗り継げば、従来の長岡経由よりも30分程度所要時間が短縮されるようになった。

275キロ運転を行っていた「あさひ」は、1998年からは老朽化の進展によりE2系へ置き換えられた。E2系を用いても最高速度は240キロとしたが、全速度領域で加減速性能が優れ、かつ240キロに到達する時間も200系よりも短かった。そのためE2系を使用した方が、200系を用いて275キロ運転を行うよりも、さらに若干の所要時間が短縮できた。

もちろんE2系は、「はやて」や「あさま」が260キロや275キロ運転を行っているように、環境問題(騒音)をクリアしている。スピードアップの必要性に乏しい上越新幹線で最高速度を上げると、それだけ消費電力が大きくなり、運行コストが増大する。そこで現在は、使用車種を絞り込んで合理化を図っており、E1系、E4系を使用して最高速度は240キロである。そのため上越新幹線の高崎以北では、E2系が使用されることはない。最速列車に使用される車両は、ダブルデッカーのE4系であるが、全速度域の加減速性能や240キロに到達する時間は200系より短く、性能面でも優れている。

2 通勤型新幹線の導入

総2階建て新幹線「E1系」

E1系は、JR東日本が「ハイクオリティ&アメニティ」をコンセプトに導入した全車2階建ての新幹線車両であり、1994年(平成6)7月15日から営業運転を開始した。

1970年代に入ると、地価が高いために東京近郊でマイホームを持つことが困難であるため、東北本線の小山以北、高崎線では熊谷以北にマイホームを買い求めるようになった。そして1982年(昭和57)に東北・上越新幹線が大宮暫定開業すると、大赤字に喘いでいた国鉄は、増収策として新幹線を利用した通勤定期券を発売し始めた。すると東北新幹線では那須塩原、上越新幹線では上毛高原あたりまでが、東京の通勤圏になった。そうなると従来の2

00系では、通勤・通学客をさばくことが難しくなり、東北・上越新幹線の需要増加に対応するためには、大量輸送に重点を置いた車両を投入して輸送力増強を図る必要性が生じた。

国鉄時代に導入した100系には、グリーン車と食堂車が2階建てとして組み込まれた。100系は、定員を増やすことが目的ではなく、眺望性を向上させて列車の魅力を高め、増収を図ることが目的で導入された。E1系は、1編成12両の全車が2階建て車両であるため、1編成あたりの座席定員を1235名としており、高速性能よりも輸送定員を重視している。それでも最高速度は240キロであるため、東京－仙台間の「やまびこ」としても使用された。1～4号車は自由席として使用されるため、2階は3－3の横6列となっているが、眺望の悪い階下は2－3の横5列である（図3－6）。2階席は横幅や通路が狭いだけでなく、リクライニング機構や肘掛もないため、近郊型電車のような感じがする（図3－7）。また2～4号車の新潟寄りデッキには、ジャンプシートと呼ばれる壁面に収納された補助席が2席ずつ設置されており、混雑のピーク時に対する配慮がなされている。

グリーン車は9～11号車の2階に設けられており、「ハイクオリティ＆アメニティ」という名のごとく、座席は応接間のソファーのような感じに仕上がっていたが、後年にE2系タイプの座席と交換されたため、ヘッドレストが上下に可動する（図3－8）。シートピッチは、従来と同じ1160ミリが踏襲されているが、モケットの色はグレーに黄色の模様が入っている。座

図3－6　E1系の階下席はリクライニングシートである。

席には、オーディオやパソコン用のコンセントは設けられておらず、少々時代遅れな感じがする。

8・9号車には、車椅子用の昇降リフト装置が設置されているほか、2階には車椅子対応のスペースがある。また8号車には売店が設けられており、車内販売の基地としても機能する（図3－9）。全車2階建て車両としたため、車内販売はバスケットを使用しなければならないが、1両あたりの定員が増加した。そこで乗降を円滑にするため、出入り口の扉は200系よりも350ミリ広げて1050ミリとなり、急行形電車並みに広くなった。

メカニカル面では、全車が2階建車両となったため、床下に各種機器を配置することは、スペース的に困難となった。そこで床下機器は、水タンク、空気コンプレッサー、主電動機、電動送風機だけにとどめた。そして主変圧器、主変換装置、補助電源装置は、車端部の床上に機器室を設け、そこへ搭載せざるを得なかった。

E1系は、JR東日本が所有する新幹線で最初にVVVFインバータ制御が採用された。現在ではIGBT（絶縁ゲート・バイポーラ・トランジスタ）が主変換装置の主流であるが、E1系の制御素子はGTO（ゲートターンオフサイリスタ）である。編成中の電動車と付随車の構成は、全車2階建であるから床下の制約もあり、新幹線としては珍しく6M6Tと付随車の比率が高い構成である。そこで200系などの従来型新幹線と同等の出力を得るため、主電動機の出力が410キロワットに増強されている。これにより200系と同等の性

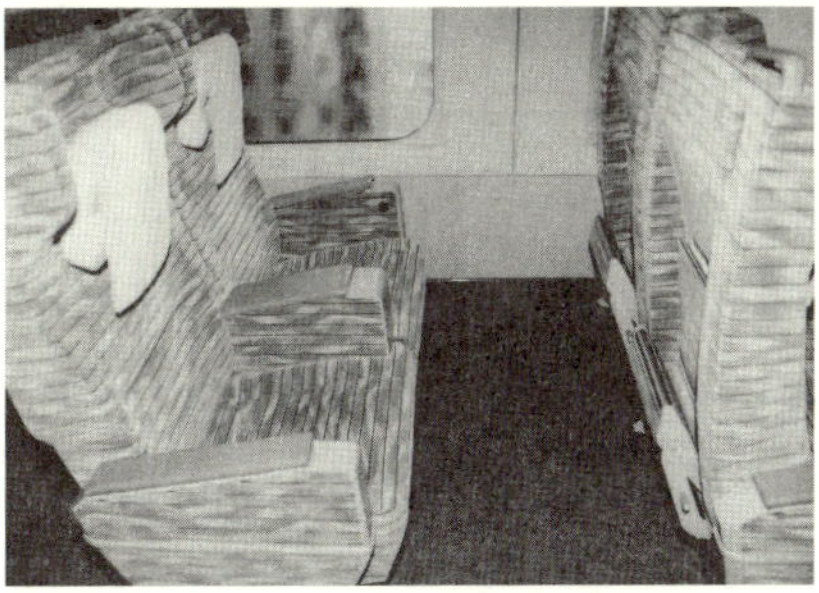

図3-8　E1系のグリーン車の座席は、E2系と同等の座席に更新されている。

図3-7　E1系の自由席は、3－3の横6列の転換クロスシートである。

能が得られるようになり、最高速度は240キロであり、起動加速度は1・6キロ毎時毎秒（km／h／s）となっている。

ブレーキシステムは、省エネも兼ねて回生ブレーキ併用の電気指令式の空気ブレーキである。JR東日本では、E1系から回生ブレーキが採用されることになった。ところで付随車は、表3－1で示すようにディスクブレーキであるから、俗にいう機械ブレーキである。これを聞いた読者の方々は、「渦電流式ディスクブレーキは既に100系・300系の付随車で採用されていたにもかかわらず、なぜ、古典的なブレーキシステムを採用したのか？」と思われるかもしれない。機械ブレーキは、フランスのTGVやドイツのICEと同じシステムであり、このようなブレーキシステムを採用しているため、制輪子などの摩耗が激しい。そこでドイツではICE3からは、動力分散式の電車を採用した（図3－10）。

だが渦電流式ディスクブレーキは、付随車用であるため価格面で割高であるうえ、電動車の誘導電動機よりも装置が重くなり、メンテナンスコストもかさむ。100系のXおよびG編成、300系は、レールに付着した埃などにより先頭軸が一番空転しやすいため、先頭車を付随車にしている。ただブレーキがないといけないため、渦電流式のディスクブレーキを採用した。

表3－1　各新幹線の付随車のブレーキシステム。

形　式	ブレーキシステム	備　考
0系	発電ブレーキ	全車電動車
100系	渦電流ブレーキ	
200系	発電ブレーキ	全車電動車
300系	渦電流ブレーキ	
500系	発電ブレーキ	全車電動車
700系	渦電流ブレーキ	
N700系0番台、3000番台（14M2T）	ブレーキは設けられていない	電動車で付随車のブレーキ力を負担する
N700系7000番台	発電ブレーキ（回生ブレーキ併用電気指令式空気ブレーキ）	全車電動車
E1系	機械ブレーキ	遅れ込め制御
E4系	機械ブレーキ	遅れ込め制御

出典：鉄道ジャーナルなどの文献をもとに作成

そこでJR西日本が導入した500系は、0系や200系と同様に全車電動車方式に戻した。そうなれば全車で発電ブレーキが使用できるため、付随車を設けて渦電流式のディスクブレーキを導入するよりも、200キロ以上の高速域におけるブレーキ力は強力となる。

鉄道車両は新幹線・在来線を問わず、安全性を考慮して均一ブレーキが原則であるが、渦電流式ディスクブレーキは高速域からの減速では、電動車がブレーキをかけた際に生じた回生ブレーキによる電力を用いている。その際、付随車に電流を通すのを遅らせ、付随車のブレーキ力も負担する遅れ込め制御を導入した。

だが遅れ込め制御法と不均一ブレーキは分けて考えなければならない。ブレーキ力は車輪とレールの摩擦力（粘着）によって決まるが、列車が必要とするブレーキ指令値に対し、電動車の発電ブレーキ力と粘着力に余裕がある場合で、かつ車両間の連結器の圧縮荷重や引っ張り荷重が限度値以内の場合に限定され、実施されているのが遅れ込め制御である。この場合、電動車側で付随車のブレーキ力を、少しだけ分担している。

JR東日本では、渦電流式のディスクブレーキを導入すれば、重量面で重くなるだけでなく、メンテナンスコストなども高いため、先頭車以外は極力電動車とし、先頭車は機械ブレーキ（ディスクブレーキ）として対応している。その際、遅れ込め制御も採用しているという。

それゆえJR東日本では、付随車に渦電流式のディスクブレーキを採用し

図3-9　E1系には、車販基地を兼ねた売店が備わる。

図3-10　ドイツの高速鉄道も、ICE3から動力分散方式の電車となった。写真は、アムステルダム中央駅であり、オランダへ乗り入れている。

た新幹線車両は、登場していない。

世界一たくさんの乗客を運ぶ「E4系」

E4系は、老朽化が進んでいた200系の取り替えだけでなく、E1系の導入後も増え続ける通勤・通学という旅客需要に対応するため、E1系と同様に全車2階建車両として製造された。運転開始は1997年（平成9）12月20日からであり、「Max」の愛称が与えられている。

E4系では、バリアフリー対策を強化することから、車椅子エレベーターとワゴンリフトを設けることになった。そのため8号車のブレーキ制御装置や空調装置の一部を床下に移したり、主変換装置の小型化および各車の配電盤構成の見直しを行うことで、スペースを捻出した。バリアフリー対策を実施するとさらに重量が増加するが、E1系は普通鋼製で車体が重くなった反省もあり、E4系では大型押し出し型材によるアルミ合金が採用された。

外観上の特徴は、先頭車両の前頭部はE1系の9・4メートルよりも長く、E4系では11・5メートルとなったこともあり（図3－11）、一部では「かものはし」とも呼ばれている。これはダブルデッカーの車両がトンネルへ進入した際に発生した圧縮波が、トンネルの出口では衝撃波となり、騒音が大きくなるためである。東北新幹線のようにスラブ軌道を多用するようになると、従来のようにバラストで吸収されず問題が顕在化した。また車体が車両限界まで拡大して製造されているため、パンタグラフが設置されている屋根の部分が一段低くなっており、カバーは設けられていない。

E4系も全車が2階建てで製造されたため、E1系と同様に走行機器を床上の車端部に機械室を設けて配置している。E1系では、主変換装置の制御素子にGTOが採用されていたが、半導体技術の進展もあり、E4系ではIGBTが採用されている。そのためモーターなどからの発生音が低減され、より静寂な車内環境が実現した。E4系もE1系と同様に、電動車と付随車の構成比率は1対1である。編成の両端は、E1系と同様に付随車となっているため、こちらのブレーキも機械ブレーキが採用されたが、電動車はＥ１系と同様に回生ブレーキ併用の電気指令式空気ブレーキを採用した。

Ｅ４系は1編成が8両であるため、編成中の電動車の数は4両と絶対数が減少した。そこでモーターや制御器などの故障時に冗長性を持たせるため、主電動機の定格出力は、Ｅ１系の４１０キロワットよりも若干出力をアップして４２０キロワットとし、モーター制御を従来の1両単位で行う制御から台車単位で行う制御に変更した。粘着力は強化されていると言える。また最高速度は、２００系やＥ1系と同様に２４０キロであるが、起動加速度は１・６５キロ毎時毎秒、減速度は２・６９キロ毎時毎秒であるから、通勤電車並みの性能を有する。さらに定速制御機能が備わり、力行時は定速スイッチを押せば一定の速度が保たれるため、ノッチのＯＮ・ＯＦＦの繰り返しが不要となり、運転手に好評である。下りの急勾配では、抑速スイッチを押せば抑速ブレーキが働き、一定の速度が保たれる。

Ｅ４系の最大の特徴は1編成あたりの定員であり、8両編成で定員は８１７人となった。２編成を連結して16両編成で運転を行うと、定員は１６３４人となる。この数値は、高速鉄道の車両では世界的に見ても最大級である。7~8号車の2階部分がグリーン車であるが、落ち着いた空間を演出するため、電球色の半間接照明となっている。

座席の特徴は、モケットは濃い緑色の生地に黄色の幾何学的な模様が描かれ、豪華さよりもやすらぎ感を重視しており、従来のグリーン車のようなフ

図３-11　Ｅ４系の先頭車は、カモノハシのような外観である。

図３-12　Ｅ４系の座席は、背面テーブルであり、オーディオやパソコン用のコンセントは備わっていない。

ットレストは設けられていないが、各座席には手動式のレッグレストを装備している（図3－12）。またリクライニングと連動して座面が沈む構造となっているが、N700系の「シンクロナイズド・コンフォートシート」のような座り心地には程遠い。E4系は背面テーブルが採用されているが、インアームテーブルは設けられていない。ヘッドレストには黄色のカバーが掛けられ、手動式で枕の部分が上下に可動する。オーディオやパソコン用のコンセントは備わっていないが、読書灯は備わっている。さらにカーテンも100系や200系とは異なり、巻き取り式となったため、窓ガラスの中央部に仕切りが入る。

普通車は、東京寄りの1～3号車の2階部分は自由席となっており、座席は3－3の横6列の回転クロスシートとなり、E1系と同様にリクライニング機構や肘掛は設けられていない。この3両の新潟・新青森寄りのデッキには、E1系と同様に折り畳み式の補助席が1両あたり2席ずつ設けられている。

それ以外の座席が普通車指定席となっており、座席は肘掛の付いた2－3の横5列のリクライニングシートであるが、E1系と同様にシートピッチは980ミリと東海道・山陽新幹線と比較して60ミリ狭い。それでも3人掛けの座席も回転させることは可能である以外に、座面のスライド機構も備わっている。そして国鉄時代の200系の内装（図3－13）と同様に、2階席と階下席で色を変えて、アクセントを付けている。普通車の座席のモケットは、階上席は落ち着いた紫色系、階下席は号車により紫色系か茶色系の奇抜で派手なデザインである。また普通車は、2階席の天井のデコラは青色系、階下席は黄色系で統一され、白色の座席カバーが掛けられている。

図3－13　国鉄時代の200系は、偶数号車が緑、奇数号車がオレンジの配色だった。

E1系では、階段がある関係でワゴンが使用できず、かつての近鉄ビスタカーと同様にバスケットを用いて車内販売を行っていた。ところがE4系では、各車両にリフトが設けられたため、ワゴンが使用できるようになった。またバリアフリー対応として、8号車のリフトは車内販売用のワゴンだけでなく、車椅子にも対応する大型であり、多機能トイレも設置されている。この多機能トイレは5号車にも設けられている。さらに6号車1階席と、8号車2階席のグリーン車には、車椅子を固定することが可能なスペースがある。

E4系からは1編成が8両となったが、これはオフピーク時は必ずしも12両編成で運行する必要がないためである。仮に12両の固定編成とすれば、輸送需要の多い時間帯や季節に対応できなくなる。事実、需要の多い時間帯の東京－仙台間の「やまびこ」には、E4系を2編成繋いで16両編成で対応していた。さらに東北新幹線の場合、山形新幹線の「つばさ」、秋田新幹線の「こまち」というミニ新幹線車両を併結することがある。プラットホームなどの地上設備は、新幹線車両の標準である25メートル級車両が16両分入る長さで建設されているため、E1系を2編成（24両）連結して運転できない。「つばさ」「こまち」という併結相手も、多客期はMMユニットを挿入して増結されることもあるため、東北新幹線で使用される車両も冗長性を持たせなければならない。E4系の中には、北陸新幹線の安中榛名－軽井沢間の急勾配区間に対応した編成や、それに加えて軽井沢以西で使用される60ヘルツにも対応した編成が存在する。

3　さらに北へ!!　目指せ新青森

ミニ新幹線ではなくフル規格にせよ

東北新幹線は当初、東京－仙台間を建設する計画だった。ところが鉄道新線建設促進議員団の会長で、かつ運輸族の重鎮だった鈴木善幸元首相は、岩手県の出身であった。そこで鈴木善幸元首相が鉄道建設審議会の会長を務めていた時代に、盛岡まで延伸が決まったと言われる。

東北新幹線の盛岡以北は、急勾配や急曲線が連続する沼宮内《ぬまくない》－八戸間はフル規格で整備するが、盛岡－沼宮内間と八戸－青森間は、ミニ新幹線となった。その後、盛岡－沼宮内間もフル規格で整備されることになるが、八戸－青森間は凍結となっていた。

１９９６年（平成８）に新規着工の財源として、国・地方・ＪＲの負担割合の見直しを行った。ＪＲの経営を圧迫させないようにするため、貸付料などに関しては受益の範囲を限度とした。国はＪＲの負担分を除いた３分の２を負担し、地方はＪＲが負担する分を除いた３分の１を負担することになった。国が負担する資金は、主に返済の必要のない公共事業費である。これはＪＲを旧国鉄のように債務を増大させないための処置である。

一方、地方の負担であるが、仮に地方が負担する金額が５００億円と仮定すると、その内の90％は地方債の起債が認められた。つまり４５０億円は、地方債を発行して調達できるようになった。また償還の際には、元利償還金の標準財政規模に占める割合に応じて、元利合計の50～70％に対しては、地方交付税という形で戻って来ることになった。これは本州のＪＲ３社の固定資産税を２分の１に軽減する特例が終了したことに伴い、地方の税収が増えることになる。その結果、国からの地方交付税が減額されることになるため、国はそれの減額分を地方に配分するようにした。したがって本来ならば地方の負担は約30％であるところが、実質的な負担は約12～18％となるため、新規着工区間の選定が活発化する。

１９９６年12月25日に政府与党の合意により、候補となる３線３区間を選定した。政府・与党整備新幹線検討委員会による採算性の検討などを行い、１９９８年（平成10）１月21日に着工および着工区間の優先順位が決定した。以下に書いた３つの区間は、１９９８年３月に着工している。

①東北新幹線八戸－新青森間はフル規格
②九州新幹線の鹿児島ルートは、船小屋－新八代間をスーパー特急方式。同時に着工済みの八代－西鹿児島間の起点を新八代に変更
③北陸新幹線の長野－上越間はフル規格

東北新幹線が全線フル規格となった過程で、当時の青森県知事で「ミスター新幹線」と呼ばれた北村正哉の活躍が大きかったと言われる。

青森県は当初、盛岡－沼宮内間や八戸－青森間をミニ新幹線で建設することに対し、受け入れを決めていた。ところが当時の北村知事は、県議会などに対して「運輸省案は当面の措置に過ぎない。やがては従来通りのフル規格の新幹線で完成させる」となだめていた。そこで北村知事は、「まず、着工させることが何よりも先決」と考えた。そうなれば当時の自民党政権では、建設がストップすることはないためである。またフル規格新幹線が欲しいために、並行在来線の経営分離も承諾した。本人からすれば「死んだふり」作戦であったのかもしれないが、今となっては青森県民は、赤字必至の並行在来線を維持するための負担を強いられており、当時の北村知事のフル規格新幹線の誘致は迷惑となった。

その当時は、フル規格新幹線が来れば企業誘致が進み、青森県が潤うと考えたのかもしれない。だが今では海外へ企業や工場が移転するようになり、新幹線が開業しても工場などは誘致できない。それどころか青森県が持つ機能を、東京や仙台などの大都市に吸い取られる〝ストロー効果〟が心配されるようになっている。さらに2015年（平成27）春には、新函館まで北海道新幹線として延伸されるため、青森は単なる通過点になってしまう危険性もある。そこで青森市は、駅周辺に高齢者用の住宅を整備して全国から高齢者を集めて街の衰退を極力緩和したいとしている。そこで、高齢者が住みや

図３-15　青い森鉄道の701系電車は、水色塗装である。

図３-14　青森市は、中心部に高齢者用の住宅や公共施設を集め、住みやすい街づくりを行っている。写真の道路も一方通行である。

すいコンパクトな街づくりを行うようになった（図3－14）。こうした方が、冬場の除雪費用などを軽減することができる。

青森県は、優等列車が大幅に廃止され、赤字必至の並行在来線を担わされることになった。弘前などの青森県西部は、観光客の誘致などで新幹線の恩恵を享受できるが、八戸－青森間の青い森鉄道（図3－15）の沿線住民は、割高な運賃とネットワークの分断により不便になった。それらを加味して考えると、青森県にはすべてがバラ色ではなかったはずである。

フル規格で建設されるとなると、工事が大掛かりになるため、青森市までの新幹線の到達が遅れる。青森市はフル規格には積極的ではなかったが、北村知事のリーダーシップのもと、1991年（平成3）から盛岡（八戸）－青森間のフル規格新幹線の実現に向けて動き出した。

ミニ新幹線で建設される予定であった盛岡－沼宮内間と八戸－青森間が、建設に着手されるとフル規格新幹線の実現は不可能になる。そこで北村知事は、1992年（平成4）に当時自民党の経世会の会長であった金丸信を通じて、当時の運輸大臣であった奥田敬和に連絡を取った。そしてミニ新幹線として着工することになっていた八戸－青森間は、野辺地と浅虫温泉の両駅の調査費の盛り込みを撤回させている。東北新幹線は図3－16で示すように、八戸を出ると野辺地や浅虫温泉を経由せず、内陸部をトンネルでショートカットする。これは雪害への対策費の低減や、距離が短くなることによる所要時間の短縮もあるが、野辺地と浅虫温泉の両駅の調査費が盛り込まれなかったことも影響している。また当時の北村知事自らが、「新幹線はフル規格でこそ有効」と朝日新聞の「論壇」にも投稿している。

1993年（平成5）8月の衆議院選挙で過半数を割れ、野党に転落していた自民党は、1994年（平成6）6月に社会党・さきがけと連立政権を組み、当時の社会党の村山富市を首相に担いで政権に復帰した。そして運輸大臣には、警視庁出身で当時は自民党の郵政族の大物である亀井静香（現・国民新党代表）が就任した。亀井運輸相は、フル規格新幹線に肯定的な立場であったため、盛岡－青森（新青森）間はフル規格で着工することになった。

図3-16　東北新幹線と青い森鉄道（旧・東北本線）のルート。

だが地元青森県でも、新幹線の恩恵を享受しない野辺地町や三沢市などは、ＪＲから第三セクターに代わることに対し、心配の声が多かった。また新幹線の恩恵に享受する自治体であっても、新幹線建設費の地元負担だけでなく、赤字必至の並行在来線の経営を担うことにより、地方財政の悪化を憂慮した。そこで２００８年（平成20）３月14日に、新幹線開業に伴い並行在来線がＪＲから切り離されることを危惧した青森県の三村申吾知事と富山県の石井隆一知事は、惨状を国に訴えた。両県の知事達は、整備新幹線の建設費だけでなく、赤字必至の並行在来線を地元に押し付けることに不満があった。そこで国に対し、住民の日常生活の足を守るため、地元負担の軽減を求めた。

青森県は、東北新幹線の盛岡－新青森間の建設に対し、２００９年（平成21）までに１８００億円以上も投入している。また新青森から先は、北海道新幹線として新函館へ延伸させる計画であるが、青森県は青森県内の延伸工事分についいては、２００９年度だけで39億円も負担している。東北新幹線の盛岡－八戸間の開業に際し、並行在来線のうちで青森県内の目時－八戸間は、ＪＲ東日本から買い取らなければならず、それの買い取りに24億円を要した。そして青い森鉄道という第三セクター鉄道の赤字補填に、毎年２〜３億円を要していた。

そして２０１０年（平成22）12月４日の新青森開業の際には、並行在来線である八戸－青森間の買い取りに80億円を要している。そして路線長が伸びた青い森鉄道の赤字補填には、毎年16億円を要する見込みであると言われ、さらに負担が増大するのである。また十和田市－三沢間を運行している十和田観光電鉄も、東北新幹線の新青森開業による影響を受けた。東北新幹線の七戸十和田駅を起点に、野辺地や三沢、七戸方面へのバスの運行が始まり、そちらや自家用車に乗客を取られたこともあり、十和田観光電鉄は廃止を表明した。

夢の３６０キロ運転を目指したＥ５系

ＪＲ東日本は、２０００年（平成12）に「ニューフロンティア21」という中期経営構想を策定した。この中では、「世界一の鉄道システムの構築」が掲げられており、新幹線の最高速度を３６０キロに向上させることが含まれていた。それに基づき、2002年（平成14）に「新幹線高速化推進プロジェクト」を社内に発足させた。まず高速試験用の「FASTECH 360」という車両の開発を行った。この車両は、360キロからの制動力を増すため、航空機のスポイラーの原理を活用し、車体から動物の耳のような形状の板が出て、空気抵抗も利用して制動力を得る考えであった。そして2005年（平成17）からは、地上設備も含めた各種試験を行った。その結果、環境対策だけでなく、青森（新青森）開業時に360キロ運転を行ったとしても、航空機から大幅に転移が起こらないことが分かり、費用対効果も考慮して「最高速度は320キロが妥当である」とされた。そこで現在のE5系を開発することになった（図3−17）。価格は、1編成（10両）あたり約45億円であるから、1両あたりの製造費用は4億5000万円である。0系や100系、500系の1両あたりの製造費用が3億円程度であったことを考えると、はるかに高価である。

E5系の設計上の最高速度は320キロであり、上り3‰での均衡速度は360キロである。標準編成は10両であるが、MT比は8対2であるため両端の先頭車以外は電動車である。300キロワットの誘導電動機を搭載しているため、起動加速度は1・71キロ毎秒毎時と通勤電車並みである[1]。そして中間の電動車8両には、ドイツのクノールブレムゼ社製のディスクブレーキが採用されている。これは日本国内に、JR東日本が要求する320〜360キロの高速運転に対応可能なブレーキを供給できるメーカーがなかったためである。また台車のブレーキ力を強化するため、付随車に装着しているディスクブレーキを、油圧式から空気圧式に変更している。また先頭車両の運転台側の台車は、空転が生じやすいことから、レールと車輪との粘着力を高めるため、セラミック噴射装置を備えている。さらにN700系と同様に、空気ばねストローク式の車体傾斜システムが採用されたため、半径4000メートルのカーブでも320キロで走行が可能なように、車体を最大1・5度傾斜させることができる。

図3-17　E５系の先頭車は、空気抵抗を減らすため、非常にとがっている。

２０１１年（平成23）３月５日にからは、「はやぶさ」という列車名で営業運転を開始した。この名称は公募により決定したが、「はやぶさ」と聞けば「速い」というよりも、ブルートレインを連想してしまう。「はやぶさ」だけが、東北新幹線内で「つばさ」や「こまち」を併結せずに単独で走行する。大宮－宇都宮間は、沿線に住宅なども多いことを加味して、最高速度は２７５キロに抑えているが、宇都宮－盛岡間は最高速度３００キロで営業運転を行う。そのため「はやて」「やまびこ」よりも最大で５００円特急料金が割高となる。「はやぶさ」の運転本数は、東京－新青森間は2往復、東京－仙台間は1往復である。

２０１３年（平成25）３月のダイヤ改正時には、Ｅ５系が単独で運転される「はやぶさ」は、宇都宮－盛岡間の最高速度を日本最速となる３２０キロで運転する予定である。「こまち」用の新型車両Ｅ６系と併結した列車は、２０１４年（平成26）３月のダイヤ改正から実施される予定である。そして２０１５年度（平成27）までに、量産先行車を改造した編成も含め、合計で59編成を投入する予定である。これにより「やまびこ」「なすの」を含め、ミニ新幹線である「つばさ」を除く全列車を、Ｅ５系およびＥ６系という新型車両に置き換える計画である。

Ｅ１系、Ｅ４系はダブルデッカー構造であったため、機械室を設けて床下機器の大部分を収納するようにしていた。Ｅ５系はダブルデッカー構造ではないため、床下に機器を配置しているが、台枠横はりの部分から吊り下げている。騒音対策として、点検ふたを兼ねたふさぎ板で車体下半分を覆う構造となった。また2枚のアルミ製の幌をゴムで連結する構造の全周幌や、軽量化のためにカーボンファイバー製の台車カバーが採用されている。また台車カバーの内側には、吸音材パネルを入れて騒音の低減が図られている。

台車は、Ｅ２系の台車をベースにした空気バネによるボルスタレス台車であるが、耐久性と制動性が強化されている。ブレーキ力を強化するため、以前は油圧式だったキャリパー式ディスクブレーキと車輪の間にあるディスクブレーキは、空気圧式に変更されている。１９９０年代の後半になると、電気で駆動するアクチュエーターが開発され、(2)Ｅ２系では振動を抑制するアクティブサスペンションが搭載され、グリーン車と揺れの大きい両端の先頭車だけがフルアクティブサスペンションであり、他の車両は特別な動力を持たない空気式のセミアクティブサスペンションだった。ところがＥ５系ではフルアクティブサスペンションが全車両に搭載され、乗り心地を向上させた。このフルアクティブサスペンションの制振効果は非常に高いが、サスペンションの駆動に専用の動力源を必要とするため、消費エネルギーが大きいことや、システムのサイズが大きく、構造が複雑で維持・管理費も含めて高価となる欠点がある。

パンタグラフはＴの字型をした簡素な構造であり、１編成あたり３号車と７号車に２基設けられた。だが実際に使用するのは、進行方向に対して後位側の１基だけであるから、離線しづらい12分割のすり板付きの低騒音パンタグラフを装備している[3]。また特殊高圧の引通線は、騒音低減のためにＥ２系０番台と同じく車内天井部に配置した。

「ゆとり」「やさしさ」「あなたの」がコンセプトの車内アコモのため、自然色を基本に暖かで落ち着いた空間となった。先頭車両は、さらなる高速化のために空気抵抗を減らしたデザインとなったため、客室のスペースは縮小せざるを得ない。そしてＥ５系の普通車のシートピッチが９８０ミリから１０４０ミリに拡大した結果（図３－18）、１編成の定員がＥ２系１０００番台よりも83名減少して７３１名となった。また３人掛けの座席も、ＡとＣ席が４３０ミリから４４０ミリに、Ｂ席は４３５ミリから４６０ミリに横幅が拡大された。車内表示板は、フルカラーのＬＥＤが用いられ、空気清浄機も全車に備わっている。さらに各車両のデッキには防犯カメラも備わり、快適性

図３-18　Ｅ５系の普通車も、全座席に可動式のヘッドレストが備わる。

と安全性を兼ね備える。

〝グランクラス〟とグリーン車だけでなく、普通車も含めて全座席に可動式のヘッドレストが設けられた。また〝グランクラス〟とグリーン車（図3－19）には、読書灯が備わっているが、グリーン車の読書灯は座席内蔵型（図3－20）であるのに対し、〝グランクラス〟用は座席に外付けであるため、好みの方向に調整することが可能である。さらにコンセントは、〝グランクラス〟やグリーン車は全席に設けられているが、普通車は窓際席に設けられた。

バリアフリー対策であるが、5号車と9号車に車椅子の利用者に対応するため、出入り口の拡張、車椅子を設置するスペースと設備、車椅子対応のトイレなどが設置された。トイレはハンドル式の電動車椅子にも対応している。さらに5号車には多目的室も設置されたため、赤ちゃん連れのお母さんが授乳する際に使用できる。

高級感漂う「グランクラス」の登場

2011年（平成23）3月5日から、東北新幹線にE5系「はやぶさ」がデビューした。「はやぶさ」は300キロ運転を行うため、東京－新青森を従来の「はやて」よりも10分短縮を行い、3時間10分で結ぶようになった。「はやぶさ」の目玉は、10号車に設けられた従来のグリーン車を上回る居住性を誇る〝グランクラス〟である。この名称の語源は、フランス語で「大きな」という意味する「Gran」と、英語の「Class」を組み合わせた造語から来て

図3-19　グランクラスだけでなく、グリーン車にも読書灯が備わっている。

図3-20　グリーン車は、背面テーブルを備えた重厚なシートである。

いる。
〝グランクラス〟が設けられている10号車は、通り抜けがないため落ち着いた空間となっている。車内レイアウトは、新幹線という広幅の車体に1－2の横3列の座席配置となり（図3－21）、定員は18名とゆったりしている。本革張りの豪華な座席は、人間工学に基づいてJR東日本が日立製作所とRECAROと共同で開発され、座席には読書灯以外にモバイルコンセントとフットレスト、キャビンアテンダントのコールボタンが備わる。

読書灯のある位置は、読書時には便利であるが、先端部分を回して点灯させるなど、スイッチなどが一切ないため、少々分かりにくい。またキャビンアテンダントのコールボタンを押すと、座席の下にランプが灯る仕組みであり、すぐにキャビンアテンダントは駆けつけてくれて、きめ細かくサービスを提供してもらえる。だが〝グランクラス〟には、オーディオの設備は一切ない。

シートピッチは、従来のグリーン車を約15センチ上回る1300ミリとなり、座席幅も475ミリから520ミリに広げられ、45度まで電動でリクライニングする（図3－22）。リクライニング機構も、従来の背もたれを傾斜させる方式から、座席が前方へスライドした後、リクライニングするため、後ろの乗客に配慮する心配がなくなった。グランクラスのある10号車にはトイレは設けられていないが、9号車にはグリーン車と共同のトイレが設けられており、ウォッシュレットが備わっている。

図3-21　グランクラスは、1－2の横3列配置である。

図3-22　グランクラスは、シートピッチ・横幅、リクライニング角度なども、従来のグリーン車を上回る。

〝グランクラス〟の魅力はそれだけでなく、専属のキャビンアテンダントによるホットタオルの配布から始まり、食事（和軽食・洋軽食）や飲み物がサービスされる（図3－23、3－24）。和軽食は乗客への配慮もあり、上り列車では東京の食材が使われ、下り列車では青森の食材が使われるなど、上りと下りではメニューを変えている。そして洋軽食も、年に2回ほどのメニューの変更を予定している。飲み物も、コーヒーやお茶、オレンジジュースなどのソフトドリンクだけでなく、ワイン、ビール、日本酒や、青森にちなんだりんごのシードルという発泡酒もサービスされる。またドリンクのお代わりが可能であり、おつまみかアップルパイのどちらかがサービスされるなど（図3－25）、至れり尽くせりである。ワインなどのアルコール飲料を提供することから、国際線のビジネスクラスと同様に、カクテルテーブルが設けられている（図3－26）。軽食の提供だけでは満足できない場合、キャビンアテンダントに頼むと、車販用の弁当も購入可能である。またお土産品も販売してもらえる。

当然のことながら料金は高い。東京－新青森間の〝グランクラス〟料金は1万円であり、この区間のグリーン料金が5000円であるから2倍である。また〝グランクラス〟を利用するには、従来のフルムーンやナイスミディパス、各種グリーン切符はもちろんであるが、議員パスも使用できない。これらのパスで〝グランクラス〟を利用するには、新幹線特急券と〝グランクラス〟券が[4]必要である。

バブル期であれば、高価な商品の方が良く売れ、新幹線もグリーン車から座

図3-23　グランクラスでは、和軽食か洋軽食のどちらかを選択できる。写真は、洋軽食。

図3-24　グランクラスでは、酒類を含むドリンクが無料で提供される。

席が埋まったが、デフレ不況下では値段を下げても商品が売れない。それにもかかわらず、なぜ、ＪＲ東日本は〝グランクラス〟というグリーン車を上回る居住性の車両を導入したのだろうか。

ＪＲ東日本は、これまで新幹線のグリーン車の乗客から「もっとゆとりのある空間を提供してほしい」「静かな空間で移動したい」という意見があった。そこで今回は、新幹線車両を取り替えるタイミングでもあったことから、そうした客のニーズを踏まえて、より快適な旅行を提供するために設定したという。

新幹線は今後、ますます高速化されるだろうから、騒音問題との絡みから２階建て車両の導入はできない。Ｅ４系の８号車の２階部分に設けられているグリーン席は、先頭車であるため客室が狭くなる。またＥ１系やＥ４系グリーン車は、窓の中央部に巻き取り式カーテンのレールがあるため、かつての１００系や２００系の２階建てグリーン車と比較すれば、居住性だけでなく眺望も劣ることになる。そのため１００系や２００系の２階建てグリーン車を上回る居住性の車両は、登場しないとだろうと考えると同時に、Ｅ１系Ｅ４系が引退すれば２階建てグリーン車はなくなるため、一抹の寂しさを感じていた。

新幹線は速達性重視で建設されているため、実用本位になるのは致し方ない。そんな中、〝グランクラス〟が登場したことにより、新幹線の魅力が増した。グランクラスには、車内販売が来ないこともあり、静かで落ち着いた

図３-25　グランクラスでは、軽食の他におつまみかアップルパイがサービスされる。写真は、アップルパイ。

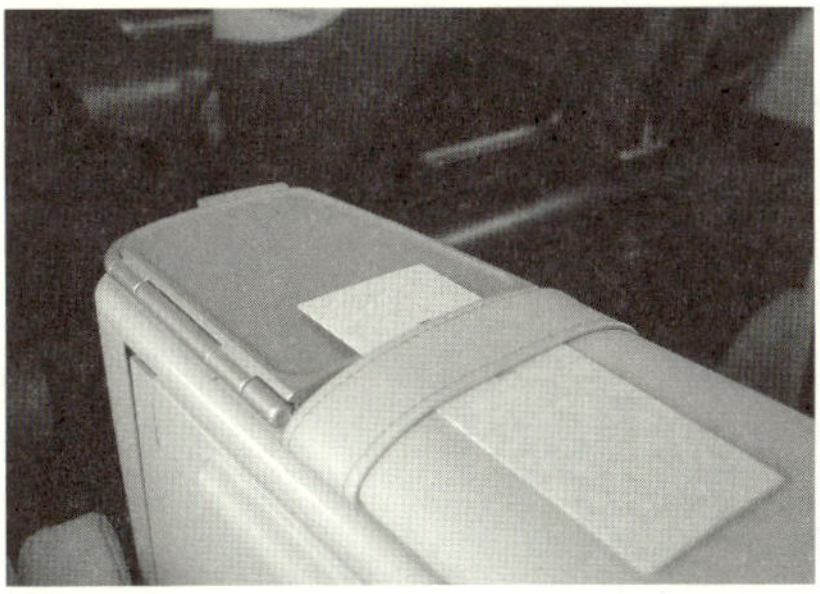

図３-26　グランクラスには、カクテル用のテーブルも備わる。

車内空間が実現した。「大会社の重役が中心である」と予想した利用者であるが、実際は鉄道マニアや夫婦連れが多く、見事に外れてしまった。

だが1点だけ、不満はあった。未だ不慣れなのか日本人の価値観なのか、用事が済めばキャビンアテンダントのコール用のランプは、乗客に消灯を強制させられる。世界的に良質なサービスで知られるシンガポール航空、キャセイパシフィック航空、中華航空、タイ航空のビジネスクラスであれば、用事が済めばキャビンアテンダントが消灯してギャレーに戻る。日本人の場合、乗客の空間に手を入れることに抵抗があるのかもしれないが、消灯を強制されられることは、正直言って不愉快である。

今後は、諸外国の航空会社のサービスも参考にしながら、より良いサービスの提供を模索すればよい。

E5系の快適な乗り心地は、利用者から好評であったため、2011年（平成23）に3編成が増備され、「はやて」にも導入され、〝グランクラス〟のサービスも実施している。この場合、E3系を併結することもあり、最高速度は275キロである。そして2012年（平成24）のダイヤ改正ではE5系は4編成増備され、運用の都合から2往復の「なすの」にも使用されるようになった。「なすの」の場合、乗車時間が短いことや、早朝・深夜の時間帯に運行されることもあり、〝グランクラス〟の料金も割安になるが、専任のアテンダントによる軽食やドリンクサービスなどは実施されていない。

〝グランクラス〟が利用者に支持され、いつまでも継続されることを願っている。

航空路は軒並み撤退

2010年（平成22）12月4日に東北新幹線は、八戸－新青森間の81・8キロが開業したことにより、対前年比で約13・0％利用者が増加した。人数に換算すると900人程度である。

300キロ運転は実施していなかったが、東京－新青森間は最速の「はやて」を利用した場合、3時間20分に短縮された。こうなると航空機から鉄道へのシフトが起こる。ＪＲ東日本は、何が何でも年内に開業させ、年末年始の帰省客を新幹線に誘致したかった。

　ＪＲ東日本が、年末年始の帰省に間に合わすべく新幹線を延伸開業させたのは、今回が初めてではない。実はそれよりも８年前の２００２年（平成14）12月１日に、東北新幹線の盛岡－八戸間の96・６キロを開業させている。このダイヤ改正から、東京－八戸間で運行する列車は「はやて」という名称が付いた。「はやて」だけでなく、東京－盛岡間で併結される「こまち」は、東京を出ると東北新幹線内では上野、大宮、仙台、盛岡しか停車しなくなったこともあり、全車指定となった。最速の「はやて」は上野も通過することから、東京－八戸間を２時56分で結ぶようになり、羽田－三沢間の航空便が影響を受けた。羽田－三沢線は利用者の減少に伴い、１日４便から３便へ減便された。そして当時のＪＡＳは、機材もＡ３００というワイドボディ機から、ＭＤ－81、ＭＤ－87、ＭＤ－90という狭胴機に置き換えた。現在は、ＪＡＬがＭＤ－90（図３－27）を使用して１日２便、ＪＥＸ（ＪＡＬエクスプレス）がＢ７３７－８００（図３－28）という小型機を使用して１日１便運航している。Ｂ７３７－８００は、航空機の主翼の端にウイングレットという小さな翼を標準装備している。これを設けることで空気抵抗が減少し、燃料消費が５％程度減少する。そうなれば長距離路線ほど、燃料使用量を削減する効果が大きい。また後付けでウイングレットを装着しても、昨今の原油高の状況であれば、改造費を回収できることもあり、他の機種に対しても改造を行う航空会社が増加している。

図３-27　羽田-青森線で活躍するＪＡＬのＭＤ-90。

図３-28　ＪＡＬエクスプレスは、Ｂ737-800を使用する。

ANAは、自社による運航ではコスト面で採算性が苦しいため、スカイマークエアラインズ（現・スカイマーク）に移管する形で、羽田－青森線から撤退した。

2010年12月の段階でJALは、羽田－青森線が6往復運航している。だが詳細は、2010年の夏ダイヤではA300－600Rによる運航が5往復あったが、冬ダイヤからはA300－600Rによる運航は2往復に減少し、定員150名程度のMD－90による運航が4往復となった。

2011年（平成23）3月5日からは、「はやぶさ」が3時間10分で東京－新青森を結ぶことが決まっていた。そうなると利用者が減少することが予想されるため、2010年10月29日の東奥日報によれば、JALは東北新幹線が開業する直前の2011年1月11日から羽田－青森線、羽田－三沢線で45日前までに予約すれば、2月末までは運賃が60％も割引される「スーパー先得」を導入した。「スーパー先得」を使用すれば、羽田－青森間や羽田－三沢間ともに1万2000円となる。羽田－青森間の片道普通運賃は3万0100円、羽田－三沢間の片道普通運賃が2万9500円であり、東北新幹線の東京－新青森間の片道運賃と指定席特急料金の総額は1万6300円、東京－七戸十和田間が1万5560円であるから、「スーパー先得」がいかに安いか納得できる。

JALは、「新幹線と競争するつもりはない。搭乗率が落ち込む冬場のテコ入れ策であり、割引運賃を需要喚起に努めたい」としているように、3月になると羽田－青森間の「スーパー先得」運賃は、1万3000〜2万円となり、羽田－三沢間は1万5500〜1万6500円になった。そして、時期によっては距離の短い三沢の方が、青森よりも運賃が割高になることがあった。

新青森駅は、青森市内の中心部から4キロ外れた位置にあり、青森駅から在来線で6分程度要する。そして接続に15分程度の時間的ロスが生じるため、青森市内の中心部から東京都心部へのトータルの移動時間は3時間38〜40分程度と考えなければならない。

対する航空機は、青森市内から青森空港までタクシーなどで約35分を要する。そして搭乗手続きや手荷物検査などを受けるため、搭乗まで1時間のロスが生じる。青森－羽田空港までの所要時間は1時間20分であるが、降機および手荷物の受け取りなどに15～30分を要し、羽田空港から浜松町までの移動に20～25分程度要するため、トータルで3時間50分程度となる。

結果的に見れば、新幹線「はやぶさ」を利用しようが航空機を利用しようが、所要時間では大差がなくなってしまう。また東北新幹線は、野辺地や浅虫温泉はパスしてしまうため、青森県内にはあまりメリットのない新青森延伸となった。それゆえ青森県内の盛り上がりは、もう一つであった。

２０１１年（平成23）の3月11日に東日本大震災が発生し、東北新幹線は多大な被害を受けた。ＪＲ東日本社員の懸命の復旧作業により、同年の4月29日からは臨時ダイヤという形で、全線が復旧した。7月9日のダイヤ改正では、一部徐行区間があるために「はやぶさ」の３００キロ運転は実施されなかったが、9月23日からは通常のダイヤに戻った。

東日本大震災の発生後は、東北新幹線が不通になっていたこともあり、東京－仙台線が臨時として復活したり、東京－青森線が増便されるなど、東北新幹線の代替機能を航空が担った。

だが東北新幹線が通常ダイヤに戻り、東京－新青森間が3時間10分で結ばれたため、航空機から新幹線へのモーダルシフトが起こるかもしれない。

〔注〕

（1）Ｅ３系との連結時には、Ｅ３系と性能をあわせる必要性から、起動加速度を１・６キロ毎時毎秒へ切り替える機能を搭載している。

（2）空気式を電気式に変更することで、空気配管やタンクが不要になるため、車体が軽量化した。

（3）現在は、「くの字主枠」のシングルアームパンタグラフＰＳ２０８が搭載されている。これはＥ９５４系で試験されたＰＳ９０３７をベースにしたパンタグラフであり、側面には大型遮音板がある以外に、碍子側面部に小型の遮音板が設置されている。

（4）指定券を購入すると、「新幹線特急券・グリーン券」となっており、（グランクラス）となっていた。

第4章　ミニ新幹線の謎

山形新幹線の福島－秋田間は、日本で最初に在来線のゲージを１４３５ミリの標準ゲージに変更することで、新幹線車両を在来線に直通させた区間である。この方法は、フル規格新幹線よりも少ない設備投資で済み、乗り換えが解消されるなどの効果から利用者が増えたため、１９９７年（平成９）３月には田沢湖線と奥羽本線の大曲－秋田間も、１４３５ミリゲージに変更を行い、秋田新幹線として開業させた。本章では、ミニ新幹線について述べたい。

1　ミニ新幹線とは

なぜミニ新幹線が導入されたのか

山形新幹線の福島－新庄間と、秋田新幹線の盛岡－秋田間はミニ新幹線と呼ばれている（図4－1）。その区間は、在来線の線路を新幹線と同じ標準軌に改軌を行い、在来線の車両限界に合わせて作られた車両で新幹線と直通運転を行っている（図4－2）。フル規格の新幹線規格の車両は、車体幅が広すぎるためにミニ新幹線区間へ入線することはできない。

山形および秋田は、県庁所在地であるにもかかわらず、新幹線が通っていなかった。それゆえ新幹線を要望する声は強かったが、福島－山形間および盛岡－秋田間は、フル規格の新幹線を建設するだけの需要が見込めなかった。奥羽本線の福島－山形間は、国鉄時代の営業係数が２１２であり、１００円の収入を得るのに２１２円の経費を要する赤字線区であった。JR東日本は、「所要時間が3時間以内の所は、航空機と競争しても勝算がある」と考えた。国鉄時代の上野（東京）－山形間の所要時間は3時間10分であり、もし福島で乗り換えが解消され、福島－山形間がスピードアップされると、最低でも30分の所要時間が短縮される。そうなると上野（東京）－山形間の所要時間は2時間40分となり、3時間を切ることになる。そこで費用対効果を考えてミニ新幹線が導入された。

だが１００円の収入を上げるために、２１２円の経費を要する区間をJR東日本が単独で事業を行ったとしても、

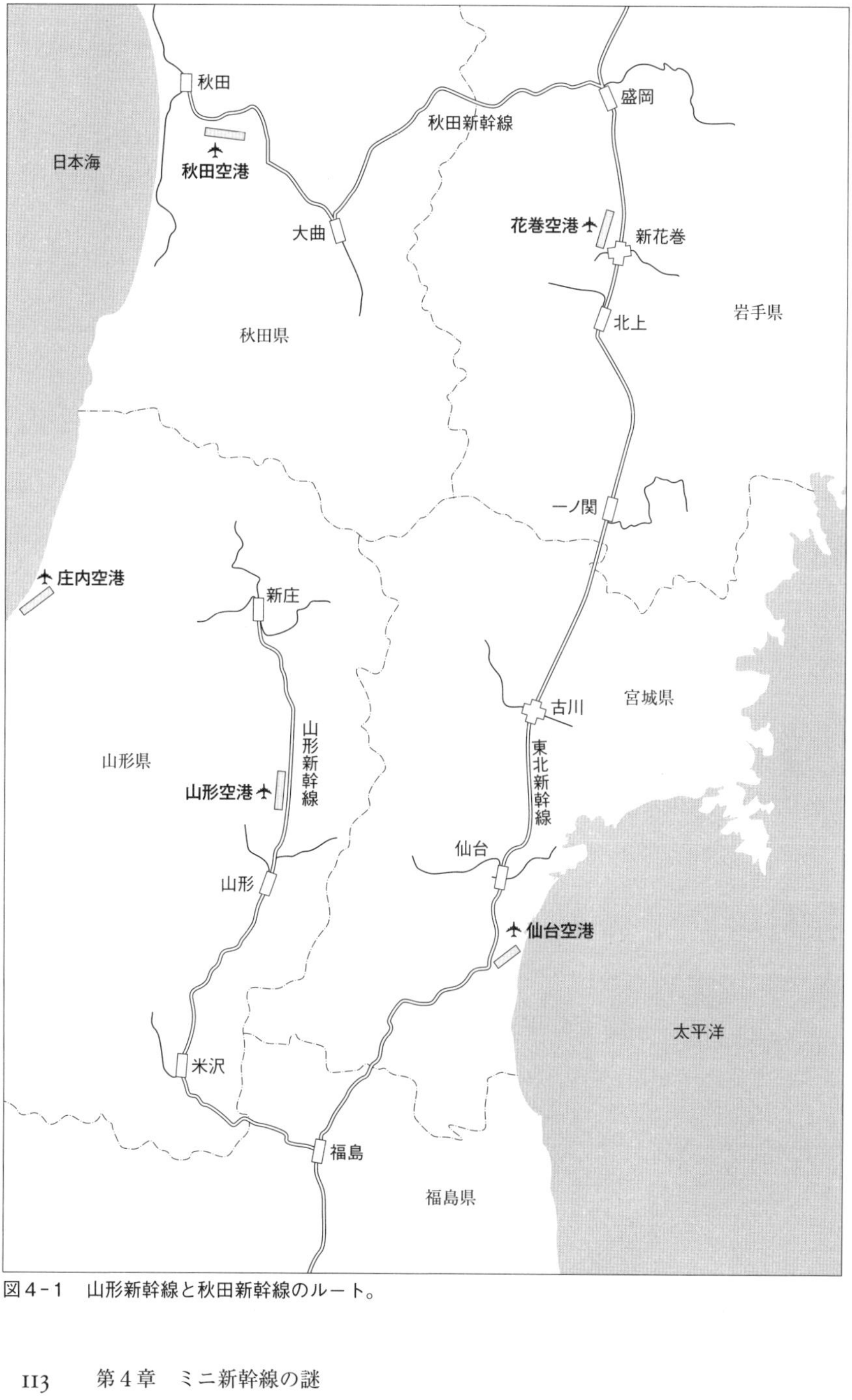

図4－1　山形新幹線と秋田新幹線のルート。

採算は採れない。そこでJR東日本、山形県、山形市が共同で出資する形で第三セクターの「山形ジェイアール直行特急株式会社」を1988年（昭和63）5月に設立した。そしてこの会社を通して、「新たな山形県内の開発に当たっては、両社が協力して進める」という覚書を交わし、従来の鉄道事業に地域開発を絡めて、会社全体で利益の出る企業体質への転換を模索した。

ミニ新幹線の車両は、在来線規格で設計されているが、性能などは新幹線に準じている。在来線の車体幅である車両が標準軌ゲージを走行すると、200キロを超える高速走行時の安定性は、フル規格の新幹線車両よりも優れる（図4－2）。

フル規格の新幹線の車体幅とミニ新幹線の車体幅が異なるため、フル規格の新幹線区間の駅では、ミニ新幹線の車両からステップを出して、転落防止に対して配慮を行っている。また車両の有効長も異なるため、ホームには柵を設けている。さらに電源方式は、東北新幹線区間が交流50ヘルツ・25キロボルトで電化されており、ミニ新幹線が導入された区間は、改軌前より交流50ヘルツ・20キロボルトで電化されていた。ミニ新幹線区間は、改軌後もそのままの電化方式を活用することになり、直通車両を複電圧対応として製造した。この場合の異電圧区間の接続は、デッドセクションとなっている。このような運行形態を「新在直通（運転）」「新幹線直行特急」と呼ぶように、法律や設備上は新幹線ではなく在来線である。これ

図4－2　ミニ新幹線で使用する車両は、車体幅が在来線と同じである。写真は秋田新幹線で使用されているＥ３系。

らの区間では、踏切を削減すると同時に保安設備の強化を行い、最高速度を130キロに向上させている。そのため在来線の高速化が妥当であるが、これらの路線を新幹線と呼ぶのは、営業戦略上と地元への誘致効果がその理由である。

在来線のゲージを標準軌に変更すると、他線区からの列車などの走行に支障を来たす。そのため山形新幹線では、北山形－山形貨物駅間が三線軌道になっている。また山形新幹線の福島－新庄間や、秋田新幹線の盛岡－大曲間のローカル列車は、標準軌の専用車両を用意しなければならない。秋田新幹線の場合、大曲－秋田間は複線と単線が介在する区間であったが、複線区間は標準軌の単線と1067ミリゲージの単線が並行して設けられ、単線区間だった所は三線軌道となった。1067ミリゲージの外側に標準軌ゲージを敷設したり、1067ミリゲージと標準軌ゲージをずらして敷設する方法もあったが、ポイントの構造が複雑になる問題や、豪雪地帯である福島－米沢間では、雪によりポイントが転換できなくなる危険性から見送られた。

山形新幹線の福島－山形貨物駅間の三線軌道が見送られた理由として、トンネルや橋梁の改良が伴うことが挙げられる。そこで今後は在来線を改軌せず、スペイン国鉄のタルゴのように車両側のゲージを変え、新幹線への乗り入れを可能にするフリーゲージトレインの開発が、鉄道総合技術研究所（JR総研）により進められている。一時期、アメリカなどで試験走行が実施され、計画されている長崎新幹線だけでなく、小倉から日豊本線への乗り入れや、岡山から四国方面や伯備線乗り入れが検討されている。

だが実用化の時期は未定であると同時に、雪の多い地域では台車のゲージ転換が円滑に行われるかどうか、心配である。

ミニ新幹線で建設費はどれだけ節約できるのか

東海道新幹線が開業して以来、その速達性と経済波及効果が大きいこともあり、新幹線の建設は日本各地で望まれている。だがその建設には、フル規格の場合は1キロあたり約60億円と巨額の費用が必要であり、早期の実現は困難である。より少ない費用で乗り換え解消による時間短縮と利便性の向上を期待した結果、在来線のゲージのみを新幹線と同じ1435ミリに拡大し、新在直通用に設計された車両を用いて、新幹線と直通運転できるミニ新幹線に注目が集まった。新在直通計画は、国鉄時代から新幹線と組み合わせた形で、在来線のスピードアップが可能であるかを検討するプロジェクトチームが作られ、研究が行われていた。そして国鉄の分割民営化後に、実現に向けて具体的に動き出した。特に1992年（平成4）に「べにばな国体」を控えていた山形県が非常に熱心であり、「国鉄時代の成果を活かしてほしい」と、JR東日本へ要望してきた。

山形新幹線は、奥羽本線福島－新庄間の148・6キロを標準軌に改良し、東北新幹線との直通運転を実施しているが、二段階に分けて開業している。第一段階の福島－山形間は、1992年（平成4）の夏に「べにばな国体」が開催されるため、それに間に合わせる必要があり、同年7月1日に開業した。山形新幹線が開業する以前の東京－山形間の鉄道利用者は、1日あたり2600人であり、JR東日本は3200人にまで増やしたかった。

山形新幹線の福島－山形間の開業により、乗り換えの解消と在来線区間のスピードアップもあり、東京－山形間の所要時間が約40分短縮され、2時間半となった。東京－山形間の所要時間が3時間を切ったため、利用者はJR東日本の予想を超えて伸びた。新庄への延伸については、ライバルとなる山形空港が奥羽本線の東根付近にあるという理由よりも、山形県最上地区の観光振興が目的だった。新庄市および周辺の自治体は、山形乗り換えが解消され所要時間が短縮されることが観光振興に繋がると考えた。それゆえミニ新幹線の延伸をJR東日本に要求した。

一方のJR東日本は、新庄まで延伸することで山形県北部の最上地区の利用者を新幹線にシフトさせることが期待できる。そこで沿線の自治体およびJR東日本の思惑が合致したことから、新庄までミニ新幹線を延伸することになった。新庄以北となれば、秋田県になることや、沿線の人口が少ないこともあり、新庄以北へ延伸する計画はない。第二段階の山形－新庄間は、1999年（平成11）12月に開業した。

これにより開業前の1991年度（平成3）と2000年度（平成12）とを比較した国土交通省の『旅客地域流動調査』によれば、山形県-東京都の鉄道輸送量は25％増加したが、航空機は1991年（平成3）度と比較すれば93％であり、自動車は90％であった。これは山形空港が奥羽本線の東根付近にあるため、山形開業時には山形市周辺の住民は新幹線へシフトしていたが、さらに山形新幹線を新庄まで延伸することにより、新庄市の周辺部も航空機から鉄道へシフトした。

また秋田新幹線は、田沢湖線の盛岡-大曲間、奥羽本線の大曲-秋田間の計127・3キロを標準軸に改軌し、1997年（平成9）3月に開業した。秋田新幹線が開業したことで、東京-秋田間は最大で約1時間の所要時間が短縮された。そして開業前の1995年度（平成7）と2001年度（平成13）を比較した国土交通省の『旅客地域流動調査』によれば、秋田県-東京都の鉄道輸送量は、24％も増加したにもかかわらず、航空機は1991年度と比較すれば101％と微増（1996年がピーク）であり、自動車は116％と16％も増加している。

ミニ新幹線事業は、フル規格の新幹線建設と比較すれば、既存の在来線を改軌するだけで済むため、土地買収がほとんど生じないことから工期が短く、かつ建設費が安い。鉄道建設などを行う場合、最も大変なのが土地買収である。土地買収が終われば、「工事の9割が終わった」と言われるくらい、建設用地を確保することに苦労する。建設費は、山形新幹線の福島-山形間では約320億円、山形-新庄間は約280億円、秋田新幹線は約660億円である。そのため1キロあたりの建設費は4～5億円であり、山形新幹線の山形-新庄間の延伸の工期は、着工から2年7か月で開業した。ただこの場合、在来線をストップさせなければならず、バスによる代替輸送費用や、運休に伴う他の輸送モードへシフトすることによる減収分も加味すると、1キロあたり10億円と考えてもよいだろう。

これと比較して、フル規格の東北新幹線の盛岡-八戸間の96・6キロは、建設費が4700億円であり、着工から開業まで約11年も要した。1キロあたりの建設費は、長大トンネルを掘削することで土地買収の費用を抑えたにもかかわらず、約49億円となった。この数値は、単純に比較した山形・秋田新幹線の建設費の約10倍である。

その他、山形新幹線の新庄延伸に合わせて地元自治体が協力を行い、表4－1に示す各駅ではパーク＆ライド用の駐車場の整備が進み、合計で３００台近くの駐車が可能になった。パーク＆ライド用駐車場を建設することで、山形新幹線へのアクセス手段が向上したため、乗客には好評である。

2　ミニ新幹線導入の弊害

崩壊する在来線ネットワーク

ミニ新幹線のゲージは、フル規格の新幹線と同じ１４３５ミリであるが、運転取扱上は在来線である。そのため既存の在来線とは、相互乗り入れができなくなり、山形や新庄、大曲（秋田）で線路が分断されている。一方、先ほども述べたが、フル規格の新幹線で使用する車両も、ゲージは同一でも車体幅が異なるため、トンネルや橋梁などの建築限界の関係上、ミニ新幹線区間へ入線できない。そのためミニ新幹線で使用する車両が故障しても、フル規格の車両で代替はできない。これはネットワークの崩壊でもあり、旅客列車だけが影響を受けるのではなく、貨物列車も大きな影響を受ける。例えば従来は奥羽本線を経由して首都圏から秋田へ向かう貨物列車は、上越線、羽越本線を経由するしかない。もし仮に上越線などが不通になれば、後で述べるが陸羽東線や奥羽本線の新庄－秋田間には貨物列車が運転されていないこともあり、機関区などはない。そのため東北本線経由（青い森鉄道・ＩＧＲいわて銀河鉄道も含む）を経由せざるを得ない。

ミニ新幹線は、ネットワークの崩壊にもつながるにもかかわらず、そこまでしてミニ新幹線を建設しようとしたのは、建設費だけの問題ではなく乗り換えの解消も大きく影響している。乗客の乗り換えに対する抵抗は、実は想像す

表４－１　山形新幹線の山形－新庄間のパーク＆ライド用駐車場の整備状況。

駅　名	駐車可能台数
天童	480台
さくらんぼ東根	600台
村山	340台
大石田	350台
新庄	1000台

出典：都市間の鉄道輸送の再活性化に向けて
http://homepage1.nifty.com/JR-RENGO/k-seisaku/21vision/kaisetu3.htmをもとに作成

る以上に大きい。東海道新幹線が開業する以前の昭和30年代は、山口市を除けば本州内は東京から各県庁所在地を結ぶ列車が設定されていた。また佐世保などの中規模都市にとっては、実際に東京まで行く車両が1両しかなくても、案内板などに「東京行き」という表示が出るか否かは、大きな問題であった。地元の代議士は、実際に門司鉄道管理局へ陳情を行っている。わずか1両の客車しか東京へ行かなくても、地元とすれば面子が保てるというのである。

ところで東海道新幹線の開業以後は、少々乗り換えても早い方が好まれるようになり、伯備線や山口線、田沢湖線に特急列車が誕生して、岡山や小郡（現・新山口）、盛岡で乗り換えるような列車体系になった。だが、乗り換えた方が大幅に時間短縮されるとしても、乗客にとれば乗り換えは精神的に負担である。まず目的地までたどり着けるのかという問題と、乗り換えた列車で座れるのかという問題がある。また乗り換えによる接続に10〜20分を要するが、在来線の列車が遅れた場合、この乗り換えまでの時間に「新幹線が発車してしまうのではないか」という不安も生じる。

鉄道貨物輸送は大打撃

山形新幹線の福島－新庄間はミニ新幹線であるため、１４３５ミリの標準軸ゲージを採用しているが、そのうち、北山形－山形貨物ターミナル間は、１０６7ミリゲージも敷設された三線軌道となっている。これは仙台－山形間で運転される仙山線の列車があることに加え、山形新幹線の福島－山形間が開業した当時は、仙山線を経由して山形貨物ターミナルまで運転される貨物列車があったことが影響している。

現在は、仙山線を経由して山形貨物ターミナルまで運転される貨物列車は皆無である。山形貨物ターミナルは、オフターミナルといって貨物列車の発着はないが、貨物の集荷場所として機能している。現在の貨物輸送であるが、従来のような車扱いの貨物は減少する代わりに、コンテナ輸送が主流となっている。山形貨物ターミナルに集められた山形県内の貨物は、コンテナごとトラックで仙台市にある宮城野貨物ターミナルに集められ、そこから貨物列車で輸送される。

昨今では、地球温暖化防止の観点から、トラックから鉄道や内航海運へのモーダルシフトが提唱されているが、輸送量が少なくなると貨物列車を仕立てて輸送するよりも、トラックで宮城野貨物駅まで運んだ方がコスト面で有利となる。そのため臨海鉄道などの貨物輸送も徐々にトラックに置き換わりつつある。

一方の奥羽本線の新庄－秋田間であるが、この区間も陸羽東線経由の貨物列車などは皆無であり、宮城野貨物ターミナルへトラックで輸送を行っている。秋田県の横手市だと、高崎線・上越線・羽越本線経由の貨物列車で秋田貨物ターミナルまで輸送を行い、そこからトラックで輸送した方がコスト面で割安となる。

仙山線や奥羽本線の新庄－秋田間で貨物列車を復活させるとなれば、石油類（ガソリン・灯油など）などのバルク輸送となる。その際は、石油類などを輸送するタンク状のコンテナが開発されており、それを用いて輸送することになるだろう。

石油類などのバルク貨物（その他として木材、砂利、土砂、セメントなど）は、決まった時刻に決まった量が届けばよい貨物であるため、雑貨や仕掛品のように、納期が重視されることはない。このような貨物は、本来ならば鉄道で輸送すれば1トンあたりのコストは、トラックの10分の1で済む。中央東線や篠ノ井線で貨物列車が運行されているが、主な輸送品は石油類である（図4－3）。これは横浜港に上がった石油類を、横浜線、中央東線経由で、山

図4－3　中央東線では、竜王や篠ノ井へ石油を輸送する貨物列車が運行されている。

梨県の竜王に運んだ後、塩尻から篠ノ井線で篠ノ井まで輸送される。そのため単線区間が多い篠ノ井線では、旅客列車の合間をぬって貨物列車が運行されている。

130キロなのに速達性!?

山形新幹線や秋田新幹線は、奥羽本線の福島－山形間（後に新庄）、田沢湖線の盛岡－大曲間と奥羽本線の大曲－秋田間を標準軌化することで、最高速度を130キロに向上させ、乗り換えの解消を図ることで東京－山形間、東京－秋田間の所要時間の短縮を図ることが目的であった。

だが福島－山形間の87・1キロや盛岡－秋田間に限って言えば、2011年（平成23）3月5日のダイヤ改正により、山形新幹線は最速列車が「つばさ131号」である。福島－山形間の所要時間は1時間1分であり、表定速度は87・0キロとなる。上りは、福島で仙台からの「やまびこ」と連結作業を行うため、福島－山形間はスジを寝かせて引いており、下りよりも遅くなってしまう。そのため福島－山形間の「つばさ」の平均所要時間は、1時間10～15分程度となる。

秋田新幹線は最速列車は、下り「こまち41号」である。盛岡－秋田間の所要時間が1時間24分であり、表定速度は91・0キロとなる。上りは、盛岡で新青森からの「はやて」と連結作業を行うため、盛岡－秋田間はスジを寝かせて引いている。その結果、下りよりも遅くなってしまうため、盛岡－秋田間の「こまち」の平均所要時間は、1時間35～40分程度である。

在来線では、北陸本線で最速の特急「サンダーバード1号」（図4－4）と「サンダーバード31号」は、大阪－富山間の所要時間が3時間13分であり、表定速度101・7キロとなる。それゆえ「つばさ」の福島－山形間の表定速度や、「こまち」の盛岡－秋田間の表定速度は、「サンダーバード」よりも遅い。また「スーパー北斗2号」（図4－5）は気動車特急であるが、振り子式車両であるため、曲線通過速度は従来車よりも本則で30キロ程度高い。その結果、札幌－函館間の所要時間は3時間11分であり、表定速度は１００・１キロと１００キロを超えている。「つばさ」の福島－山形間の表定速度は、これよりも遅いのである。

「つばさ１３１号」も、東京－福島間は「やまびこ１３１号」に併結されるため、この区間の表定速度は１９４・９キロとなる。そして東京－山形間の表定速度は、１４４・０キロまで向上する。「こまち41号」も、東京－盛岡間は「はやて41号」に併結されるため、この区間の表定速度は２２４・７キロとなる。そして東京－秋田間の表定速度は、１６９・９キロに向上する。

以上の結果から、「ミニ新幹線では遅く、フル規格新幹線は速い」という印象を与えてしまう。「やまびこ１３１号・つばさ１３１号」は９時24分に東京駅を出発するが、「つばさ１３１号」は11時54分に山形駅に到着し、終点の新庄には12時39分に到着する。その一方、福島で「つばさ１３１号」を切り離した「やまびこ１３１号」は、11時17分に仙台駅に到着する。東京－仙台間は３５１・８キロであり、東京－山形間は３５９・９キロと距離的に大差がないにもかかわらず、フル規格の東北新幹線を走行する「やまびこ１３１号」は、仙台に30分以上も早く到着している。

運賃・料金であるが、表４－２で東京からほぼ同距離の東京－仙台間と、東京－山形間の運賃・料金を比較してみると、東北新幹線の仙台ま

図４－４　北陸本線の「サンダーバード」は、表定速度が高いだけでなく、車内の居住性も優れており、最も特急らしい特急といえる。

図４－５　「スーパー北斗」は、気動車特急であるにもかかわらず、表定速度は100キロを超えている。写真は283系気動車。

では通常期で1万0590円である。山形新幹線は通常期の山形までで1万1030円である。東京－仙台と東京－山形は、ほぼ同等の距離であるにもかかわらず、山形への所要時間が30分以上も余分にかかる。さらに運賃・料金の合計額は、山形の方が若干高くなる。東京－仙台間および東京－山形間の距離は、東海道新幹線で例えるとすれば、東京－名古屋間の366・0キロに相当する。東京－名古屋間の運賃・料金は、「のぞみ」を利用すれば1万1340円、「ひかり」「こだま」を利用すれば1万0580円である。普通運賃は、山形・仙台が5780円、名古屋は360・0キロを超えるため6090円となる。特急料金だけで比較すると、東京－山形間が5250円、東京－仙台間が4810円である。東京－名古屋間は、「のぞみ」が5250円、「ひかり」「こだま」が4490円である。

こう考えると東京－山形間の特急料金は、東京－名古屋間の「のぞみ」と同等である。目的地が異なるとは言え、所要時間が余分にかかる東京－山形間の特急料金に対しては、利用者は大いに不満があるだろう。

山形新幹線や秋田新幹線は正式な新幹線ではなく、在来線の高速化である。従来は福島－山形間、盛岡－秋田間はB特急料金を適用していた。新幹線と在来線特急を乗り継ぐ場合は、乗り継ぎ割引が適用され、在来線の特急料金は半額になった。山形新幹線や秋田新幹線になると、福島－山形間や盛岡－秋田間はA特急料金に値上げされた。そして東北新幹線の特急料金にプラス在来線に接続する特定特急料金が適用されるようになった。

JRの運賃・料金制度は、長距離になるほど1キロあたりの運賃・特急料金が安くなる。だが東京－山形間、東京－秋田間の特急料金は、従来の制度を踏襲しているため、福島や

表4-2　区間別・列車別の運賃・料金、所要時間の比較。

区間・列車名	距　離	運　賃	料　金	所要時間
東京〜仙台「やまびこ」	351.8キロ	5780円	4810円	1時間53分
東京〜山形「つばさ」	359.9キロ	5,780円	5,250円	2時間30分（最速）
東京〜名古屋「のぞみ」	366.0キロ	6,090円	5,250円	1時間43分
東京〜名古屋「ひかり」「こだま」	366.0キロ	6,090円	4,490円	2時間7分「ひかり」

出典：JTB時刻表2011年3月号をもとに作成

盛岡で特急料金が細切れとなり、結果的に割高になる。当初は、グリーン料金も福島や盛岡で細切れになっていたが、その後は東京−山形および東京−秋田間の距離による通算料金に変更になり、グリーン料金は値下げとなった。

山形・秋田新幹線内で高速運転ができない原因は、踏切と急カーブ、そして急勾配と単線区間の介在がある。山形新幹線内の福島−米沢間で高速化を行うとなれば、別線に切り替えてトンネルを掘削しなければならない。そして平坦地の直線が続く区間は、道路を立体交差化して踏切をなくせば、130キロで継続して走行することができる。建設費用を下げるため、「単線のフル規格新幹線を建設すればよい」という指摘を目にするが、新幹線は所要時間の短縮が目的である。この方法では、建設コストが高い割には所要時間の短縮効果が少なく、建設しない方がよいかもしれない。

フル規格新幹線は速達性で優れているが、国鉄の分割民営化後は赤字必至の並行在来線をJRから切り離してもよくなったため、もし山形新幹線や秋田新幹線がフル規格で建設されていたならば、奥羽本線の福島−新庄間や田沢湖線と奥羽本線の大曲−秋田間は、第三セクターに移管されていただろう。山形新幹線の場合、福島県と山形県にまたがり、秋田新幹線は岩手県と秋田県にまたがるため、IGRいわて銀河鉄道と青い森鉄道のように、県境で会社が分断されるようなことも生じただろう。そうなると運賃が細切れになり、利用しづらくなる。また自治体にとっても、赤字の第三セクター鉄道を支えるための出資も負担になっただろう。

そのように考えると、ミニ新幹線は賢明な選択だったのかもしれないが、沿線住民からすればミニ新幹線区間で北陸本線の「サンダーバード」並みの表定速度を確保してほしい。現在のような運行速度では、ミニ新幹線に対する不満が出るのは致し方ないかもしれない。

３　ミニ新幹線が航空業界へ与えた影響

振り回される羽田ー山形線

山形空港は図４ー６で示すように、山形市から北に約20キロ離れており、空港の所在地は東根市である。かつて鉄道で東京へ向かう場合、仙山線で仙台へ向かうか、奥羽本線の特急で福島へ向かい、そこから新幹線に乗り換えなければならず、航空会社にとれば羽田ー山形線は、それなりの需要があった。バブル期の１９９１年（平成３）がピークであり、年間で約70万人が利用した。この時代は、ＡＮＡがＢ７２７やＢ７３７などの狭胴機を使用して、１日に５往復運航していた。東京ー山形間は距離が短いため、８０００メートル程度までしか上昇しないことから、悪天候時には乗り心地が悪かった。

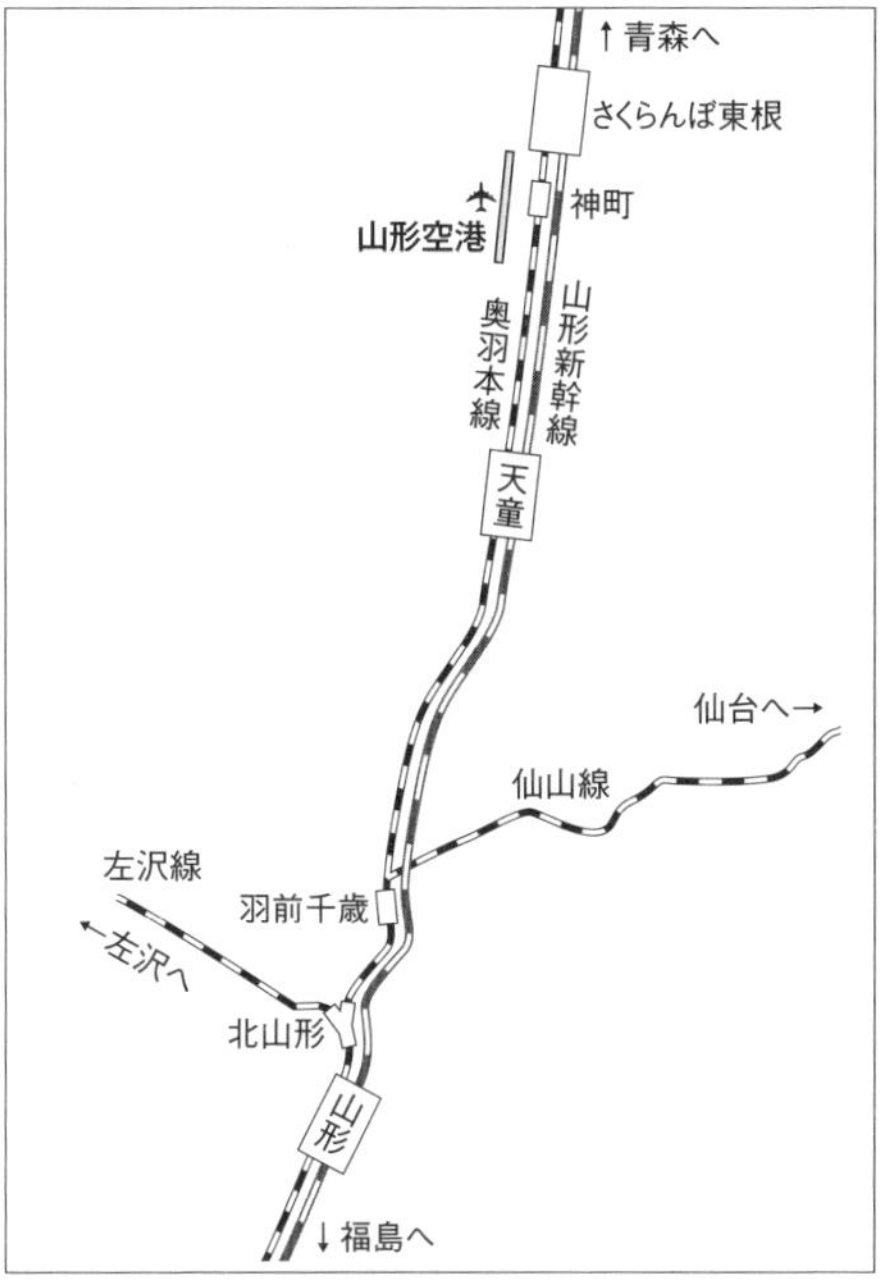

図４-６　山形新幹線と山形空港。

　だが１９９２年（平成４）７月１日に、奥羽本線の福島ー山形間が改軌を行い、山形新幹線として東京ー山形間の乗り換えが解消されたことで、利便性が大きく向上した。そうなると山形空港にとればドル箱であった東京ー山形線の搭乗率は、山形空港が市内から遠いことも影響して減少に転じるようになった。航空機から乗客を奪い取ったＪＲ東日本は、新庄まで山形新幹線を延伸することを決めた。そして１９９９年（平成11）に新庄まで山形新幹線が延伸されると、新庄市や村山市、東根市の住民が鉄道へシフトしたため、山形空港の利用者減少に拍車が掛かった。名古屋－山形線や大阪－山形線などは、ほとんど影響を受けていない。だが山形は名古屋や大阪よりも東京との結び付きが強いため、２００９年（平成21）の山形空港の利用者数は約17万人となった。この数値はピーク時の４分の１以下である。

山形県では、山形空港の利用を促進させるため、各路線の利用客へ運賃助成を行う以外に、国際定期路線の誘致を検討している。それには滑走路の有効長がネックとなる。山形空港の滑走路は、開業当初１２００メートルであった。それが１９７３年（昭和48）に１５００メートルに延長され、１９８１年（昭和56）に２０００メートルに延長された。国際定期路線を誘致するには、２５００メートルの滑走路が必要となり、山形県は滑走路を２５００メートルに延長させたいとしている。

だが旅客数の減少に加え、山形市内から60キロ東には仙台空港がある。仙台空港の国際線は、年々充実する傾向にあり、今から山形空港の滑走路を延長しても、その効果については疑問視されている。さらに山形市内から高速道路を使えば、１時間で仙台空港にアクセス可能である。そのような理由から、計画は凍結された状態にある。

２００２年（平成14）10月末で、ＡＮＡが羽田－山形線の旅客便を廃止したため、山形空港からは完全に撤退となった。その羽田－山形線であるが、２００３年（平成15）４月１日にはＪＡＳ（現・ＪＡＬ）がＭＤ－90やＭＤ－80などの狭胴機を用いて、１日１往復であるが復活した。これは、山形空港の利用者の減少に歯止めを掛けたい山形県が、各路線の利用客に対し運賃助成などを行ったことから、ＪＡＳが参入したのである。

だがそのＪＡＳは、２００６年（平成18）10月１日にＪＡＬに吸収合併され、その後も運航を継続していたが、２０１０年（平成22）10月30日で羽田－山形線が事実上撤退することになった。そして翌日の10月31日からは、ＪＡＬが運航していた大阪（伊丹）－山形線、羽田－山形線は、ジェイエアが所有する機材で運航するようになった。便名はＪＡＬとなっているが、機材はエンブラエル社のＥＲＪ－１７０という定員70名強の機材を用いている。これはＭ

D－90やMD－80で運航するだけの需要がないため、路線を残すために機材を小型化すると同時に、運航コストの安い子会社に委託したのである。ジェイエアはJALの子会社であり、県営名古屋空港を拠点に国内便を運航する。

2011年（平成23）3月11日に東日本大震災が発生したことにより、仙台空港は津波の被害を受けて使用できなくなった。その時、山形空港は被害がなかったため、仙台空港の代替空港としての機能を担うことになった。そこで山形空港には、緊急援助物資を積んだ航空機やヘリコプターが着陸するようになった。そんな中、3月17日からはJALが臨時便として東京－山形線の運航を開始した。これはジェイエアのERJ－170では、乗客の急増に対応できないためであり、JALのMD－90などの小型ジェット機を用いて運航するようになり、定期便と合わせ9便となった。さらに3月19日には、MD－90でも旅客需要の拡大に対応できなかったため、JALが他路線で使用している中型のB767を急遽手配して期間限定で東京－山形線に導入した。

図4－8　秋田空港は移転して、市内からは遠くなってしまった。

どちらも勝利できない羽田－秋田間

現在の秋田空港は図4－8で示すように、秋田市中心部から南東に約25キロの山間部に位置しており、東北地方では最も早く2500メートル滑走路を持った空港である。

1961年（昭和36）に開港した旧空港は、市内中心部に近くて利便性は良かった。だが海岸砂丘に開港したため、冬になると横風の影響を受けやすく、周辺の山に電波塔などのある関係上、滑走路の延長が難しかった。そこで1981年（昭和56）6月26日からは、現在地に建設された新空港に移転を行い、ジェット化が行われた。

表4-3で示すように、開港以来利用者は増加の一途をたどり、秋田空港管理事務所のデータによれば、1996年度（平成8）の国内線の利用者は142・9万人の利用があった。

だが1997年（平成9）3月22日に秋田新幹線が開業すると、市内の中心部からバスで50分も要する秋田空港は、そのアクセスの不便さから利

表4-3　秋田空港定期便の乗降客数（国内線）。

年　度	乗客数	降客数	合　計
1981（6/26以降）	184,509	188,087	372,596
1982	343,900	345,393	689,293
1983	353,029	352,458	705,487
1984	375,446	369,768	745,214
1985	355,685	352,079	707,764
1986	336,450	337,084	673,534
1987	367,076	371,399	738,475
1988	381,455	382,225	763,680
1989	443,661	450,929	894,590
1990	496,344	496,449	992,793
1991	537,489	556,787	1,094,276
1992	568,286	583,092	1,151,378
1993	587,362	604,087	1,191,449
1994	613,755	622,797	1,236,552
1995	658,785	672,276	1,331,061
1996	715,730	713,365	1,429,095
1997	681,121	671,188	1,352,309
1998	631,900	632,139	1,264,039
1999	601,060	599,195	1,200,255
2000	598,779	602,356	1,201,135
2001	633,219	639,490	1,272,709
2002	619,577	635,146	1,254,723
2003	641,147	655,563	1,296,710
2004	640,037	646,116	1,286,153
2005	630,446	637,523	1,267,969
2006	626,644	630,674	1,257,318
2007	621,254	624,052	1,245,306
2008	571,936	578,243	1,150,179
2009	524,272	516,590	1,040,862
2010	525,943	518,331	1,044,274

出典：秋田空港管理事務所データをもとに作成

用者は減少に転じた。当時、数学者の広中平祐をテレビCMなどで起用するなどして、秋田空港の利便性と航空機の利用を促進しようとした。秋田新幹線は従来よりも30分〜1時間程度短縮され、「こまち」は東京－秋田間に1日15往復運転され、速い列車であれば4時間を切るが、平均すれば4時間程度である。

鉄道と航空機のシェアの分岐点であるが、乗車時間が3時間を超えると航空機の強みが出てくる。東京－秋田線の利用者は、表4－4で示すように1997年以降は減少しているが、大阪－秋田線などの他の路線は影響を受けていないため、2000年（平成

表4－4　秋田空港定期便の乗降客数（東京線）。

年　度	乗客数	降客数	合　計
1981（6/26以降）	140,484	142,738	283,222
1982	253,729	257,631	514,360
1983	258,675	259,379	518,054
1984	275,124	274,011	549,135
1985	258,560	258,672	517,232
1986	241,562	241,120	482,682
1987	266,630	265,930	532,560
1988	277,785	276,538	554,323
1989	324,303	328,117	652,420
1990	354,872	354,384	709,256
1991	388,307	401,624	789,931
1992	411,615	424,187	835,802
1993	434,097	444,491	878,588
1994	455,969	458,759	914,728
1995	485,521	488,392	973,913
1996	518,958	514,377	1,033,335
1997	470,576	461,876	932,452
1998	434,622	428,240	862,862
1999	416,507	412,914	829,421
2000	431,447	435,778	867,225
2001	475,773	484,362	960,135
2002	464,718	483,896	948,614
2003	476,088	494,968	971,056
2004	470,781	482,974	953,755
2005	453,692	464,492	918,184
2006	444,778	450,902	895,680
2007	443,795	447,169	890,964
2008	416,317	419,522	835,839
2009	377,705	371,421	749,126
2010	375,000	368,701	743,701

出典：秋田空港管理事務所データをもとに作成

12）～2007年（平成19）までの秋田空港の利用者数は、120～130万人を維持していた。2008年（平成20）以降に105～115万人程度に減少したのは、2008年に発生したリーマン・ブラザーズ証券の破綻による不況が原因である。

秋田は東京との結び付きが強いうえ、東京－山形間よりも距離が長いため、航空路線は存続している。現在はJALがB737－800とMD－90という狭胴機を用いて羽田－秋田線を片道1日3便、ANAは需要の多い時間帯はB767－300というワイドボディ機、少ない時間帯はA320という狭胴機を用いて、羽田－秋田線を片道1日4便運航している。秋田新幹線の開業により、新幹線へモーダルシフトが進んでいるが、航空各社も機材を小型化して、可能な限り頻度を維持しようとしている。その結果、秋田空港の利用者の中で東京便の占める割合は、65％程度と半分を超えている。表4－5に東京－秋田間の新幹線と航空機の運行（運航）状況をまとめた。

国際線の充実を図りたいため、1996年（平成8）に滑走路の3000メートル化が閣議決定されている。だが資金不足だけでなく、2013年（平成25）から秋田新幹線「こまち」に新車両E6系が導入され、東北新幹線内で320キロ運転が計画されるなど、東京－秋田間の航空需要の伸びは期待できない。それゆえ費用対効果を加味して考えると、その投資は疑問視されており、実現のめどは全く立っていない。

表4－5　東京－秋田間の新幹線と航空機の運行（運航）状況の比較。

輸送モード	所要時間	運行（運航）本数	運　賃	備　考
秋田新幹線	約4時間	15往復	16,810円 （通常期）	繁忙期は340円増しで、閑散期は340円引き
航空機	飛行時間は 1時間10分	JALは3往復 ANAは4往復	24,770円 （正規運賃）	空港アクセスも加味して考えると3時間半

出典：JTB時刻表およびJAL・ANA時刻表をもとに作成

第5章　JR化後に開通した新幹線

1　オリンピックが決め手となった北陸新幹線の長野開業

北陸（長野）新幹線はなぜフル規格？

長野新幹線という名称は通称であり、正式には北陸新幹線の一部に過ぎない。1998年（平成10）2月に長野で開催される冬季オリンピックに間に合わすべく、1997年（平成9）10月1日に、図5－1で示す高崎－長野間の117・4キロが開業した。北陸新幹線は現在、全区間がJR東日本により運営されている。将来、金沢へ延伸されるため、安中榛名－長野間の駅は、12両編成に対応した構造になっている。その中でも退避線のない安中榛名、佐久平、上田は、ホームドアが設置され、乗客の安全性が担保されている。

車両はE2系のN編成（8両編成）が使用されるが、多客期にはE4系も用いる。E2系のN編成は、安中榛名－軽井沢間には、新幹線では最初の30‰を超える急勾配があるため、勾配抑速ブレーキを備える。そのため「はやて」などで使用されるE2のJ編成とは、運用が分離されている。

北陸新幹線で使用される「あさま」という列車名は、上野－長野間に運転されていた在来線特急の名称であり、新幹線に継承された。長野－金沢間は工事中であり、2014年（平成26）の開業を予定している。

北陸（長野）新幹線の開業までの経緯であるが、国鉄が1985年（昭和60）に工事実施計画の認可を当時の運輸省に申請を行った。そして1987年の閣議決定では、北陸新幹線の高崎－長野－小松間をフル規格で先行建設する計画であった。だが国鉄が分割民営化された翌年の1988年には、当時の運輸省は建設費の節減を目的として、高崎－長野間を優先する「運輸省案」が発表された。運輸省案では、66・7‰の急勾配区間がある碓氷峠は、高速化のネックになっていたこともあり、高崎－軽井沢間のみフル規格で建設するとされた。残りの軽井沢－長野間は、比較的線路状態が良いことや、費用対効果や沿線に都市も連なっていることも加味して、在来線の外側に標準軸のレール

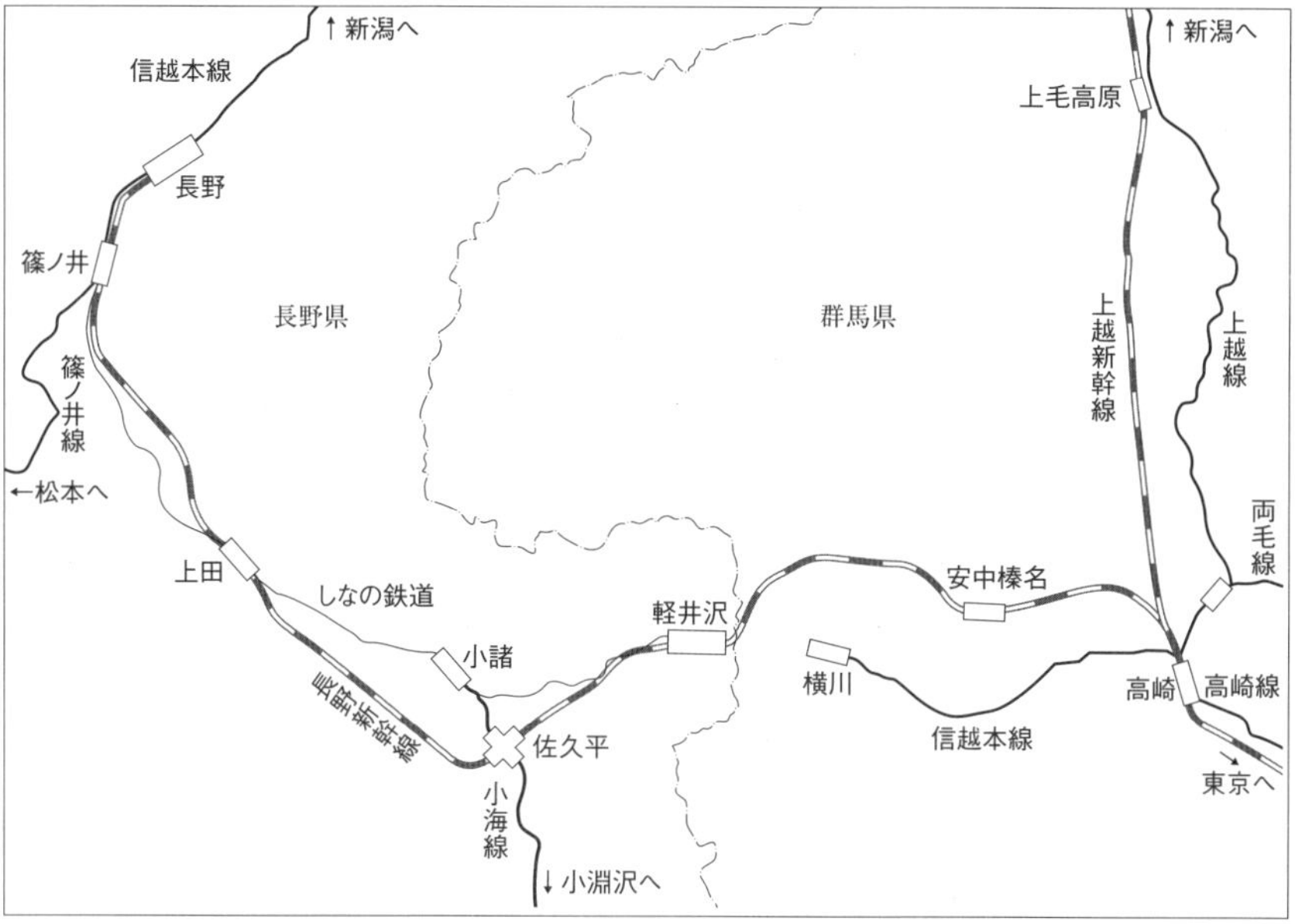

図5-1　北陸（長野）新幹線の路線図。

を敷設するミニ新幹線とする計画に変更となった。

整備新幹線計画の中でも優先順位の1位は、高崎－軽井沢間であり、1989年（平成元）にフル規格で建設に着手している。そして1991年（平成3）に、1998年（平成10）2月に長野で冬季オリンピックの開催が正式に決定すると、選手団や観客を輸送する必要性が増したこともあり、軽井沢－長野間も当初の計画通りフル規格で着工されることになった。もしミニ新幹線が採用されると、当時運行を開始していた400系やE3系車両は使用できず、新たに交直両用でかつ勾配抑速ブレーキを備えた新型車両を開発する必要があった。

だが北陸新幹線の高崎－軽井沢間は交流25キロボルト、50ヘルツで電化されているが、軽井沢－長野間は交流60ヘルツになる。東海道新幹線は商用周波数の異なる地域にまたがって走行するが、富士川より西側の地域は60ヘルツ、東側の地域は50ヘルツの商用周波数の交流が採用されている。周波数の低い交流から高い交流へ変換する方が簡単であるため、東海道新幹線は開業当初から、50ヘルツの交流を60ヘルツに地上で変換して送電していた。

ところが半導体技術の急速な進歩により、周波数変換装置が小型・軽量化されると、地上側で周波数を統一する必要がなくなった。半導体技術の進歩には目を見張るものがあり、交流モーターは整流子やブラシが不要になり、小型・軽量化されている。そこで工事費用の削減も兼ね、軽井沢から西に約5キロの地点に、き電区分所（切替セクション）を設けた。新幹線でき電区分所を設けることは初めての試みであり、50ヘルツの電力は東京電力から、60ヘルツの電力は中部電力から得ており、このき電区分所で周波数の切り替えを行っている。

また、この新幹線からは、長大トンネルが多くなった。特に長野−上田間には10キロを超える五里ヶ峯トンネルがある。かつて長大トンネルの掘削は、技術的にも資金的にも大変であったが、土木技術の進展や、騒音対策費や土地買収費が大幅に短縮されることを加味して考えると、トンネルを掘削した方が割安となった。そのため2000年代になって開業したフル規格の新幹線では、長大トンネルが多い。

だが北陸（長野）新幹線の開業は、すべてがバラ色とはならなかった。国鉄が分割民営化された後は、新幹線が開業すれば赤字必至となる並行在来線は、JRから切り離してもよくなった。そこで信越本線の中でも、急勾配のためEF63が重連で協調運転を行っていた横川−軽井沢間は、利用者が少ない割には運行コストがかさむことを理由に廃止された。この区間は、JRバス関東の定期便が1日8往復のシャトル便を運行している（図5−2）。そして軽井沢−篠ノ井間は第

図5-2　横川ー軽井沢間を結ぶシャトルバス。

図5-3　小諸駅前の商店街は、閑散としている。

三セクター鉄道のしなの鉄道に転換された。この出来事は、並行在来線がＪＲから経営分離された最初の事例となり、以後も東北新幹線の盛岡－八戸間の延伸により、並行する東北本線の盛岡－目時《めとき》間がＩＧＲいわて銀河鉄道に、目時－八戸間が青い森鉄道に経営移管された。さらに九州新幹線の鹿児島中央－新《しん》八代《やつしろ》間の開業により、並行する鹿児島本線の川内《せんだい》－八代間が、肥薩おれんじ鉄道に移管された。２０１０年（平成22）12月４日に東北新幹線が新青森まで開業したことにより、八戸－青森間が青い森鉄道に経営移管されている。

１９８２年（昭和57）に公表された基本ルートでは、小諸市は新幹線のルートから外れていた。そこで小諸市は、ミニ新幹線を支持する立場を採り、フル規格新幹線に強硬に反対していた[1]。

一方の佐久市は、仮称「佐久（現・佐久平）」という駅が設置されることになっていたため、フル規格での着工に積極的な立場であった。その佐久平駅は、小海線と交わる箇所に設けられたが、建設コストを下げるため、新幹線のホームは地平に設け、代わりに小海線のホームを高架にした。

新幹線の開業により、軽井沢駅や佐久平駅周辺は大型商業施設の集積が進んだ。その一方で、新幹線ルートから外れた小諸駅周辺は、大規模商業施設が相次いで閉鎖されただけでなく、地元商店街もシャッター通り化するなど、衰退が進むことになった（図５－３）。佐久平駅周辺にはパーク＆ライド用の駐車場が整備され（図５－４）、また駅周辺の大型商業施設には、大規模な駐車場が整備され、常に自動車で埋まっている（図５－５）。

図５－４　新幹線佐久平駅前には、パーク＆ライド用の駐車場が整備されている。

図５－５　新幹線佐久駅平周辺の大型商業施設には、駐車場が充実している。

だが人々の往来などは見られないため、街の活気や人々の語らいなどの都市自身が持つ文化などは感じられず、無味乾燥とした魅力のない街になっている。

県庁所在地の長野市は、以前は宿泊が必要な旅程の出張者・旅行者が多かったが、新幹線の開業により、東京（上野）－長野間の所要時間が従来の2時間50分から1時間20分と、半分以下に短縮された。その結果、長野への訪問者は増えたが、日帰り客が多くなった。一方、それまで白馬・信濃大町方面への玄関口は松本であったが、新幹線の開業により、その玄関口は長野になりつつある。地元経済に対してはバラ色ではなく、悲喜こもごもという形になった。

松本空港の衰退

空港というインフラは、一般的に国や地方自治体および民間が保有と管理を行う。羽田空港と伊丹空港は国が、神戸空港は神戸市が保有と管理を行っている。空港公団が保有と管理を行っていた成田空港は、現在は民営化されている。関西空港は、最初から民間が保有と管理を行っている。

ところで松本空港は、長野県が保有・管理する珍しい形態となっている。愛称は「信州まつもと空港」であり、図5－6で示すように松本市の南西に位置している。着工は1963年（昭和38）2月18日であり、建設費は当時の費用で3億7300万円を要し、1965年（昭和40）7月16日に開港した。松本空港へのアクセスは、JR松本駅の駅前にある松本バスターミナル（図5－7）からのバスが上下7往復、JR村井駅からも松本市西部地域コミュニティバスの今井・村井線が、1日あたり5往復設定されている。松本バスターミナルから松本空港までの所要時間は約30分である。一方のコミュニティバスの今井・村井線は、村井駅－松本空港入口までの所要時間が22分である。10人乗りのワゴン車を用いて運行されており（図5－8）、スーツケースなどの大きな荷物は車内へ詰め込めない。また、松本空港のターミナルビルまで乗り入れていない。

松本空港からの初飛行は、1965年（昭和40）に東亜航空（TDAを経てJAS）が不定期で運航した松本－大阪

(伊丹)線であった。この路線は、同年8月5日〜17日まで1日1往復の運航であった。開港当初から、松本ー羽田線が計画されたが、未だに実現していない。これは立川基地の上空の飛行制限区域と中央東線の特急列車が影響している。飛行制限区域のため迂回を強いられ、当時から特急「あずさ」と所要時間の差が小さく、価格面なども加味すると競争にならなかった。東京・大阪へ定期路線が開設できない松本空港は、遭難者救助用のヘリコプターなど特殊用途

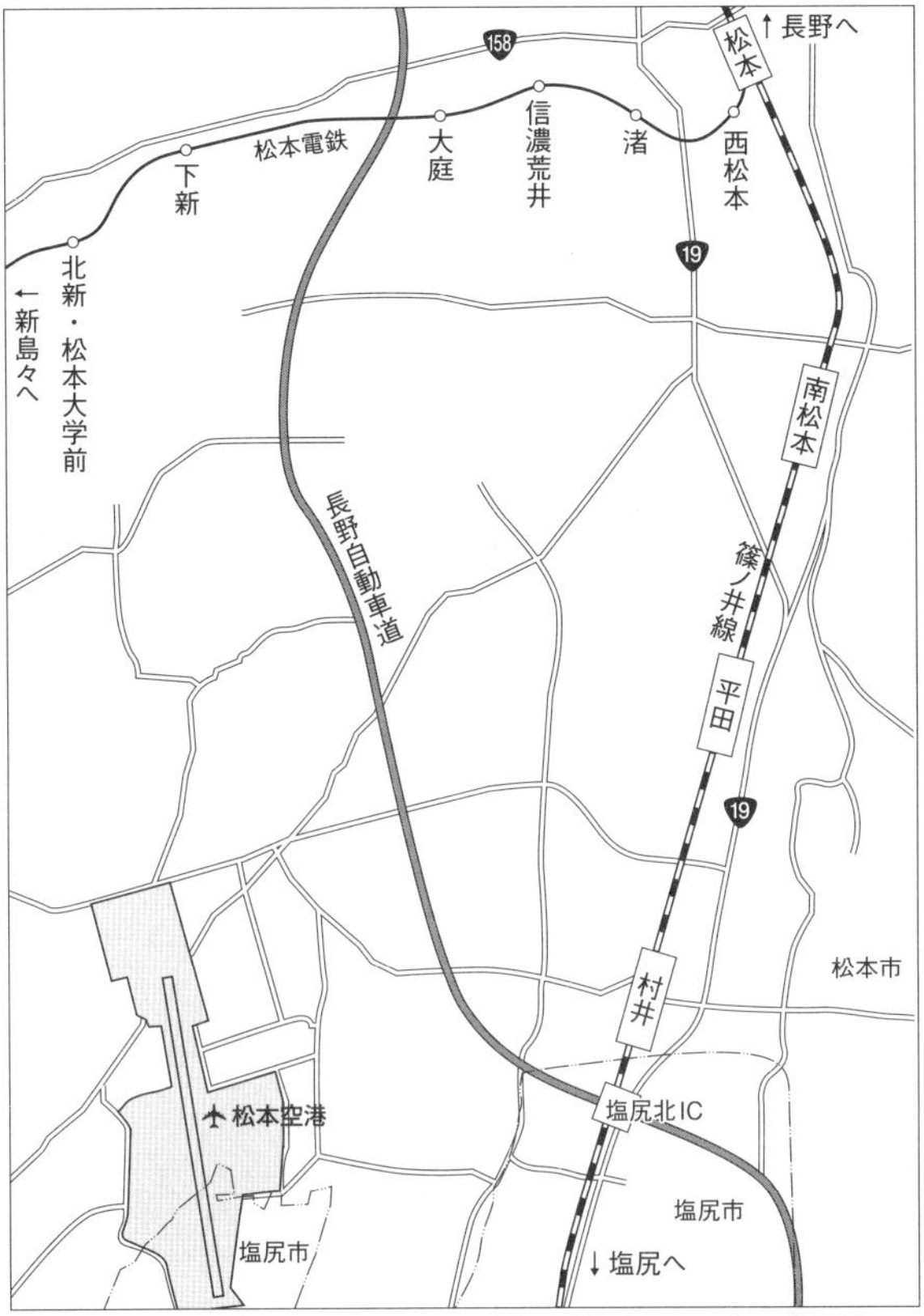

図5-6　松本空港は、松本市内の南部に位置し、一部は塩尻市にもかかっている。

図5-8　松本空港へのアクセスも担っているコミュニティバス。

図5-7　松本駅前のALPICO内にバスターミナルがある。

に限定された。現在は、「スーパーあずさ」が新宿－松本間を２時間20分台で結ぶため、東京－松本線が開設されることはないだろう。

松本空港の定期便は、１９８２年（昭和57）に当時のＴＤＡがプロペラ機であるＹＳ－11を使用しての大阪便の１日２往復の運航が最初である。１９８０年代後半になるとジェット機が主流になるのだが、滑走路の短い松本空港には、ジェット機が就航できなかった。そこで当時の運輸省による地方空港整備計画に基づき、滑走路の延長を計画した(2)。また１９９８年（平成10）に長野で冬季オリンピックの開催が決定したことに伴い、北陸（長野）新幹線を整備するなど、選手団や観客を受け入れるためのインフラ整備が喫緊の課題となった。ジェット機が発着できない松本空港では、冬季オリンピックの選手団や観客輸送に対応できないと判断された。現在ならば、割安な中央本線や篠ノ井線の改良で対応するかもしれないが、当時は地方空港のジェット化を推進する政策であったことから、松本空港の１５００メートルの滑走路を２０００メートルへ延長し、ターミナルビルを改修することにした。そのためＪＡＳ（開業時はＴＤＡ）による定期便は、１９９３年（平成５）５月でいったん運航を休止した。バブル崩壊後の不況であったが、利用率は特に悪くはなかった。

１９９３年（平成５）５月から、インフラ面とサービス面で改良が実施され、１９９４年（平成６）にリニューアルオープンしたターミナルビル（図５－９）内には、食堂なども設けられている。

	2001年度	2002年度	2003年度	2004年度	2005年度	2006年度	2007年度	2008年度	2009年度	2010年度
	57,562	52,332	25,186	24,710	26,105	26,416	26,195	24,755	22,420	4,044
	46.2	55.8	50.3	43.9	50.3	50.5	50.7	47.7	43.3	47.9
	60,149	60,480	51,936	35,325	36,562	35,653	24,081	14,096	13,694	24,638
	64.1	64.4	59.9	63.3	70.5	68.5	65.7	62.7	61.1	48.7
	63,220	62,273	62,470	58,717	61,357	57,442	45,235	22,002	20,040	36,875
	66.8	66.0	67.2	63.7	65.2	61	72.1	76.8	68.6	71.2
										10,835
										47.4

リニューアルオープンした松本空港には、当時のＪＡＳ（現・ＪＡＬ）が従来の大阪線に加え、福岡線と札幌線もＭＤ－87で運航を開始した。

リニューアルオープン後の松本空港であるが、長野オリンピックまでの3年半は、そのカウントダウンに合わせ、長野県は空の玄関として活性化させたく、そのような気運が高まった。そこでＪＡＳによる3路線だけでなく、相次ぐ路線新設も行われることとなった。またＡＮＡが、Ａ３２０という狭胴機による国内定期便の就航を、長野県に対して打診していた。

長野オリンピックが閉幕した翌日の１９９８年（平成10）2月23日には、関西空港へ臨時便が5便も運航され、外国の選手・報道関係者などの帰国に際してフル稼働を果たしたが、表５－１で示すように１９９６年度の26万４６５８人をピークに[3]、多額の費用を掛けて改修したにもかかわらず減少している。大阪－松本線は、高速バスの増発や値下げの影響もあり、２００３年度（平成15）は2万５１８６人と対前年比で半減している。そこで大阪－松本線は、ＤＨＣ－８という小型のプロペラ機で運航するようになったが、２００９年（平成21）9月にＪＡＬは松本空港からの撤退を表明する。翌年の1月19日に会社更生法の適用を申請して事実上倒産し、２０１０年（平成22）5月末で廃止された。また２００４年（平成16）からは、国際チャーター便の誘致に力を入れるようになったが、２００７年度（平成19）以降は、松本空港の利用者数は10万人を割り込む状態となっている。

２０１０年（平成22）6月にフジドリームエアラインズ（以下、ＦＤＡ）

表５－１　松本空港の搭乗者数・搭乗率の推移。

路線		1994年度	1995年度	1996年度	1997年度	1998年度	1999年度	2000年度
大阪線（伊丹）	搭乗者数	75,316	111,093	82,812	75,166	53,510	59,360	52,908
	搭乗率（%）	61.4	58.5	61.0	51.6	56.8	61.7	56.1
福岡線	搭乗者数	27,338	53,865	53,863	56,328	56,419	58,351	60,679
	搭乗率（%）	86.1	72.0	61.5	60.8	59.8	60.6	64.4
札幌線（新千歳）	搭乗者数	25,634	58,085	66,306	67,874	75,441	67,185	66,649
	搭乗率（%）	83.2	83.4	74.4	72.8	56.4	70.4	59.9
静岡線	搭乗者数							
	搭乗率（%）							

出典：長野県のホームページ（http://www.pref.nagano.jp/kikaku/koutuu/airport/shinsyu/bus/bus.htm）をもとに作成

というコミューター航空専門の航空会社（図５－10）が、松本－静岡線にエンブラエル社製のＥＲＪ－１７０型機で就航した。ＥＲＪ－１７０型機は、真ん中に通路がある狭胴機であり、両側に２－２の座席配置となっている。定員が80名程度の小型ジェット機であるが、松本空港には久々のジェット機を使用した便が復活したことになる。ＦＤＡは現在、松本－静岡線は廃止したが、松本－札幌（新千歳）線、松本－福岡線を就航している。松本－札幌（新千歳）間の普通運賃は、大人片道で３万５６００円であるが、55日前までの早割で購入すれば１万９８００円になる。一方の松本－福岡間の普通運賃は、大人片道が３万５２００円であるが、55日前までの早割で購入すれば、松本から福岡は１万５０００円となり、福岡から松本は１万７０００円となる。松本－福岡線に関しては、同一路線であるにもかかわらず、往路と復路で航空運賃が異なっている。

顕在化する並行在来線の問題

国鉄の分割民営化以降に開業した新幹線は、赤字必至の並行在来線をＪＲから切り離してもよくなった。そこで、しなの鉄道、ＩＧＲいわて銀河鉄道、青い森鉄道、肥薩おれんじ鉄道という、整備新幹線が開業した後は赤字必至の並行在来線をＪＲから切り離し、地域住民の足を守る目的で第三セクター鉄道を設立した。大口出資者は沿線自治体であるが、特急列車廃止後の旅客部門は、利益の出ない地域輸送だけが残る。しなの鉄道は、篠ノ井－軽井沢間が長野近

図５-９　松本空港は、「信州まつもと空港」の愛称で呼ばれている。

図５-10　フジドリームエアラインズのチェックインカウンター。

郊区間であることから都市が連なっており、貨物輸送を行っていないにもかかわらず、２０１０年度（平成22）の決算は税引き前でも黒字を計上している。

一方のＩＧＲいわて銀河鉄道、青い森鉄道、肥薩おれんじ鉄道は、貨物列車の通行料収入がある。肥薩おれんじ鉄道は、旅客輸送密度は１０００人未満であるうえ、貨物列車の本数も1日6往復程度しかないため、経営は非常に厳しいと言える。ＩＧＲいわて銀河鉄道、青い森鉄道は、旅客輸送だけ見ればローカル線だが、貨物輸送に関しては首都圏と北海道を結ぶ幹線であるうえに、そこに寝台特急「北斗星」1日1往復（図5－11）と「カシオペア」が週3往復加わるため（図5－12）、両鉄道にとって貨物列車と寝台特急の通行料（運賃・特急料金）は、重要な収入源となっている。[4]

２０１１年（平成23）3月に九州新幹線が全通したが、その際は博多－八代間は第三セクター鉄道には移管されず、ＪＲ九州が継続して運営することになった。博多－鳥栖間は、長崎本線・佐世保線の特急列車が多数運行されるため、幹線として機能している。だが鳥栖－八代間のうち、久留米－熊本間は特急列車が早朝と深夜に上下1本ずつしかない。また快速列車は5往復程度運行されるが、実質的にローカル線である。九州新幹線の開業により久留米－熊本間は不便になった。それでもＪＲ九州が継続して運営するため、従来通りのネットワークが維持されたことがせめての救いである。

図5-11　寝台特急「北斗星」。

図5-12　寝台特急「カシオペア」。

２０１４年（平成26）に北陸新幹線の金沢開業後は、北陸本線の直江津－金沢間の第三セクター鉄道への移管が決まっている。直江津－金沢間には、県庁所在地である富山市だけでなく、人口17万人の高岡市や糸魚川市、滑川市、津幡町など都市が連なっており、鹿児島本線の鳥栖－熊本間よりも沿線人口も多い。そのうえ、金沢－新潟間の旅客需要も多く、北陸新幹線と上越新幹線を乗り継げば所要時間では短くなるが、運賃・料金面では迂回を強いられることで割高になることから、新潟県は特急「北越」、急行「きたぐに」の存続を求めている。(5)

そのような理由もあり、ＲＯＢＡの会やＲＡＣＤＡ高岡などの北陸三県の市民団体で構成される「北陸連携並行在来線等活用市民会議」は、東北新幹線の並行在来線が県境で別会社に分かれたことを問題視している。そこで北陸本線の並行在来線に関しては、沿線に都市が連なることも考慮して、インフラ保有は公的部門が担い、列車運行は県境を越えた一体経営とし、民間の事業者が行う上下分離経営の導入を提案している。ＩＧＲいわて銀河鉄道や青い森鉄道のように、各県ごとに別々の第三セクター鉄道が設立されると細切れになるため運賃が値上げされるからである。

ところで北陸本線の直江津－金沢間も、貨物輸送に関しては幹線であるうえ、豪雪地帯でもある北陸地方では、冬場も鉄道の方がトラックよりも安定した輸送が行える。並行在来線問題は、旅客輸送密度しか加味しておらず、貨物輸送を完全に無視していることが大きな問題である。政府は、物流分野においてトラックから鉄道へのモーダルシフトを奨励しているが、実際には、トラック業界の規制緩和を実施するなど、逆の政策を行った。経営基盤の弱い第三セクター鉄道会社に、貨物の輸送力増強の変電所および待避線の増強などの設備投資は困難である。

ＪＲから第三セクター鉄道に移管されると、利用者を増やすために駅を増設したり、地域密着を目指して改名する動きも見られる。だが一般的には、運賃が大幅に値上げされる。特に通学定期券の値上げは顕著であるため、積雪がなく気候が温暖な肥薩おれんじ鉄道沿線では、高校生はバイク通学やマイカー家族送迎にシフトした。また新たな境界の駅を挟んで乗車する乗客は、運賃が細切れで割高になる以外に、乗り換えを強いられるようになる。

それゆえ並行在来線を引き受ける目的で自治体が設立した第三セクター鉄道については、「国やＪＲも応分の負担をすべきだ」という声も出ており、以下のような要望がある。

①運営のあり方や支援策について、早急に新たな仕組みの構築

②ＪＲからの鉄道資産を取得する際の、初期投資に対する助成措置

③ＪＲ貨物の線路使用料の増額

③のＪＲ貨物は、ＪＲグループの中でも経営状態が厳しいため、線路使用料の増額を求めることは難しい。仮にそのようなことをすればＪＲ貨物の経営が行き詰るため、政府が推奨するモーダルシフト政策と逆行してしまう。地方自治体も財政難であり、大幅な補助は期待できないだろう。

①②に関しては、今後は「道州制」による地方分権が実施されると、インフラは州政府が保有するようにしたい。そして第三セクター鉄道は、元のＪＲ旅客会社に編入させるべきである。上下分離経営が実施されると元のＪＲ旅客会社も、引き受けるための負担が軽減されると同時に、公的部門と民間部門の責任が明確化する。利益追求だけに走るのではなく、地域住民の日常生活の足を守るという社会的使命も遵守しなければならない。

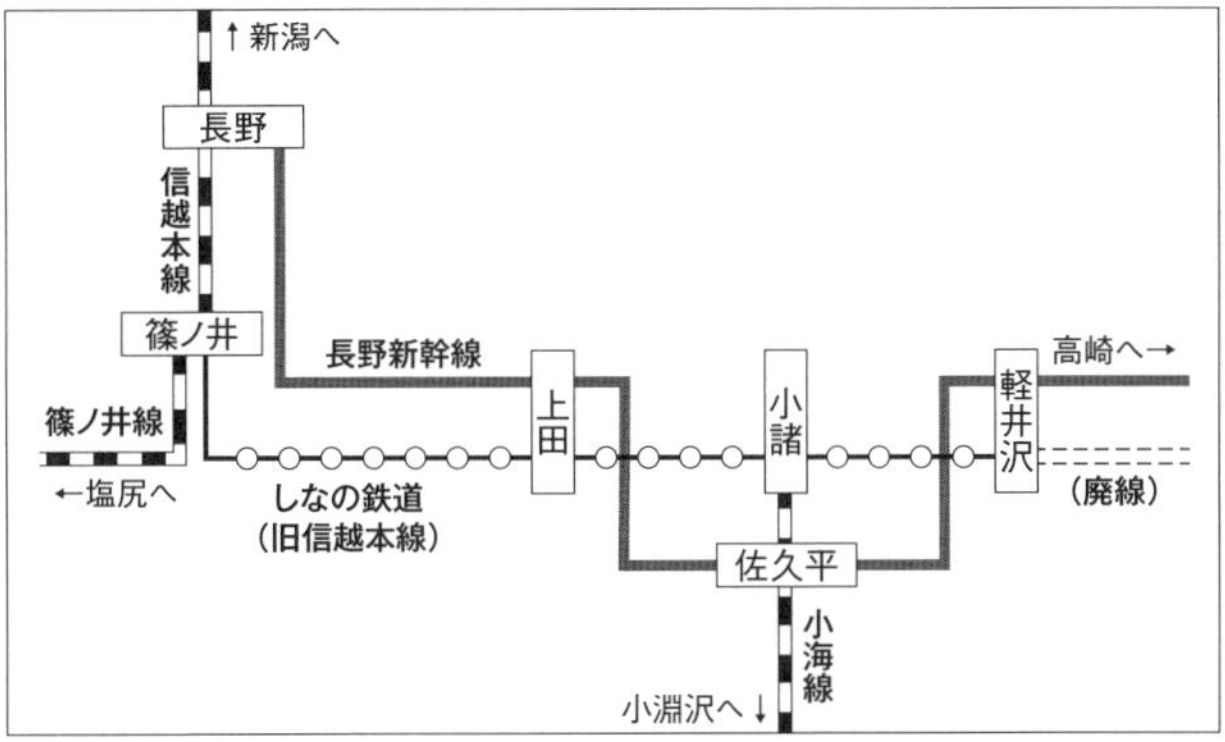

図５-13　しなの鉄道は、信越本線の一部が転換された第三セクター鉄道である。

しなの鉄道の生き残り作戦

しなの鉄道は、１９９７年（平成９）に北陸新幹線の高崎－長野間が開業した際、並行在来線である信越本線の軽井沢－篠ノ井間（図５－13）が、ＪＲ東日本から切り離されることになったため、地域住民の足

を確保するために誕生した第三セクター鉄道である。優等列車がなくなった並行在来線を運営するため、当初から経営が苦しく、２００１年（平成13）２月に学識経験者や民間人、沿線市町長など17人で構成される「しなの鉄道経営改革検討委員会」が設置され[6]、同年12月に「しなの鉄道経営改革に向けての提言」がなされる。この提言に基づき、「しなの鉄道経営改革評価委員会」が２００２年（平成14）５月に設置され[7]、経営改革の進行状況を管理するため、社外オピニオン制度も導入が必要とされた。

自助努力として、経営陣や本社組織の見直し、利用者に便利なダイヤ、駅の増設、トイレの設置、有料快速の増発などのサービス向上策、イベント列車運転、ＪＲ列車の乗り入れ、魅力ある駅作り等の増収策、ワンマン化、外注化による人件費の削減などの合理化策が提案された。

しかしこれらを最大限講じても年間約６億円の赤字が予想された。そのため公的負担は、県がインフラの３分の２を保有する上下分離経営を前提とした。上下分離経営が実施されると、公的部門の責任と民間事業者の責任領域が明確化され、鉄道事業者は固定資産税の支払いだけでなく、インフラの維持管理費の支払いからも解放される。だが当時の鉄道事業法では、「公有民営」の上下分離経営が認められていなかった。和歌山電鐵は、２００６年（平成18）４月１日に南海電鉄貴志川線から経営移管され、上下分離経営を行っているが、路盤（敷地）のみ沿線自治体が所有しているため、インフラの維持管理は和歌山電鐵が実施している。「公有民営」の上下分離経営が認められたのは、２００８年（平成20）10月の地

表５-２　しなの鉄道の収支状況。　（単位：千円）

項　目	2002年度	2003年度
営業・営業外収入	2,672,459	2,878,354
旅客収入	2,209,482	2,353,378
営業・営業外経費	2,577,679	2,503,849
償却前利益	94,780	374,505
減価償却費	484,290	455,691
経常損益	−389,510	−81,186
最終損益	−330,089	−82,296

出典：『しなの鉄道アニュアルレポート』をもとに作成

表５-３　貸借対照表（平成22年３月31日現在）　　　　　　　　　　　　　　　　　　　　　（単位：千円）

科目	金額	科目	金額
（資産の部）		（負債の部）	
流動資産	581,099	流動負債	1,552,451
現金及び預金	314,437	短期借入金	600,000
未収運賃	114,488	１年以内返済予定の長期借入金	334,260
未収金	80,771	未払金	282,241
貯蔵品	55,947	未払消費税等	32,568
その他の流動資産	15,454	未払法人税等	15,368
固定資産	5,297,348	未払費用	16,329
鉄道事業固定資産	5,274,427	前受金	9,984
建設仮勘定	7,596	預り連絡運賃	42,819
投資その他の資産	15,325	前受運賃	107,845
関係会社株式	10,000	賞与引当金	95,983
投資有価証券	1,100	リース債務	3,013
長期前払費用	875	その他の流動負債	12,037
その他の投資等	4,069	固定負債	2,150,747
貸倒引当金	△719	長期借入金	2,056,784
		退職給付引当金	80,159
		役員退職慰労引当金	6,304
		リース債務	4,868
		その他の固定負債	2,631
		負債計	3,703,199
		（純資産の部）	
		株主資本	2,175,248
		資本金	2,364,450
		利益剰余金	△189,201
		その他利益剰余金	△189,201
		繰越利益剰余金	△189,201
		純資産合計	2,175,248
資産合計	5,878,448	負債及び純資産合計	5,878,448

出典：しなの鉄道ホームページより引用

表５-４　損益計算書（自　平成21年４月１日　　至　平成22年３月31日）　　　　　　　　（単位：千円）

科目	金額	
営業収益		2,834,571
営業費		2,574,396
営業利益		260,174
営業外収益		
受取利息	196	
その他の収益	718	915
営業外費用		
支払利息	72,627	
その他の費用	182	72,810
経常利益		188,280
特別利益		
工事負担金受入額	100,422	
補助金受入額	63,960	
固定資産売却益	9,249	
償却債権取立益	2,020	175,653
特別損失		
固定資産圧縮損	161,498	
災害損失	4,518	166,017
税引前当期純利益		197,915
法人税、住民税及び事業税		9,490
当期純利益		188,425

出典：しなの鉄道ホームページより引用

域公共交通活性化再生法の改正からであり、第三セクター鉄道である若桜鉄道が最初に適用された。そこで当面はインフラの減価償却費と固定資産税に対して補助を行い、しなの鉄道の資金繰りが改善した後の実施が妥当とされた(8)。

これを受けてしなの鉄道は、上記の増収策や人員削減等の合理化の実施により、黒字経営を目指した。中でも会費という形で経営を支援するサポーター制度が興味深い(9)。その努力が実り、2002年(平成14)9月期の決算では、1997年(平成9)の開業以来初の黒字を計上した。観光客が減少する下期に赤字を計上していたが、通期の売上高を前期比で3%増とするため、女性向けワイン列車や子供向けウルトラマン列車、観光客向けの信州牛列車などのイベント列車を積極的に運転したという。その努力により、表5－2で示すように2002年度、2003年度ともに減価償却前の段階では黒字を計上している。

2011年度(平成23)3月末の貸借対照表を表5－3、損益計算書を表5－4に示した。表5－3より、しなの鉄道は上下分離経営を行っていないため、固定資産が流動資産の約10倍ある状態になってしまう。また流動負債が流動資産の約3倍あるため、資金繰りは楽ではないことが分かる。一方、表5－4を見ると税引前当期純利益が1億9791万5000円あり、税引き後の利益が1億8842万5000円あることから、新駅設置や増発などの積極的な経営が功を奏し、黒字経営となっている。

しかし不況や少子高齢化以外に、新幹線定期券の利用者が増加傾向にあり、都市間輸送の定期旅客を確保しながら、併算運賃となる長野－上田間の利用者をいかに増やすかが経営上の課題である。

2　変則的な九州新幹線の開業方法

なぜ鹿児島中央－新八代間を先に開業させたのか

九州新幹線は整備新幹線の一つであり、博多－鹿児島中央間を結ぶ鹿児島ルートと、博多－長崎間を結ぶ長崎(西九州）ルートがある。
鹿児島ルートの新八代《しんやつしろ》−鹿児島中央間は、独立行政法人鉄道建設・運輸施設整備支援機構（旧・日本鉄道建設公団）が建設を行い、ＪＲ九州がこれを借り受けて運営していたことから、新八代−博多間も同方式が採用された。

まず２００４年（平成16）３月に、鹿児島ルートの新八代−鹿児島中央間の１３７・６キロが部分開通した。新八代−鹿児島中央間の開業により、在来線特急「つばめ」で３時間50分を要していた博多−西鹿児島（現・鹿児島中央）間が最短で２時間12分となり、１時間半以上も短縮された。「つばめ」という列車名は、九州新幹線に受け継がれたことから、博多−新八代間には特急「つばめリレー号」を運転して対応していた。新幹線「つばめ」と「つばめリレー号」への乗り換えであるが、向かい側のホームに列車が待機しているため、同一ホームで乗り換えが可能であった。そのため接続時間は３分であった。「つばめ」には８００系電車が使用され（図５−14）、普通車も２−２の横４列の座席配置であり（図５−15）、後期の車両の壁面には金箔が貼られているため、華やかな雰囲気である。

従来の新幹線は、都会から地方へ向かって建設されていた。九州へは、山陽新幹線として国鉄時代の１９７５年（昭和50）３月10日に、博多まで開業していた。本来ならば博多から延伸となるのが普通であるが、今回は鹿児島（鹿児島中央）から博多へ向けて工事が行われた。

これには鹿児島出身で自民党の新幹線族のドンである小里貞利の意向が影

図５-14　800系の外観。

図５-15　800系初期車の内装。モケットは絹製だったが、寺の座布団のようであった。後期の車両では変更され、壁面に金箔が貼られている。

響している。1980年代の半ばに整備新幹線の凍結が解除されると、中央のマスコミは「我田〝引鉄〟」「バカ査定」と酷評された。その中でも九州新幹線の鹿児島ルートは、不要論が特に強かった。

そこで当時鹿児島商工会議所の会頭であった岩本福三は、中央のマスコミの本社を訪問して、九州新幹線の建設に理解を求める。その一方で、地元鹿児島県出身で新幹線族のドンであった小里貞利は、当時自民党の政調会長であった渡辺美智雄とたびたび折衝を行い、従来とは逆の西鹿児島（現・鹿児島中央）－八代間を先行して着工する方法を思いついた。地方部から建設を始めれば、いずれ八代－博多間は着工せざるを得ないという論理である。

小里貞利と渡辺美智雄が考えだした奇策に飛びついたのが、当時の鹿児島県知事であった鎌田要人であった。鎌田知事は、陳情運動の先頭に立つだけでなく、かつて官房長官まで上り詰めた二階堂進衆議院議員とともに、官民挙げて地元の陳情団に喝を入れた。小里議員に鎌田知事、そして二階堂議員という大物3人で、九州新幹線鹿児島ルートの西鹿児島－八代間の着工に向けた活動を展開したのである。

政府は、1988年（昭和63）夏に整備新幹線の優先順位を決めたが、その評価は厳しかった。政府の優先順位の第1位は北陸新幹線の高崎－長野間であり、2位が北陸新幹線の高岡－金沢間、3位が東北新幹線の盛岡－青森間、そして九州新幹線の西鹿児島－八代間は、何とか4位に入った。小里議員は、高崎－長野間は1998年（平成10）2月に長野オリンピックを控えていたため、優先順位が1位になることには納得した面もあったが、4位という順位には納得できなかった。そこで小里議員は、水面下で動いて「トンネルの難工事着手」を盛り込ませた。そして1991年（平成3）秋には、北陸新幹線の高崎－長野間、東北新幹線の盛岡－青森間、九州新幹線の西鹿児島－八代間の3線を、同時着工に持ち込ませている。

鹿児島ルートに対する反対意見が強かったのは、「採算性が悪い」という理由からであったが、これは他のルートも机上の計算では、似たような結果であった。

もし鹿児島ルートに対する風当たりが弱かったならば、小里貞利も必死にならなかったかもしれない。そうなれば鹿児島ルートの着工が遅れただけでなく、従来通り博多から南下して熊本か八代止まりになっていた可能性も否定できない。最悪の場合、未完成の長崎ルートと同様に、放置されてしまったかもしれないという意見も、鹿児島の経済界では根強い。

N700系による山陽新幹線との直通実現

2011年（平成23）3月12日には、博多－新八代間が開業したことにより、博多－鹿児島中央間の全線が開通した。これにより博多－鹿児島中央間は、「みずほ」を利用すれば最短で1時間19分となった。また新大阪－鹿児島中央間の直通運転もN700系を用いて実施され（図5－16）、速達タイプの「みずほ」は同区間を最短で3時間45分で結ぶようになった。

N700系が開発された背景であるが、JR西日本が導入した500系は、東海道新幹線に入ると山陽新幹線と比較して線形や路盤が悪く、最高速度は270キロに抑えられた。それゆえ500系では性能的に見て過剰であり、かつ製造コストも高かったことから、9編成（144両）が落成した時点で製造を打ち切った。そしてJR東海と汎用性を重視した700系を共同開発したのだが、700系では山陽新幹線内の最高速度は285キロに抑えられた。居住性では、車内が広いことから500系よりも優れていたが、500系「のぞみ」と比較すれば10分程度、所要時間が長かった。

航空機と激しい競争にさらされていたJR西日本は、山陽新幹線内では5

図5-16　N700系車両が東京から九州まで疾走している。

00系と同等の300キロの高速性能の車両を求めた。JR東海は、品川駅が開業したことに伴い、東海道新幹線の増発が可能となった。またデジタルATC（ATC－NS）も導入されることになり、より加減速性能が高い車両を求めるようになった。JR東海とJR西日本の要求を採り入れ、共同で開発されたのがN700系である。

N700系は300キロ運転を実現するため、両端の先頭車以外は電動車となり、1編成が14M2Tとなった。またIGBTのVVVFインバータ制御であるが、山陽新幹線内の300キロ運転と加減速性能を向上させるため、700系よりも出力が向上した305キロワットの誘導電動機を搭載している。ブレーキは、回生ブレーキ併用電気指令式空気ブレーキを採用している。N700系は、電動車だけで付随車のブレーキも受け持つことができるため、付随車に取りつけられていた渦電流ブレーキは廃止された。さらなる低騒音化のため、下枠短縮型のシングルアーム式パンタグラフを採用した。

N700系は、300キロで走行する性能と、通勤電車並みの加減速性能を満たしており、車体傾斜装置やデジタルATCの採用もあり、東京－新大阪間の所要時間を従来よりも5分短縮して2時間25分となった。車体傾斜装置は、振り子式電車のような大がかりなシステムではなく、空気バネを利用して車体を1度傾けることができる。これにより半径2500メートルの曲線でも、270キロ運転が可能となった。また、京都に停車するために、従来は軌道回路の関係から府県境にある音羽山トンネルに滋賀県側から入る前に減速しなければならなかったが、デジタルATCの採用で京都府の東山トンネルに入る手前から減速を行えるようになり、これだけでも2分程度短縮された。

車内設備であるが、従来の300系や700系との各号車別定員の共通化を図ることを前提に開発されたこともあり、普通車のシートピッチは1040ミリであり、グリーン車の1160ミリは踏襲された。普通車の座席の幅は、700系よりも若干であるが拡大されているが、N700系には食堂車やビュフェは設けられていない。なおN700系から車内は全席禁煙となっており、新たに喫煙ルームが4か所設けられた。また情報化時代を反映して、グリーン車にはモバイル用のコンセントが全座席に設けられ、普通車は窓側と車端席に設けられた。さらに無線LANアクセスポイントの設置により、車内でもインターネットが利用できるようになった。

車体は700系と同様に、ダブルスキンアルミ構体を採用した。低騒音化のため、700系の運転台の部分が9・2メートルであったのに対し、N700系は10・7メートルとわずかながら長くなっている。車両と車両の連結部には、2枚のアルミ製の幌をゴムで連結する構造の全周幌が設置され、これも低騒音化に貢献している。

N700系は、2007年(平成19)7月から「のぞみ」で営業を開始した。現在も増備が続けられており、700系で運行している「のぞみ」を置き換えている。またJR西日本とJR九州が山陽・九州新幹線で使用する目的で共同開発したN700系の7000番台車は、N700系の16両編成をベースになっている。N700系7000番台は8両編成であるが、九州新幹線に存在する35‰の勾配に対応する必要性から、全車が電動車となったために全車で発電ブレーキが使える。また「ひかりレールスター」で使用する700系7000番台と同様に、指定席車は2-2列の横4列の配置であり、N700系7000番台は普通車のコンパートメントを廃止したもの、半室ではあるがグリーン車が加わった(図5-17)。新大阪-博多間で運行される列車のグリーン車は、1両すべてがグリーン車となっており、より長距離となる鹿児島中央まで運転する「みずほ」「さくら」であるならば、グリーン車の需要も多くなって普通である。

図5-17　九州新幹線N700系のグリーン車は、半室構造である。

図5-18　普通車指定席は、2－2の横4列であり、シートピッチも1040ミリとゆったりしている。

ところが後でも説明するが、グリーン料金は通算料金を適用するのではなく、博多で打ち切って計算する制度となったため、新大阪－博多間のグリーン料金と博多－鹿児島中央間のグリーン料金という形で細切れになる。また普通車指定席（図５－18）と比較すれば、シートピッチの広さやフットレストとレッグレストの有無および床の絨毯の有無くらいしか明確な差がない（図５－19）。備わっているオーディオも、ヘッドホンなどは持参しなければならないうえ、番組表すら備わっていなかった。普通車指定席は、進行方向に向かって最前列の座席には、パソコンが置ける大型のテーブルが備わっている（図５－20）。

Ｎ７００系７０００番台の車体は、Ｎ７００系０番台と同様であるが、騒音防止のため特別高圧線が車体に埋め込まれている。またＮ７００系０番台（ＪＲ東海所有）や３０００番台（ＪＲ西日本所有）とは異なり、曲線通過時に空気バネの空気量を調整して車体を傾斜させる車体傾斜装置は、東海道新幹線とは異なり九州新幹線には急曲線がないため省略された。

乗り心地に関しては、台車は５００系や７００系７０００番台、８００系と同様に軸梁式である。またＪＲ東日本のＥ５系のように全車にフルアクティブサスペションは採用されなかったが、Ｎ７００系０番台と同様に無段階切替型のセミアクティブサスペションを全車に装備しているため、在来線の特急列車よりも乗り心地が良い。

Ｎ７００系とＮ７００系７０００番台車の基本性能はほぼ同等であるが、

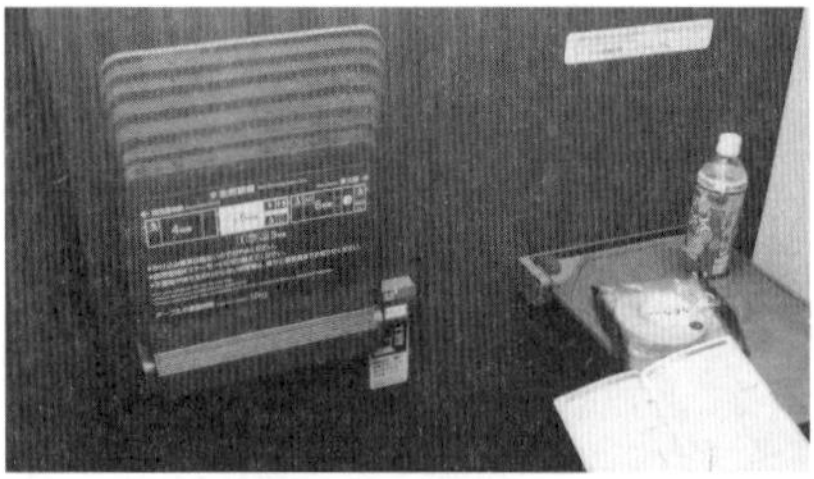

図５-20　N700系の普通車指定席の最前列は、大きなテーブルを完備している。

図５-19　グリーン車の座席には、フットレスト、レッグレスト、可動式ヘッドレストと座席内蔵式の読書灯が備わっている。

運行は東京－新大阪・博多間と新大阪－鹿児島中央間に分かれており、東京－鹿児島中央へ直通する列車は皆無である。東京－鹿児島中央間で、直通列車を設定することは物理的には可能であるが、もし直通させるとなれば、九州新幹線内のホームの有効長の関係から、N700系7000番台車を使用せざるを得ない。ただし東海道新幹線内は、N700系7000番台車を2編成繋いで16両編成として運転しなければ、東京－新大阪間の高需要区間では対応できないし、JR東海は16両編成以外の列車の乗り入れを拒む。この場合、博多駅か新大阪駅で分割・併合を行うことになる。

東京－鹿児島中央まで線路は繋がったが、東京－鹿児島間は航空機を利用すれば、都心部から空港までの所要時間や搭乗手続きの時間まで加味して考えたとしても、3時間半〜4時間程度である。対する新幹線は、博多で乗り換えを加味すると、所要時間は6時間半〜7時間となり、航空機に対する競争力はない。航空機の恩恵を直接享受できない川内《せんだい》や水俣、玉名、八代などへ行く場合、博多で九州新幹線に乗り換えてもらうようにすることが望ましい。

つまり無理をしてまで東京－鹿児島中央間を直通する列車を設定する必要がないのである。

先行き不安な肥薩おれんじ鉄道

肥薩おれんじ鉄道は、2004年（平成16）3月13日の九州新幹線新八代－鹿児島中央間の開業に伴い、赤字必至となった鹿児島本線の八代－川内間を、JR九州から経営移管して誕生した第三セクター鉄道である（図5－21）。沿線住民の日常生活や貨物輸送を維持するため、熊本県や鹿児島県などの沿線自治体だけでなく、JR貨物も出資して第三セクター鉄道を誕生させ、経営移管している。表5－5に肥薩おれんじ鉄道の沿革を示した。

肥薩おれんじ鉄道は、八代－川内間を結ぶため路線長は116・9キロと長大であり、民鉄としては西日本鉄道を抜いて九州で最も路線長が長いだけでなく、日本最長の第三セクター鉄道となったこともあった。北海道ちほく高原鉄道ふるさと銀河線が廃止された2006年（平成18）11月末から、2010年（平成22）12月4日に東北本線八戸

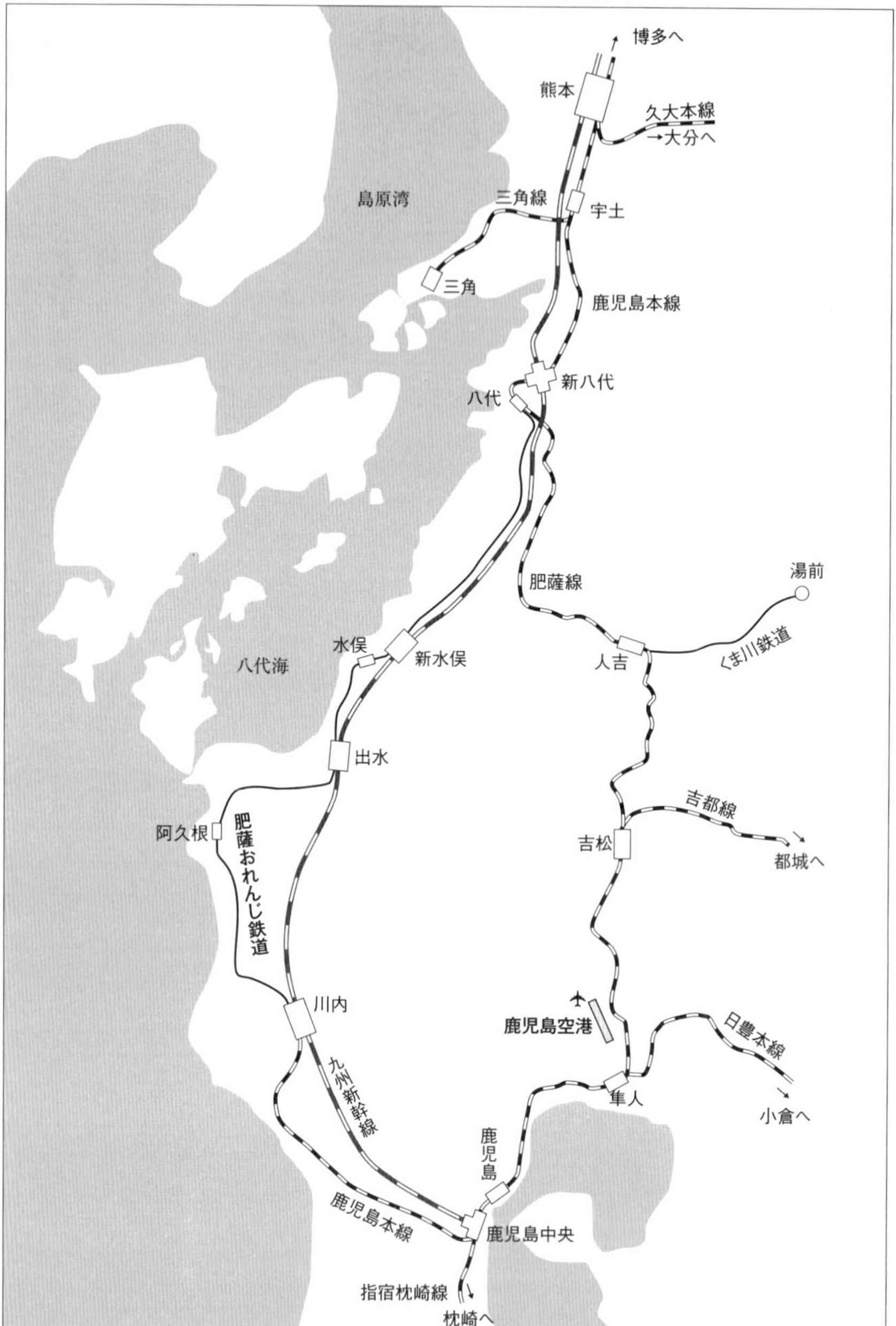

図5-21　肥薩おれんじ鉄道は、鹿児島本線の一部が転換された第三セクター鉄道である。

－青森間がＪＲ東日本から青い森鉄道に移管されるまでの期間である。青い森鉄道の目時－青森間は、営業距離が１２１・９キロであるから、肥薩おれんじ鉄道よりも５・０キロ長い。

八代－川内間は全線電化されているにもかかわらず、開業時から貨物列車以外は気動車を使用している（図５－22）。交流電車は製造コストが高いうえ、ローカル列車であればスピードアップの必要性はなく、１００キロ程度の速度で充分だからである。もし肥薩おれんじ鉄道が交流電車を入れた場合、架線はＪＲ貨物の設備であるため、設備使用料を支払う必要性が生じる。

だが接続するＪＲ鹿児島本線から直通する貨物列車だけでなく、かつ臨時列車・回送列車もあるため、架線や変電所などの電気設備は存続しており、ＪＲ貨物が維持管理している。

ダイヤであるが、開業時から九州新幹線との接続や、沿線の高校への利便性を担保するため、自社線内以外にＪＲ鹿児島本線新八代－八代駅と川内－隈之城間に乗り入れていたが、県庁所在地である熊本や鹿児島中央には乗り入れていなかった。並行在来線から転換された第三セクター鉄道の中で、県庁所在地のある駅に乗り入れない鉄道は、肥薩おれんじ鉄道だけだった。これでは利用者が増えないため、土日祝日のみであるが、２０

表５-５　肥薩おれんじ鉄道の沿革。

年　代	出来事
1991年（平成３）　９月７日	鹿児島本線の八代ー川内間を第三セクターで存続させることを条件に、九州新幹線の建設に着工する
2002年（平成14）　10月31日	肥薩オレンジ鉄道が設立
2004年（平成16）　３月13日	JR九州から八代ー川内間を承継して開業する 日奈久駅を日奈久温泉駅に改称
2005年（平成17）　３月１日	たのうら御立岬公園駅を新設（南九州自動車道八代ー田浦IC間が開通した影響） この改正から高校通学の利便性向上のため、米ノ津駅発着の列車が平日のみ運行を開始する
2008年（平成20）　３月15日	土曜・休日に、出水ー熊本・鹿児島中央へ直通する快速を各2往復ずつ設定する
2011年（平成23）　３月12日	平日のみ米ノ津駅ー野田郷間の列車を、朝1本増発 九州新幹線接続の利便性向上のため、新八代発着の列車を増発

出典：『鉄道ジャーナル』などをもとに作成

０８年（平成20）３月15日のダイヤ改正から出水《いずみ》－熊本間を結ぶ快速「スーパーおれんじ」と、出水－鹿児島中央間を快速運転する「オーシャンライナーさつま」がそれぞれ２往復新設され、ようやく県庁所在地である熊本と鹿児島中央に乗り入れることになった。土日祝日のみの運転となったのは、これらの列車は鹿児島や熊本へのショッピングに出かける人を対象としているためである。快速列車といってもローカル列車と同様に、１両編成のワンマン運転である。これらの快速列車の今後は、利用状況を見ながら判断することになるという。

　肥薩おれんじ鉄道に関しては、新幹線の恩恵に享受しない阿久根市は積極的だったが、鹿児島県や鹿児島県内の他の沿線自治体は、もともと在来線の存続には消極的だった。そのため肥薩おれんじ鉄道の設立と運営は熊本県主導で進められ、本社は熊本県八代市の八代駅の構内にある（図５－23）。資本金は15億6000万円である。そして鹿児島中央や博多・熊本へ直通する在来線特急が全廃となり、寝台特急「なは」は新大阪－熊本間に短縮された（「なは」は２００８年３月廃止）。水俣市の郊外に「新水俣」という九州新幹線の駅が設けられたが、幸いなことに肥薩おれんじ鉄道と接続している。だが、在来線特急や寝台特急「なは」も廃止された阿久根市は、まさにふんだりけったりだった。

　ローカル列車だけでは、輸送密度が１０００人を切るため、経営は予想を超えて厳しい状況が続いている。そこで肥薩おれんじ鉄道は、お得な１日乗車券などの企画乗車券を発売している。１日乗車券は、大人２８００円、子供１４００円なので割高なように感じるが、八代－川内間の片道普通運賃が２５５０

図５-22　肥薩おれんじ鉄道では、貨物列車以外は気動車で運転される。

図５-23　肥薩おれんじ鉄道の本社は、熊本県八代市にある。

円であることを考えると、1往復するだけで充分、元がとれる。また青春18きっぷが販売されている期間は、おれんじ18切符を販売している。おれんじ18切符の値段は2000円であるが、子供用は設定していない。この乗車券を購入するには、当日有効の青春18きっぷを見せなければ、販売してもらえない。さらに65歳以上の高齢者を対象とした「いきいきシルバー定期券」を販売している。同定期券には、1か月、3か月、6か月用があり、割引率は通学定期券と同様に8割であるが、購入時には免許証や健康保険証など、年齢の分かるものを提示しなければならない。

その一方で肥薩おれんじ鉄道は、少しでも利用者が増加して活性化することを願い、肥薩おれんじ鉄道友の会という応援団を設立した。そのため事務局は、肥薩おれんじ鉄道の本社内に設けている。会員になるには会費が必要だが、1年会費は1人1000円で3年会員は1人3000円である。会員になると、「会員証」だけでなく、肥薩おれんじ鉄道が半額で利用できる「ご乗車優待券」が1年会員は2枚、3年会員は8枚もらえる。その他として友の会指定の店舗では、割引やドリンクのサービスがある。

このように肥薩おれんじ鉄道友の会という応援団などを組織して、活性化を試みているが、2008年度（平成20）以降は早くも積立金の取り崩しが始まった。そこで少しでも増収を図るため、車体に広告を掲載している（図5－24）。

九州新幹線の長崎ルートは、並行する長崎本線の貨物列車が佐賀県の鍋島までしか運行していないことから、架線を外して非電化運転になることが決定している[10]。たとえ変則的な形態とはいえ、20年間は並行在来線をJR九州が運行することで決着した。肥薩おれんじ鉄道は、普通運賃や通勤・通学定期券が値上がりしたうえ、夜9時以降の運転本数の削減や運賃の細切れ化などで利用しにくくなり、結果として長崎ルートの沿線の自治体はゴネ得となった。それゆえ肥薩おれんじ鉄道沿線の自治体からすれば、JR九州が鹿児島ルートと長崎ルートで不平等な対応をしたことに不満を持っている。

開業前から地元では、優等列車が全廃になったことで鉄道存続も危ぶまれていた。開業初年度の2004年度（平成16）でさえ、1日の平均利用者は6682人であり、その後利用者は減少傾向にある。そのため1000人未満の旅客輸送密度と1日6本程度の貨物列車では、すぐに経営的にも行き詰まると考えられている。東京から鹿児島方面へ向かう貨物列車は、商店などに納品する雑貨を輸送している。一方、鹿児島から東京へ向かう貨物列車は、焼酎は通年輸送しているが、春先は鹿児島県の離島などから収穫されるじゃがいもを輸送しており、川内からは印刷用の製紙や冷凍された鶏肉を輸送している。鶏肉の輸送は、コンテナに発電機を内蔵した冷凍コンテナを使用する。

普通運賃であるが、肥薩おれんじ鉄道の運賃はJR線時代と比べて1・2倍となり、八代－川内間を利用すると、金額に換算して500円程度の値上げとなった。八代および川内でJR線に乗り継ぐ際には、運賃も細切れになってしまった。そのうえ、通学定期券は大幅に値上がりした結果、冬場に雪が積もらない南九州地方では、自衛のため高校生がバイク通学やマイカー家族送迎に移行した。熊本県や鹿児島県では、国鉄の分割民営化後はローカル線が廃止されたことで公共交通空白地域が生じるようになったこともあり、通学手段がないため50CCに限り、バイク通学を許可している高校が多い。一方、夜9時以降のダイヤが減便や運転区間の縮小などで不便になり、通勤客が自家用車に移行してしまった。将来的には、肥薩おれんじ鉄道に並行して南九州自動車道が開通する予定である。そうなると現在は八代－阿久根、阿久根－川内など新幹線の恩恵に享受しない地域の移動に肥薩おれんじ鉄道を利用している人も、自家

図5-24　経営が厳しいため、車体に広告を掲載している。

図5-25　沿線は風光明美な海岸線が続く。

用車へシフトすることになる。その結果、少子化で少なくなった高校生の通学と高齢者の通院にしか存在意義が見出せなくなる可能性がある。

肥薩おれんじ鉄道は、旅行業務に力を入れており、その収入を増やす努力を行っている。自社の列車を活用した旅行を企画すれば、利用者は確かに増える。抜本的に肥薩おれんじ鉄道を活性化させるには、東京・大阪－鹿児島中央間の寝台特急や、昼間に博多－鹿児島中央間を直通する在来線特急の復活、トラックから鉄道への貨物のモーダルシフトを促進させることが不可欠である。寝台列車（特急）を復活させるとしても、従来の寝台特急「はやぶさ」「なは」ではなく、「カシオペア」のような豪華寝台列車でなければ、全くといっていいほど見向きもされないだろう。貨物のモーダルシフトは、熊本県や鹿児島県だけでなく、沿線自治体の協力が不可欠である。また沿線は風光明美な海岸沿いを走行することから（図5－25）、トロッコ列車などのイベント列車を運行することも検討する必要がある。以上のようなアイデアを実現するには、民間人社長が望ましく、他の第三セクター鉄道と同様に社長を公募するようにすればよいだろう。

九州新幹線全通と、大阪－熊本、大阪－鹿児島便の変化

２０１０年（平成22）12月10日にJR九州は、２０１１年（平成23）３月12日に全線で開業する九州新幹線の鹿児島ルートの普通運賃と特急料金を、国土交通省に申請した。山陽新幹線は国鉄時代に完成していたため、東海道新幹線と乗り入れを行う際も、通算の運賃・料金が適用された。だが今回の九州新幹線は、国鉄の分割民営化後に完成した新幹線であるうえ、全線がJR九州の管轄となるため、博多で特急料金やグリーン料金が細切れになる。

特急料金であるが、新大阪－博多間は６２６・７キロであるため、通常期の特急料金（指定席）は４７３０円であるが、博多－鹿児島中央間は２８８・９キロと新大阪－博多間の距離の３分の１程度であるにもかかわらず、通常期の特急料金は４３００円と割高である。その結果、新大阪－鹿児島中央間の特急料金は９０３０円となる。新大阪－

鹿児島中央間は、ほぼ東京－広島間の距離に相当するが、その際の通常期の特急料金は6710円となるため、新大阪－鹿児島中央間の特急料金がいかに割高であるか実感する。

JR九州のグリーン料金は、他社よりも割安に設定されていたため、今回は新たに新幹線用のグリーン料金を設定した。博多－鹿児島中央間でグリーン車を利用する際は、新大阪－博多間は国鉄時代から踏襲している800キロまでのグリーン料金が適用されるため、6300円である。そこにJR九州が新たに設定した新幹線用のグリーン料金3000円が加わり、合計で9300円となる。博多で細切れにならなければ、800キロ以上のグリーン料金が適用されて7800円である。今後は、北海道新幹線や北陸新幹線の金沢開業が控えている。北海道新幹線の場合は、新青森以北はJR北海道の管轄となる。北陸新幹線の場合も、上越（直江津）より西はJR西日本の管轄となるため、境界の駅で特急料金やグリーン料金（グランクラスも含む）が、細切れになる可能性が高い。先ほども述べたように、国鉄時代のグリーン料金自体が時代にそぐわないところに、さらに細切れになるのでは利用しづらい。長距離客には、サービス上からもグリーン車（グランクラスも含む）を利用しやすくするべきであり、距離による通算料金としてほしい。「みずほ」「さくら」のグリーン車が半室になったのも、そのような料金設定に原因があるように思える。N700系7000番台のグリーン車は、JR西日本が主導で内装をデザインしたため、車内は落ち着いている。普通車指定席の車内はまぶしくて、目がチカチカしたぐらいである。

それでも普通車に関しては、東海道・山陽新幹線では「のぞみ」に相当する速達型の

表5-6　鹿児島中央と各都市間の新幹線と航空機の運賃・料金および所要時間の比較一覧。

輸送モード		博　多	新大阪	東　京
新幹線	運賃・料金	10,170円	21,600円	29,650円
	所要時間	1時間20分	3時間45分	直通ナシ、乗り換えると6時間半－7時間
航空機	運　賃	18,600円	26,800円	39,000円
	所要時間	45分	1時間15分	2時間

出典：JTBの時刻表およびJAL、ANAの時刻表をもとに作成

「みずほ」の場合、航空機との競争を意識している。鹿児島中央－新大阪間の運賃・料金は、航空機の普通運賃である２万６８００円よりも５２００円安い２万１６００円である。九州新幹線に直通するＮ７００系の普通車指定席は、２－２の横４列座席でシートピッチが１０４０ミリとゆったりしているため、グリーン車に近い居住性を誇る。ゆえに座席の座り心地では、新幹線の方が優れている。

　博多で細切れになる特急料金・グリーン料金だけでなく、ＪＲ九州管内で新幹線から在来線の特急に乗り継いだ際に在来線の特急料金が半額になる乗り継ぎ割引が、２０１１年３月11日を最後に廃止された。新青森では、函館行き特急「白鳥」への乗り継ぎ割引は継承されているが、北海道新幹線として２０１５年（平成27）に新函館開業時にも、乗り継ぎ割引が継承されることを願いたい。

　表５－６に、鹿児島中央－博多、新大阪、東京間の新幹線と航空機の運賃・料金、所要時間の比較、表５－７に熊本－博多、新大阪、東京間の新幹線と航空機の運賃・料金、所要時間の比較をまとめた。

　『鉄道ジャーナル』２０１１年７月号のＲａｉｌｗａｙ Ｔｏｐｉｃによれば、開業から３日間の利用者の合計を報告している。それによると、博多－熊本間の下りが３万３３００人（初日は１万４０００人）であり、上りが３万０５００人（初日は１万２８００人）であった。九州新幹線の開業前日に東日本大震災が発生したことに伴い、３月12日に予定していた祝賀関係の行事は自粛されたこともあるため、ＪＲ九州が予想したよりも下回ったことは否めないが、それでも対前年比で見ると、下りが１２４％増加し、上りが１１８％も増加している。

表５-７　熊本と各都市間の新幹線と航空機の運賃・料金および所要時間の比較一覧。

輸送モード		博　多	新大阪	東　京
新幹線	運賃・料金	4,990円	18,320円	26,370円
	所要時間	33分	2時間59分	直通ナシ、乗り換えると5時間半－6時間
航空機	運　賃	就航なし	26,800円	36,800円
	所要時間		1時間10分	2時間

出典：JTBの時刻表およびJAL、ANAの時刻表をもとに作成

一方の熊本－鹿児島中央間であるが、下りが2万0300人（初日は8800人）であり、上りが2万人（初日は7700人）であった。この数値は、対前年度で見た場合は下りで157％増加し、上りは161％も増加している。

2011年7月30日発行の『週刊ダイヤモンド』によれば、開業から3か月の実績は、博多－熊本間の利用者数は2187万人であり、対前年比で見ると35％増加である。熊本－鹿児島中央間の利用客数は129 3万人であり、対前年比で62％の増加となった。新大阪から直通する「みずほ」「さくら」の博多－熊本間の乗車率は61％と検討しているが、各駅に停車する「つばめ」の乗車率は、西鉄や九州産業交通などの高速バスの価格攻勢の影響もあり、23％と低迷している。そこでJR九州は、博多－熊本間を指定席で往復が可能な「ビックリつばめ2枚きっぷ」を5500円で販売している。この企画切符には、博多駅ビルの1500円分の商品券まで含まれているというから、いかに割安であるかが分かる。

表5－6より、新幹線の博多－鹿児島間の所要時間が1時間20分に短縮されたということは、いずれは福岡－鹿児島間の航空機は全廃になるだろう。鹿児島空港は、図5－21（154ページ）で示すように鹿児島市から遠く離れている。傍らを肥薩線が通っているが、空港アクセスとして活用されておらず、リムジンバスが市中心部まで50分で結ぶ（図5－26）。

図5－26　鹿児島空港と市内（鹿児島中央駅）を結ぶリムジンバス。

また新幹線「みずほ」は新大阪－鹿児島中央を3時間45分で結ぶということは、大阪市内－伊丹空港間や鹿児島市内－鹿児島空港間の移動時間を加味して考えると、大阪－鹿児島間では両者は拮抗する可能性がある。

〔注〕

（1）佐久平駅の名称紛争はこれに端を発する。

（2）空港整備計画の歴史であるが、１９６７年（昭和42）から第1次空港整備計画が始まった。１９７０年（昭和45）には、受益者負担による整備が望ましいという理由から、空港整備特別会計が設置された。１９７１年の第2次空港整備計画からは、一般会計に代わり空港整備特別会計が用いられるようになる。空港整備特別会計の財源は年々拡充され、１９７６年（昭和51）から始まる第3次空港整備計画では、地方空港の整備によるネットワークの整備に重点が置かれた。松本空港は１９６５年に開港していたが、１９８１年から始まる第４次空港整備計画では、地方空港のジェット化に伴う整備も重点的に行われるようになり、地方空港もジェットの時代を迎えた。

（3）この当時の松本空港は、松本－大阪（伊丹）、松本－福岡、松本－札幌（新千歳）以外に、松本－広島、松本－仙台、松本－大阪（関空）の3路線を定期便として運航していた。これらの3路線は廃止されたが、当時は年間で6万１５０５人の利用があった。松本－大阪（伊丹）、松本－福岡、松本－札幌（新千歳）の3路線だけを見ると、ピークは１９９５年（平成7）であり、年間で22万３０７３人が利用していた。

（4）堀内重人『ブルートレイン誕生50年―20系客車の誕生から、今後の夜行列車へ―』（クラッセ）を参照されたい。

（5）急行「きたぐに」は、２０１２年（平成24）3月のダイヤ改正から臨時列車に格下げされた。

（6）しなの鉄道の、徹底した合理化の推進、適正な運賃改定の実施および根本的な支援策等を審議し、中長期的な視点に立った経営改善案を策定する必要性から組織され、十数回の審議が実施された。

（7）しなの鉄道の経営目標、経営改革の監理、経営陣の評価を審議・決定し、それに基づき県知事に意見を述べるもので、メンバーは民間から5名が選出された。

(8) 上下分離を含む公的支援は、県財政が苦しいという理由から県としなの鉄道の共同保有となり、補助金は2002年度予算では認められず、評価委員会で抜本的に再検討することが求められた。

(9) 線路保守費を支援するレールサポーター、車両保守費を支援するトレインサポーターの2種類で、共に会費は新規1年会員13000円、3年会員は3万円となる。

(10) 長崎本線は、海岸沿いを走行することが多く、貨物列車も運転されないのであれば、架線や碍子などが塩害で損傷しやすい電気運転を行うよりも、気動車で運行した方が維持・管理費が割安となり、メリットが大きい。

第6章　航空事情の変化と運賃、利便性

1　規制緩和による格安航空会社の台頭

なぜ規制緩和?

日本の航空業界も規制の強い産業であった。1970年（昭和45）に閣議で了解され、1972年（昭和47）に運輸大臣（現・国土交通大臣）の通達により、航空会社の事業範囲の規制を行った。俗にいう「45・47体制」であり、JALは国際線と国内幹線、ANAは国内幹線とローカル線、TDA（後のJAS）はローカル線というように、事業範囲が規制された。そして「免許制」により、新規参入の規制を行うと同時に認可制の運賃・料金を採用した。これは過当競争を防ぎ、航空会社の経営を安定させることで、航空事故や企業倒産を防ぎ、安定した供給を図ることが目的であった。そのため地方路線の赤字は、幹線の利益で不採算路線の損失を補填する内部補助により、ユニバーサルサービス（ネットワークの維持）を提供することが望ましいとされた。そこで各航空会社が国内航空運賃・料金を設定したり変更したい場合は、旧運輸省の認可が必要であった。

ところで日本が「45・47」体制による規制の強化を行った頃、米国では航空業界の規制緩和に向けた動きが起こりつつあった。1976年（昭和51）に大統領に就任した民主党のジミー・カーターは、1978年（昭和53）に航空業界の規制緩和を実施した。規制緩和に実施に伴い、米国では利用者が大幅に増え、平均運賃は著しく低下した。そして大手航空会社は路線網を再編し、ハブ&スポーク型のネットワークを形成した。そのため当初心配されていた不採算路線からの撤退が起こらず、新しいネットワークのスポークに一部になった。その一方で、CRSによるコンピューター予約システムやFFP（= Freqent Flyer Program）が導入され、これにより航空会社の合併・吸収が行われた結果、寡占化が進んだ。

その影響もあり、1985年（昭和60）に運輸政策審議会の中間答申が出され、日本の航空業界も規制緩和の方向に進むことになり、まずは１９８６年（昭和61）に「45・47体制」が崩れ、ＡＮＡが国際線に進出するなど（図６－１）、３社の事業分野の棲み分けが解消された。

だが参入規制が緩和されず、かつ運賃に対する規制も緩和されなかった。それゆえお互いの機内サービスなどを競争するヤードスティック的な競争は実現したが、運賃などは事業者間の競争に発展しなかった。ヤードスティック競争とは、地域独占の事業者間で間接的な競争を生じさせ、経営効率化を促すための競争である。わが国の航空運賃は「認可制」であり、「同一距離・同一運賃」が原則であり、正規運賃の割引は認められていなかった。

ところが１９９５年（平成7）12月22日からは、上限価格と下限価格という幅の中で、多様な運賃設定を可能とする「幅運賃制度」が導入された。航空業界の規制緩和が実施されたことに伴い、運賃に対する規制が「認可制」から「届出制」に緩和された。これにより各社一律であった航空運賃も、各事業者の裁量により、早割・特割などの割引運賃の導入が可能となったが、新規参入に対する規制の緩和は、羽田空港や伊丹空港の発着枠の問題から見送られた。

１９９０年代半ばに実施された運賃規制の撤廃は、従来の横並びだった航空運賃が、航空会社の裁量で割引運賃の設定を可能にしたり、それによる経営効率化という面で効果があった。そこで１９９０年代後半になると、競争の促進には新規参入を促すことが不可欠となった。それの足かせになってい

図６-１　バンコク・ドンムアン空港に到着したＡＮＡのＢ767。

たのが、羽田空港の発着枠の問題以外に需給調整規制であり、１９９６年（平成８）には当時の運輸省は航空法を改正し、需給調整規制を撤廃する方針を発表した。そして２０００年（平成12）２月１日からは、１９５２年（昭和27）に制定された航空法の内容を抜本的に改正し、経済的な規制の撤廃を定めた「改正航空法」が施行された。航空機のライバルである鉄道事業も、２０００年３月に改正鉄道事業法が施行されているため、この時代になると市場原理に任せる傾向が強くなる。

「改正航空法」の要点は以下の３点に集約される。

①運賃設定の自由化

②需給調整規制の撤廃

③整備などの委託業務の「許可制」化

実を言うと、２０００年の航空法の抜本改正される以前からも、新規参入の企業はあった。それは１９９８年（平成10）３月に羽田空港の新Ｃ滑走路の供給に伴い、発着枠が増加したことにより、その際に増加分のうちの６枠分は、政策的に新規参入の事業者に配分されることになった。これにより同年９月にスカイマークエアラインズ（現・スカイマーク）が羽田－福岡線に、同年12月には北海道国際航空（エア・ドゥ）が羽田－千歳線に参入している。わが国で航空市場に新規参入が行われたのは、実に35年ぶりであったが、この２社の新規参入は管理された参入であり、米国のように多数の航空会社が多数の路線に参入したこととは、状況が大きく異なる。

航空法が抜本的に改正される以前にも、１９９７年（平成９）に新規参入の企業にとれば、機材の整備業務は初期投資の負担が大きいため、これを他の事業者へ委託することを認める一部改正を実施している。これは競争促進を図るための法律の一部改正であった。

航空法の改正

航空法は航空機の航行の安全だけでなく、航空機の航行に起因する障害の防止などを目的に設けられた法律である。この法律では、航空機の確実かつ安全な飛行を確認するための「耐空証明」が必要であることや、操縦に関する免許の種類、免許を保持するために必要条件、航空路や飛行場の安全施設、機長の権限、違反した場合の罰則などが定められている。

航空事業を取り巻く環境の変化に伴い、当時の運輸省は１９８６年（昭和61）に「45・47体制」を見直す規制改革の実施に踏み切った。１９９０年代に入ると、参入規制と運賃規制に対しても、規制緩和が実施されるようになった。運賃に対する規制は、第一段階として１９９５年（平成７）12月には、幅運賃制度が導入される形で緩和された。従来は標準原価を決定するにあたり、旧運輸省は各路線ごとに空港の発着料や駐機料などの経費に関する資料を提出させ、それをもとに回帰分析を行って標準原価を設定していた。幅運賃が導入されると、標準原価が運賃設定の上限となった。航空会社は、上限運賃を超えた設定はできないが、それよりも割安な運賃であれば、上限運賃よりも25％割り引いた運賃の設定が可能となった。また割引運賃を設定する場合、割引率は普通運賃の50％までという規制は残った。

ただ航空の場合は鉄道とは異なり、路線長が長いほど費用に対する効率が良くなるうえ、経由便よりも直行便の方が効率が良くなる特徴があり、鉄道と同様に費用と距離の関係を扱ってよいかどうか疑問があることも確かである。

欧州では米国よりも15年遅れて１９９３年（平成５）１月に、航空業界の大幅な規制緩和が実施されたが、他国などの航空会社が自国内およびエリア内を運航することを禁じたカボタージュは、この段階では認められていた。欧州でカボタージュが撤廃されたのは１９９７年（平成９）であるが、日本では２０００年（平成12）の航空法の改正で需給調整規制は撤廃されたが、カボタージュは撤廃されていない。

日本では２０００年２月１日から改正航空法が施行され、参入規制と運賃設定に関する二つの規制は撤廃された。

新規参入に関しては、従来の路線ごとの免許制から、事業ごとの許可制に規制が緩和されたため、スカイネットアジア航空（ソラシドエア）、スターフライヤーが新規参入を行っている。またレキオス航空は、沖縄発着の航空運賃が割高であったため、それを是正する目的で沖縄県の経済界などの有志が集まり、航空会社を設立した。そして2002年（平成14）に運航を開始するための「許可」を国土交通省に申請していたが、株式の第三者割当増資などが思うように進まず、資金が集まらなかったため機材がリースできなかった。その結果、経営が行き詰まり2003年（平成15）8月に民事再生法の適用を申請せざるを得なくなった。

だが2004年（平成16）1月に申請が棄却され、同社は同年2月に破産法を申請したように、航空会社の設立に対するハードルは依然として高いと言える。

筆者は、『鉄道・路線廃止と代替バス』や『廃線の危機からよみがえった鉄道』でも書いたが、需給調整規制が撤廃され、市場原理にゆだねる傾向が強くなったということは、不採算路線からの撤退も容易になるということでもある。特に離島航路などは赤字必至であり、米国や英国、フランスでは不採算であるが生活上必要な路線として公的資金で補助を行っているが、日本ではこうした制度は不十分である。そこで改正航空法が施行されても、欧州と同様に地方路線の存続を図るため、国土交通省（当時は運輸省）に社会的規制の権限が残されているが、どのような状況になれば行政が介入するのかという具体的な基準は明確に示されていない。

運賃に関しては事前に届出をすれば、各航空会社が設定したい運賃が設定できるようになった。幅運賃の撤廃により、割引率も自由化の方向に向かうようになった。またJALが最初にインターネット割引[1]を打ち出すなど新たな形態の割引や販売方法が生まれたため、法的解釈に従えば航空産業の規制改革は達成されたこととなるが、旧運輸省は航空会社が原価を下回る水準の運賃を設定した場合は、業務改善命令を出すことができるため、米国型というよりは欧州型に近い規制緩和が行われたことになる。

新規参入や運賃・料金に関する規制だけでなく、整備や運航に関しても述べなければならない。

航空機の運航や整備に関しては、米国で規制緩和が実施され、激しいコスト競争に勝ち抜くため、賃金の引き下げや人員の削減以外に、整備などを外注化してコスト削減を進めた。その結果、整備の品質が低下した以外に事故も増加した。そこで日本でも業務の受委託に関する規制が強化され、国土交通大臣（当時は運輸大臣）の認可を受けなければならなくなった。また航空機の技術的な進歩だけでなく信頼性の向上により、整備の業務も保守を中心としたものに変わったことも加味して、「航空運航整備士」という資格を新たに設け、保守と軽微な修理に対しては、事後確認を行うようにした。

それ以外に従来は最大離陸重量により、一等、二等、三等に分類されていた航空整備士の資格を「耐空類別」で用途別で分類するように変更している。これにより航空整備士も一等、二等となった。航空運航整備士も一等、二等に分類されており、背景として最大離陸重量や積載重量を増やすためにダッシュ型などの派生型が増えたことが挙げられる。ダッシュ型は、システム面では従来型と同じだが、重量が異なるために同じ整備士では扱えないため、整備に対する効率が悪くなっていた。

日本の規制緩和と米国の規制緩和を比較すると、日本では米国のようなハブ＆スポークが形成されなかった。これは国土が南北に長いうえ、幅が１００～２００キロ程度しかない所に新幹線や高速道路が整備されており、ハブ＆スポークによる乗り継ぎを行えば所要時間が伸び、新幹線との競争が不利になるためである。

東京－大阪線にシャトル便の就航

改正航空法が施行された大きな変化として、２０００年（平成12）７月１日から東海道新幹線との競合が激しい東京（羽田・成田）－大阪（伊丹・関西国際・神戸）線において、ＪＡＬとＡＮＡ、ＪＡＳ（現・ＪＡＬ）（図６－２）の３社が協力して、シャトル便の運航を開始したことが該当する。シャトル便とは、大都市間を高頻度でかつ低運賃で結び、事前予約なしで搭乗できる航空便である。元来、東京－大阪線は、距離が短いこともあり、燃料消費に占める離発着時の割合が高いため、収益性の良い（燃料効率の良い）路線ではない。シャトル便の設定は、関西の自治体（府県）と財界の要請が発端であり、これに応じるために航空3社が計画を行い、旧運輸省が支援を行うことで実現した。

当時は、東京－大阪間の旅客シェアの8割以上が新幹線を中心とした鉄道が担っていた。東京－大阪線は、利用者の大半がビジネス需要であるため、これらの需要を直接、つかむことができる。情報化時代が進展してインターネットが発達しても、質の高い情報を伝達するとなれば、直接会って自分の口で伝える必要がある。そのため航空機のような高速交通の必要性が増す。

そこで関西の自治体や財界としては、東京－大阪線の利便性を高めて新幹線に対する競争力を増し、航空需要を高めたかった。シャトル便の利便性を向上させるため、3社共同のホームページを利用することにした。そして乗客の予定などにより、他の航空会社へ変更するエンドース（裏書）という行為が可能な運賃を導入し、3社共通の受付カウンターを設けるなどの対応を行った。

シャトル便の起源は、米国で1950年代にニューヨーク（ラガーディア空港）－ワシントンD．C．（ロナルド・レーガン・ワシントン・ナショナル空港）やニューヨーク－ボストン、ロサンゼルス－サンフランシスコなどの大都市間で、事前の予約がなくても搭乗が可能な高頻度便が、相次いで運航開始したことが元祖であると言われる。その基本は、人が集まり次第、順次飛

図6-2　関西国際空港に着陸するＪＡＳの特別塗装機。

ばすということである。これらの便は、単一の航空会社により運航され、定員が150～160人程度の小型機や中型機が使用される。そしてゆったり搭乗してもらうため、搭乗率が50～60％となるようにしたく、意図的に3人掛けの座席を2人掛けとして使用する。

シャトル便の主な顧客は通勤客を含むビジネス客であり、朝や夕方などの繁忙期は10～15分間隔で運航される。また深夜などのオフピーク時でも、1時間程度の高頻度でほぼ24時間運航され、かつ事前予約なしで搭乗できる。オーバーフローした乗客に対しては、デルタ航空などは臨時便を設定して対応する。それゆえ臨時便のためのクルーを配置している。

ほとんどの路線の飛行時間は1時間程度と短く、自家用車や都市間バス、鉄道（アムトラック）などと競合する。そこで低運賃を実現するため、エコノミークラスだけのモノクラスとし、飲み物程度の機内サービスしか実施しない。このサービススタイルは、やがてサウスウエスト航空が継承し、欧州や日本の航空会社にも普及する。また経費削減の観点から搭乗券のペーパーレス化が進んでいる。米国のシャトル便は、日本で言うところの新幹線やL特急的な感覚である。

日本でシャトル便の運航が開始したと言っても、表6－1で示すように運航頻度や運賃、利便性の点で米国やブラジルのそれとは程遠い状態である。米国やブラジルでは、B747のようなジャンボ機に70％以上の乗客を詰め込むようなことは行わない。

当時の日本では、JASはJALやANAと比較すると経営基盤が脆弱であったため、航空会社間で体力に格差があった。そして乗客の利便性も考慮して、運賃の共通

表6－1　日米におけるシャトル便のサービス比較。

	日　本	米　国
運行頻度	1日あたり35往復	繁忙期は10－15分間隔、 閑散期は1時間間隔
機　材	B747－400、B777などのワイドボディ機	B737、B757などの小型～中型機
運航形態	共同運航	単独運航
運航開始時期	2000年7月	1950年代
搭乗率	70％以上	50～60％

出典：各種文献をもとに筆者が作成

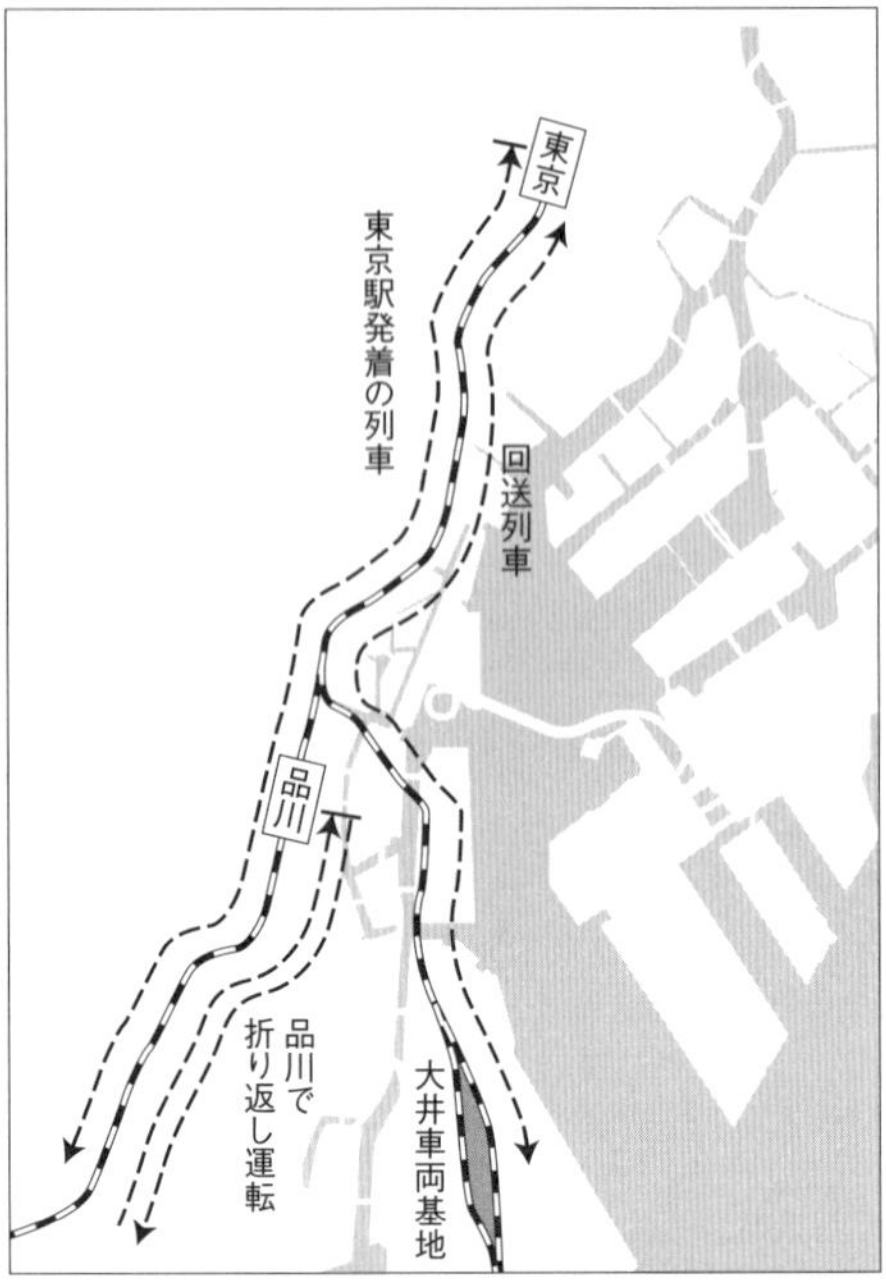

図６-３　品川に駅を造って折り返し列車を設定すれば、増発が可能（実際には品川着発の折り返し列車は今のところ設定されていない）。

化と裏書きが可能な運賃を実施したが、「独占禁止法に抵触するのではないか」という指摘も出た。

　これに関して井手秀樹は、「航空事業の制度改革と競争環境の整備」（『運輸と経済』２００１年８月号）で、「大手３社の行為は、結果的に規制緩和が導入される以前の同一路線・同一価格に逆戻りである。運賃が３社で同一であるからといって、ただちに価格カルテルとはいえないが、問題となる行為である」と指摘している。

　ただ割引率で大きな差があると旅客数の取り分が異なるため、３社間の利害が対立してスケジュールの調整が行いにくくなる。当初のシャトル便の片道航空運賃は１万４５００円であり、新幹線「のぞみ」の正規運賃・指定席料金の合計額は１万４７２０円であったが、指定席の割引回数券が１万２６９０円であった。そのためシャトル便の片道航空運賃は、価格的に「のぞみ」の正規運賃・指定席料金の合計額と大差がなくなった。それならば頻繁に東京－大阪間を移動する旅客にとれば、マイレージがもらえる航空機を利用する価値は上がった。

　その間、ＪＲ東海は割引運転の設定よりも品川新駅を開業させ、「のぞみ」の増発を行うことによる新たな需要の取り込みと、全車座席指定であった「のぞみ」に自由席を設け、乗り心地に問題があった３００系から、７００系やＮ７００系に車両を置き換えるなどの対策を採った。東海道新幹線は慢性的に混雑していたが、東京－品川間には車両基地（東京第一および第二運転所）へ回送される列車も運行されていることから、増発は難しかった。そこで品川に新駅を造れば、増発が可能になるだけでなく（図6－3）、品川周辺部の乗客も拾うことができる。

航空各社がシャトル便の運航を開始した結果、東京－大阪間の旅客輸送に占める航空の割合は、最近では約33％になった。シャトル便の運航が開始された当時は約22％であったが、大阪モノレールの伊丹空港への乗り入れや、京浜急行電鉄の羽田空港への乗り入れが実現するなど、都心部から空港へのアクセスが格段に向上したこともあり、この10年で大幅に伸びたと言える。

その後、ＪＡＬがＪＡＳを吸収合併したことに伴い、ＡＮＡとＪＡＬの2社間の競争が激しくなり、現在は協調したサービスを広げることには消極的になっている。

2　日本航空の経営破綻がもたらしたこと

日本航空と日本エアシステムの経営統合

ＪＡＬとＪＡＳの両社は、２００１年（平成13）11月に共同持ち株会社を設立して統合を行うことで、基本的に合意した。ＪＡＬは、１９９０年代に入ると国際競争の激化や２００１年9月11日のアメリカの同時多発テロの影響もあり、国際線の経営不振は続いていた。

一方のＪＡＳは、地方ローカル線の慢性的な赤字の累積により、経営不振の窮地にあった。ＪＡＳは旧ＴＤＡ時代から経営面で脆弱であり、この会社をいかに救済するかが、絶えず問題になっていた。ところがバブル崩壊により、ＪＡＳの親会社である東急グループの経営が悪化したうえ、２００１年9月11日の同時多発テロにより、航空需要が急激に落ち込んだ。そのためＪＡＳとすれば、どこかに助けてほしかったのである。

一方のＪＡＬからすれば、ＪＡＳと統合すると、羽田空港の発着枠が大幅に増えるため、国内線を充実させることが可能になる。このことはＡＮＡに対する競争力の強化以外に、国際線と国内線の円滑な乗り継ぎの実現により、外国の航空会社に対する競争力の強化にも繫がる。

そこで両社を統一して、国内航空輸送の効率化とネットワークの充実、国際競争力の強化を目指すことになった。ＪＡＬとＪＡＳの経営統合は、２００４年（平成16）４月１日に持ち株会社となる形で実施された。傘下のＪＡＬは日本航空インターナショナル、ＪＡＳは日本航空ジャパンになった。そして２００６年（平成18）10月１日に、傘下の持ち株会社である日本航空ジャパンが日本航空インターナショナルに吸収合併させる形で統合が完了した。これによりネットワークの充実だけでなく、重複した設備投資を削減する効率化に対しても、期待が持たれていた。

だがＪＡＬとＪＡＳの経営が統合されるということは、大手３社体制による寡占市場が、ＪＡＬとＡＮＡによる複占市場になるうえ、羽田空港や伊丹空港の発着枠の制約から新規参入が生じにくいことから、ＪＡＬとＡＮＡの間で価格競争が回避される可能性が高くなる。１９９５年（平成７）に幅運賃制度が導入された後も、大手３社による寡占市場であったため、割引運賃もほぼ同一水準で同一条件の同調的な運賃設定が見られたこともあり、その点が心配された。

ＪＡＬとＪＡＳの統合に対しては、ＡＮＡは最初から断固反対の立場であったが、国土交通省は承認の立場であり、公正取引委員会も最初は静観していた。

ところが２００２年（平成14）３月15日になってようやく、公正取引委員会は重い腰を上げた。

公正取引委員会がＪＡＬとＪＡＳの経営統合に難色を示したのは、以下の４点の理由からである。

①大手３社による寡占市場が、大手２社の複占市場に変わることで、従来から同調的であった運賃設定の構造がさらに促進され、利用者の不利益に繫がる恐れが高い。

②就航する航空会社の数が減少すると、特定便割引運賃が全便に設定される割合だけでなく、その割引率も引き下げられる可能性が高い。

③羽田空港や伊丹空港の発着枠の制約から、新規参入がほとんど期待できないため、競争による航空運賃の値下げ

が期待できない。

④旅行事業者は、航空会社に対する価格交渉能力を有するが、一般の消費者（利用者）は航空会社の提示した運賃を受け入れざるをえないため、一般消費者が不利益を被る可能性が高い。

公正取引委員会の指摘に対し、ＪＡＬとＪＡＳは、２００２年（平成14）10月に羽田空港の発着枠の9便分を国土交通省に返上している。それでも競争が促進されない場合は、さらに3便分を上限として国土交通省に返上するとしていた。筆者の考えとしては、この程度の発着枠の返上で競争環境が整備されるとは思わない。事実、スカイマークやエア・ドゥは、羽田空港の発着枠の少なさが原因で経営面で苦戦を強いられることになり、エア・ドゥは東京地裁に民事再生法の適用を申請している。

運賃面に関しては、主要な全路線の運賃を一律で10％引き下げると同時に、最低でも3年間は値上げをしないとした。また特定便割引や事前購入割引運賃も、ＡＮＡと競合する主要な全路線はもちろんであるが、経営統合によりＪＡＬが単独運航となる主要な路線についても、全便で設定するとした。その水準も、統合前の3社で競合している路線に設定されている割引率を適用するとした。

統合されたＪＡＬが単独運航する路線にも割引運賃が設定されることは、一般の消費者（利用者）には望ましいが、スカイマークやエア・ドゥなどの新規参入の格安航空会社にとれば、経営が圧迫される危険性がある。

それでもＪＡＬとＪＡＳが具体的な改善策を出したため、公正取引委員会はこれを評価し、両社の経営統合を承認した。公正取引委員会が両社の統合を承認したため、ＡＮＡは羽田－札幌（新千歳）線や羽田－福岡線などの主要路線を大幅に増便するだけでなく、エア・ドゥだけでなくスターフライヤーやスカイネットアジア航空（ソラシドエア）と共同運航を行うなどの業務提携を行い、ネットワークの充実とマイレージによる顧客の囲い込みを行っている。

ＪＡＬとＪＡＳの合併は行われたが、この両社は全く企業文化が異なっていた。路線に関しては、ＪＡＬは国際線と国内幹線が中心の路線網であるのに対し、ＪＡＳは赤字の多いローカル線とわずかな国際線が中心であり、貨物輸送に対する実績もほとんどなかった。また機材に関しては、JALはB747-400やMD-11などのボーイング系の大型機材が中心であるのに対し、JASはワイドボディ機であっても250〜300人クラスのA300-600Rであり、その他はMD-90などの狭胴機が中心であった。特にJALには、エアバス社製の機材が皆無であったことに加え、機材の種類が大幅に増えたため、整備費や乗務員の訓練コストなどが、増加することになった。

さらにJALには6つの労働組合があり、JASには2つの労働組合があった。それが合併により8つに増えたうえ、JALで最大の労組である日本航空労働組合と、JASで最大の労働組合とでは、活動方針などが全く異なっていた。

機材から路線、そして労働組合までが全く異なる2社が合併したため、経営幹部は8つの労働組合と交渉しなければならず、意思決定の速度は阻害されることになった。

日本航空の経営破綻

JALとJASの統合は、全く企業体質の異なる企業同士の合併であったこともあり、統合しても経営状態が上向くことはなかった。そんな中、2008年(平成20)秋口以降に発生したリーマンブラザーズ証券の破綻による金融危機の影響で、世界経済は未曽有の不況に突入した。特に国際線のビジネス需要と国際貨物需要の急減に伴い、JALは大幅な減収となった。そこで2009年(平成21)6月には、株式会社日本政策投資銀行と民間金融機関から総額1000億円の融資を受けることになった。そして2009年8月の総選挙では、自民党が大敗を喫して民主党の鳩山由起夫内閣が発足すると、JALを再建するため国土交通省直属の「JAL再生タスクフォース」が同年9月25日に発足した。タスクフォースは、当時の前原誠司国土交通相が任命した専門家チームであり、旧産業再生機構の委員長を務めた高木新二郎(現・野村證券顧問)、同専務(現・経営共創基盤取締役)の冨山和彦ら5人のメンバーがいた。

タスクフォースは、4週間かけて売却予定の機材の評価損や企業年金の積み立て不足などを再評価した結果、JA

Lの実質債務超過額が7569億円に達すると試算した。またディスカウンテッド・キャッシュフロー法[2]を用いて企業価値を算定したが、この場合であっても2447〜2793億円の実質債務超過であることが判明した。そこで金融機関に2500億円規模の債権放棄を求める素案を策定したが、金融機関は「とても受け入れられる内容でない」と猛反発したため、タスクフォースと金融機関との折り合いは最後までつかなかった。またタスクフォースは、JALに対する公的資金注入などの必要性に踏み込んだ結果、当時の藤井裕久財務相は、「良識ある有権者、国民が理解できる形でなければ駄目」との発言を行い、政府内部の怒りも買った。金融機関や政府は、優遇されているJALの企業年金の削減を実施するなど、JAL自身に一層の経営努力を要請したため、再建の主導を半官半民の企業再生支援機構に委ねる形で、同年の10月29日に解散となった。

そしてついにJALと日本航空インターナショナル、ジャルキャピタルの関連2社は、2010年（平成22）1月19日に、債務超過を理由に会社更正法の適用を申請し、同日午後5時30分に東京地裁の手続き開始決定を受けた。そこで企業再生支援機構の西澤宏繁社長は、再生支援を正式に決定した。管財人には、同機構と片山英二弁護士が選ばれた。負債総額3社合わせて約2・3兆円と巨額であり、これは金融機関を除けば、企業としては戦後最大の経営破綻となった。

会社更生法の適用では、債権が一律カットされるが、会社更正法の適用と同時に企業再生機構が支援をするという事前調整型の法的整理を行うことになった。史上空前の2・3兆円の負債を抱えて倒産することによる混乱を避けるため、政府（民主党）は航空機の運航は継続することとし、取引債権や顧客のマイレージ、株主優待券を保護するとした。そして金融債権や社債などを会社更生法上の更正債権とした。またジェット燃料や機内食、航空機材のリース料のほか、事業所の賃料や旅行代理店との取引債権も保護され、これらは東京地裁から弁財許可を得ている。

一方、金融債権を中心に7300億円の債権カットが実施される見込みである。企業再生支援機構はJALを含めた関連3社を管理下に置き、3年間支援を行いながら経営再建を目指すことになった。3年で会社を再建するためには、株式を100％減資して上場廃止とするだけでなく、従業員の削減や賃金カット、路線の削減など、抜本的な経営再建計画を策定しなければならない。企業再生支援機構は、日本政策投資銀行とともに6000億円のつなぎ融資枠を設定した。またこれとは別に企業再生支援機構は、公的資金を用いて3000億円の資本注入を行うことで、運航を継続させることにした。企業再生支援委員会の瀬戸英雄委員長は、「6000億円の枠を設けたのは、いかなる事態が起きても対応できるように準備した資金であって、全部を使い切るということではない」としている。

3　格安航空会社の現状と新幹線対策

日本初の格安航空会社「スカイマーク」

航空業界の規制緩和により、新規参入した航空会社の第1号であるスカイマーク（設立当初は「スカイマーク・エアラインズ」）は、大手旅行代理店のＨＩＳ（エイチ・アイ・エス）の社長であった澤田秀雄らが中心になって出資を行い、1996年（平成8）11月に設立された。最初の運航は、1998年（平成10）の福岡－羽田線であった。普通運賃を他社の半額に抑えるため、運航開始した当初は、エコノミークラスだけのモノクラスとすることで機内サービスを簡素化した。機内ではドリンクサービスや機内誌、おしぼり、お菓子の無償提供は行っていたが、シートピッチを詰めて定員を増やしている。その結果、新幹線「のぞみ」を利用するよりも割安になったこともあり、平均搭乗率は80％以上を記録した。シートピッチは、「のぞみ」よりはるかに狭くても、所要時間が1時間半と短く、ドリンクやおしぼり、お菓子のサービスがあるスカイマークを利用したいと考える人もいる。スカイマークも、新幹線などの他の輸送モードからのシフトを考えて始めた運賃半額の戦略であった。

だがそれに脅威を感じた既存の航空会社は、スカイマーク便の前後便の運賃をスカイマークと同一にする対抗策を採った。ビジネスマンは会社から出張経費が出るため、運賃がほとんど変わらないなら既存の航空会社を利用しようとする。結果として、スカイマークは次第に搭乗率を下げ、平均搭乗率が60％を切ることが多くなり、さらに苦しい赤字経営となった。

そこで自社による副操縦士の教育プログラムや、ＡＮＡに委託していた航空機の整備事業やハンドリング業務を、２０００年（平成12）９月からは自社で行うようにした。そして航空運賃の見直しを図り、「シグナスクラス」という上級クラスを導入するなどのサービス向上を行った結果、一時的ではあるが黒字を出すまでになり、２０００年５月31日には東証マザーズに上場している。

だが２００３年（平成15）頃には、累積赤字が１３０億円に達したため、東証マザーズの上場廃止の危機に陥った。そこでインター

表6-2　スカイマークの起こした不祥事の一覧。

日　時	不祥事	国土交通省の対応および処分
2006年３月	抜本的な修理が必要な機体を、期限を９か月過ぎても放置	職員７人による同社専従の特別監査チームを発足させ、抜き打ち検査を実施
2007年４月13日	航空機に整備もれがあり、それを把握していたにもかかわらず運航	スカイマークを厳重注意
2007年11月３日	ギャレーのカートの扉の鍵の閉め忘れにより、ドリンク提供用のカートがギャレーから客室通路に飛び出し、乗客の１人が足を骨折、１人が肩に軽傷を負う事故が発生	
2008年３月	気象レーダーが故障していたにもかかわらず、羽田ー札幌（新千歳）間の４便を、その状態のまま就航させていたことが判明	整備体制の不十分さが指摘される（羽田空港における部品の在庫切れ）
2008年６～８月	乗務員不足により、運休が続出する	運休情報の提供を徹底するよう求めるとともに、パイロットを早急に確保するよう指示。羽田空港内の同社事務所を抜き打ち検査
2010年２月５日	SKY017便で、機長が健康状態に問題があった客室乗務員に対し、「非常時の脱出の際に支障がでる」と判断して、安全上の問題で交代を求めたことに対し、西久保愼一社長が機長判断に介入。機長を交代させて体調不良の客室乗務員をそのまま乗務させていたことが判明した	西久保愼一社長と井手隆司会長の経営トップが国土交通省に呼び出され、「安全運航を脅かしかねない行為」として文書による厳重注意を受ける
2010年３月15日から４月２日まで３週間	副操縦士や機長が飛行中に記念撮影をしていたり、飛行高度の設定ミスなどの問題が発覚	航空法に基づく経営部門も含む特別安全監査を実施

出典：『航空統計要覧』などをもとに作成

ネットプロバイダの株式会社ゼロが増資を引き受け、2003年10月に会長の西久保愼一がスカイマークの社長に就任した。

2005年（平成17）頃からは、表6－2に示すように運航トラブルが続発したこともあり、経営はさらに悪化した。

そこで、2005年10月に経営合理化を柱とする経営方針の転換を行うことになった。機材もこれまでのB767－300ERから、維持・管理費を下げるために狭胴機であるB737－800（図6－4）へ置き換えた。そして2006年（平成18）2月1日には、大幅な運賃・料金の値下げを行う代わりに、機内サービスを大幅に簡素化した。スカイマークのB737－800のエコノミークラスは本革張りであるが、他社のようなオーディオなどは一切設置されていない（図6－5）。

サービスの簡素化はエコノミークラスだけでなく、「シグナスクラス」という上級クラスにも及んだ。「シグナスクラス」は当初、他社の国際線のビジネスクラスなどと同様、ウエルカムドリンクの提供から始まり、食事の時間帯では温かい機内食が提供されたが、「シグナスクラス」の料金値下げに伴い、ミールサービスは断念せざるを得なくなり、サンドイッチなどの軽食になった。

しかしエコノミークラスのドリンクサービスの廃止は、乗客から不評であった。乗客は、有料でもいいからドリンクサービスの復活を望んだ。スカイマークは、ドリンクサービスの適正価格を知りたく、比較的搭乗時間が長い羽田－那覇線で試験販売を行う。その際、提供された価格に対する乗客から大きなク

図6－5　スカイマークの座席は革張りだが、オーディオ設備はない。

図6－4　神戸空港で駐機しているB737-800。ウイングレットに特徴がある。

レームはなかったことから、2007年(平成19)2月1日より機内販売を開始した。現在は、インスタントコーヒーを含めたソフトドリンク、缶ビール、赤・白ワインなどを販売している。ソフトドリンクや缶ビールの価格はコンビニよりも安く、仕入れ原価を回収する程度の価格設定を行っていると考えるべきだろう。さらに希望者には、バスケットに入れたキャンディを無料で配っている(図6-6)。このようにサービスの工夫などにより、廃止された機内サービスの一部が復活したが、「シグナスクラス」は2008年(平成20)で廃止している。

2007年頃から経営は上向き、2008年3月期で黒字を確保した。だが、安全性にかかわる不祥事が続発する。

特に2010年(平成22)2月5日には、考えられない不祥事が発生した。羽田発福岡行きSKY017便で、充分に声が出せない状態にあった客室乗務員に対し、機長は「非常時の脱出の際に支障がでる」と判断して、安全上の問題で交代を求めた。これに対し、西久保愼一社長が機長判断に介入して、機長を交代させて体調不良の客室乗務員をそのまま乗務させていたことが判明した。契約期間が2年間残っていたにもかかわらず、同社はこの機長の雇用契約を即日解除した。西久保社長と井手隆司会長の経営トップが国土交通省に呼び出され、「安全運航を脅かしかねない行為」として文書による厳重注意を受けた。

その後も、副操縦士や機長が飛行中に記念撮影をしていたり、飛行高度の

図6-6　スカイマークのドリンクは有料であるが、希望者には無料でキャンディが提供される。

設定ミスなどの問題が発覚したため、国土交通省は、2010年3月15日から4月2日まで3週間にわたり、航空法に基づく経営部門も含む特別安全監査を実施した。それにもかかわらず、前述の記念撮影問題で諭旨解雇処分となった副操縦士が、約3か月後には、地上職員に再雇用していたことが明らかとなった。そのため有識者からは、「社会を欺いている」などの批判の声が出ている。

地域の輸送を重視する「エア・ドゥ（北海道国際航空）」

1960年代までは、東京－北海道間の旅客輸送は、東北本線と青函連絡船、函館本線を乗り継ぐことが主流だった。そのため一昼夜以上かけて旅行（移動）しなければならなかったが、1970年代になると航空機の利用が大衆化するようになった。その結果、羽田－札幌間の航空路線は、新幹線という強力なライバルが存在しないこともあり、年間輸送人員が1000万人に達する世界一のドル箱路線となった。北海道の経済だけでなく、本州－北海道へのアクセスは、航空に極度に依存する状態になっていたが、大手三社による寡占市場であった。

1995年（平成7）12月に幅運賃制が導入されたが、各社間の価格差は300円ほどしかなかった。そして往復割引制度が廃止されたため、実質的には5000円程度の値上げ状態にあった。

株式会社北海スターチックという養鶏業を営んでいた浜田輝男は、これに憤慨して地元紙に投稿するだけでなく、異業種交流の会合で、「道内経済界で結束し新規航空会社をつくって参入し、大手航空会社に主導権を掌握されている状態を打破して北海道経済の安定化と活性化につなげよう」と北海道内のベンチャー企業などの若手経営者を中心に呼びかけた。

行政改革委員会の規制緩和小委員会では、規制緩和が行われているにもかかわらず、航空業界で実質的に参入規制が行われていることに批判の声が上がった。そこで羽田空港の新規発着枠を、新規参入の事業者に優先的に配分する要請があるなどの追い風もあり、浜田のアイデアは急速に脚光を浴びることになった。

そこで航空会社設立を目指す調査企画会社として、1996年（平成8）11月14日に株式会社北海道国際航空を資本金1430万円で設立した。道民主導の会社が運営することで、利益が地元に還流される構造と、それによる地域振興を目指す立場を貫いた。そのため格安航空券取扱最大手のHISが、新規航空会社を設立する動きがあったが、合流もしなかったし、共同関係も構築しなかった。後ほど説明するがスカイマークとエア・ドゥは、全く経営方針の異なる企業であるため、合流しなくてよかったと筆者は考えている。

1997年（平成9）5月に元バージン・アトランティック航空日本支社長の中村晃を代表取締役社長に迎え、1998年7月には公募により愛称を「Air DO（エア・ドゥ）」に決定した。バージンアトランティック航空は、バージンレコードのリチャード・ブランソン会長が英国に設立した航空会社であり、シンガポール航空と機内サービスナンバーワンの座を争う人気航空会社である。1998年6月には路線免許の申請を行い、当時の運輸省が受理したため1号機の納入を行った。そして1998年7月には、中村晃が会長に、浜田輝男が社長に就任した。1998年10月26日に路線免許が交付され、11月から予約受付を開始した。

1998年12月20日に、羽田－札幌（新千歳）間に第1便を就航することになったが、大手航空会社の半額を目指していた運賃は、経営基盤が脆弱であったことから、大手の6～7割程度に設定せざるを得なかった。就航直後は搭乗率で一時優位に立ったが、大手各社も同程度まで実質運賃を引き下げて対抗したため、1999年（平成11）のエア・ドゥの搭乗率は40～60％程度と低迷した。また就航前の機体リース料などの初期投資、JALに支払っていた整備委託費などの負担が解消しきれないなど、なかなか経営を軌道に乗せることができなかった。

そんな中、2000年（平成12）にカリスマ的存在だった浜田社長が急死した。それ以降は深刻な経営危機的な状況が続いた。このため北海道は巨額の税金を投入するだけでなく、道庁幹部をエア・ドゥの社長として派遣した。さらに北海道電力など道内大手企業も出資に応じた。だが、立ち上げ当初に主力となったJALからの転籍組が去り、航空業界に明るい人材も不在の状態で、経営はさらに迷走することになった。エア・ドゥは、羽田－札幌（新千歳）

線に就航したが、経営が苦しいため幾度となく運賃を値上げせざるを得なかった。新千歳からの道内乗り継ぎ路線がなかったため、エア・ドゥの魅力は低下した。さらなる道への融資依頼を北海道議会に拒否される。そこに政府への空港着陸料の滞納、海外航空機リース会社とのリース料減額交渉の不発も重なる。そのため２００２年（平成14）６月に債務超過に陥った。そこで自力による再建を断念し、民事再生法による再生手続を開始した。

民事再生計画の中でＡＮＡとは、整備だけでなく販売システムの提供に関する支援など、包括提携契約を結んだ。さらにすべての便をＡＮＡとの共同運航便（コードシェア）にすることにより、一定の座席販売（当初は全座席の50％、現在は25％）を肩代わりしてもらい、搭乗率の向上を図った。かつては道民有志による持ち株会が株主だったが、全額減資を行った。そして新たに日本政策投資銀行が組成する匿名組合ファンドが、ＡＮＡや石屋製菓、北海道新聞などから出資を募っている。ＡＮＡからＢ７６７－２００をリースし、２００３年（平成15）９月１日に旭川－羽田線を開設した。このＢ７６７－２００は、２００４年（平成16）にリース期間が満了したため、ＡＮＡに返還された。その後はエアーニッポンからＢ７３７－４００型機、ＡＮＡからＢ７６７－３００型機（図６－７）をリースして、２００５年（平成17）３月18日に函館－羽田線を開設した。格安航空会社は、一般的に機種を１種類に絞り込む傾向にあるが、エア・ドゥは今日でも２種類の機種を用いている。

図６－７　エア・ドゥのB767-300機。

共同運航を含むＡＮＡの支援もあったことから、搭乗率が良好な数値で推移した。当初は２００６年（平成18）までの予定だった民事再生計画を１年前倒し、２００５年３月に再生を終了した。また２００８年（平成20）９月19日には匿名組合ファンドは解散し、ファンドの出資比率に応じて株式が配分された。日本政策投資銀行が筆頭株主となっているが、今後は株式保有比率を引き下げたいとしている。

羽田空港には、新規参入の航空会社に対する優先枠が設けられている。だがＡＮＡとの共同運航では、優先枠の半分が自動的にＡＮＡにも割り当てられることになる。当然のことながら、スカイマークなどから「実質的にＡＮＡの傘下にあるエア・ドゥに優先枠を与えることはおかしい」との批判を受けている。

エア・ドゥは、北海道の航空会社であることを意識し、「北海道の翼を目指す」機内サービスを実施している。機内では、温かいドリンクや冷たいドリンクが無料でサービスされるが、エア・ドゥはサッポロ珈琲館のオリジナルブレンドコーヒーを提供するなど（図６－８）、コーヒーに力を入れている。北海道は大阪府泉南地区と並ぶ玉ねぎの産地であることから、機内でサービスするオニオンスープには、北見産の玉ねぎを使用している。冷たいドリンクとして、お茶やアップルジュースを提供している。筆者が搭乗した２０１１年（平成23）７月には、期間限定でハスカップティーも提供されていた。また機内販売も、北海道の航空会社らしく熊をモデルにしたベア・ドゥのぬいぐるみやベア・ドゥがデザインされたボールペンが販売されており、女性だけでなく幅広

図６－９　エア・ドゥの機内では、各種のオリジナル・グッズを販売している。

図６－８　エア・ドゥもコーヒーに力を入れている。

い層に人気がある（図6－9）。さらに十勝産のワインや北海道限定のサッポロクラシックビール、鮭の燻製なども機内で販売している。

機内エンターテインメントとして、スターフライヤーのように各座席に液晶テレビは備わっていないが、オーディオは4チャンネル備わっている。北海道出身のミュージシャンなどのジャズ音楽を流しており、キャビンアテンダントに申し出ると、無料でイヤホンを貸してもらえる。また機内誌『RAPORA』も、座席の背面ポケットに備わっている。

民事再生中に、同じ新規航空会社のスカイマークから経営統合の提案を受けたが、スカイマークのような、低価格戦略で、かつ利益が出ないとなればすぐに撤退するネットワーク戦略とは、企業文化が全く異なる。油と水の関係にある企業が提携しても上手くいかないと判断したエア・ドゥは、スカイマークの提案を拒否した。そこでスカイマークは、2006年（平成18）4月に単独で羽田－札幌（新千歳）線に参入する方策を選び、エア・ドゥと真っ向から対立することになった。新規参入の航空会社同士が同一路線で激突することは、日本では初めてであった。それゆえ羽田－千歳線は、既存のJAL、ANAを含む4社が競合することになるため、利用者からすれば価格競争が注目された。

だが道内では、スカイマークはエア・ドゥほど認知度が高くなかった。そのうえ、2005～2006年頃のスカイマークは、運航トラブルや機体の整備不良などの不祥事が発覚していた時期だった。それゆえ就航当初のスカイマークの搭乗率は伸び悩み、減便や機材の小型化を進めた。一方のエア・ドゥの搭乗率は、ほぼ同水準を保った。ところが2007年（平成19）3月分の羽田－札幌（新千歳）線の搭乗率では、首位をスカイマークに奪われた。

理由は、以下の3点が挙げられる。

①道内でスカイマークの知名度が徐々に高くなった

②トラブルの影響が少なくなった

③スカイマークの欠航時の対応が改善された

これに対抗してエア・ドゥは、道民割引を中心とした割引運賃値下げなどの措置を行い、4月分の搭乗率では首位を奪還した。現在も激しい搭乗率競争が繰り広げられており、表6－3に2009年度の各社の搭乗実績を示す。

さらに2008年（平成20）4月に、スカイマークは羽田－旭川線にも就航した。就航直後の運賃は、当時のエア・ドゥの道民割引より1万円安かった。同年の6月より、改めて道民割引を1万6900円に設定して対抗するなどの競争を繰り広げている。エア・ドゥにとって最大のライバルは、スカイマークである。

価格・搭乗率競争の一方で、事業拡大・改善にも力を入れている。従来はANAとのみ行っていた連帯運送乗り継ぎサービスは、2007年（平成19）4月1日からスカイネットアジア航空（ソラシドエア）とも行うようになった。そのため新千歳でエア・ドゥに搭乗し、羽田でソラシドエアに乗り継いで九州へ行く場合、新千歳でチェックイン時に機内に預けた手荷物は、目的地の九州の空港まで運んでもらえるだけでなく、羽田から目的地までの搭乗券も受け取れる。

だが後発航空会社のため、就航以来予備機がなく、定期点検時に機材変更や運休が生じた。特に2007年のゴールデンウイーク中、定期整備を委託していた工場のトラブルにより、機材繰りがつかず、多数の欠航便が出る失態があった。しかしながら、2008年1月31日より予備機を導入し、これを解消させた。以後は機材整備に伴う長期運休は発生していない。

2008年11月12日には、就航開始からの総利用者数が1000万人を突破した。同

表6－3　2009年度の羽田－札幌（新千歳）線の各社の搭乗実績。

航空会社	搭乗者数	搭乗率
エア・ドゥ	991,196	76.3%
スカイマーク	828,824	80.3%
JAL	3,795,808	67.7%
ANA	4,048,897	67.5%

出典：『航空統計要覧2010年度版』日本航空協会発行をもとに作成

年の12月20日に就航10周年を迎え、各種キャンペーンが行われた。この節目に合わせて、2009年（平成21）4月より制服のリニューアルや、特別塗装機の導入が行われた。

2010年（平成22）10月には、羽田空港の新滑走路の完成に伴い発着枠が拡大され、エア・ドゥには新たに4往復分（うち1往復分は新千歳線への充当不可）の発着枠が与えられた。このうち2往復分の発着枠を使用し、帯広への路線を2011年（平成23）3月27日より開設した。残る2往復分の発着枠については、既存路線の増便にあてられた。

一方、羽田空港発着枠に制約されない路線開設にも注力している。2008年（平成20）11月より、札幌（新千歳）－仙台線、2009年4月より札幌（新千歳）－新潟線、同

表6-4　エア・ドゥの就航する路線。

路線名	便数（日）	機　材
東京－札幌	11往復	B767—300、B737—500
東京－旭川	3往復	B767—300、B737—500
東京－函館	2往復	B767—300、B737—500
東京－女満別	2往復	B737—500
東京－とかち帯広	3往復	B737—500
札幌－仙台	4往復	B737—500
札幌－福島	2往復	B737—500
札幌－新潟	2往復	B737—500
札幌－富山	1往復	B737—500
札幌－小松	1往復	B737—500

出典：エア・ドゥのホームページをもとに作成

図6-10　B767-300には、2－1－2のアブレストのビジネスクラス仕様の座席を備える。

年11月に札幌（新千歳）から福島、富山、小松線と、東北・北陸路線を相次いで開設した。現在のエア・ドゥは、表6－4で示す路線を就航している。またエア・ドゥが所有するＢ７６７－３００の一部には、前方にビジネスクラス仕様の座席が２－１－２のアブレストで配置されている（図６－10）。現時点では、最初に予約した人に優先的に提供されているが、かつてのスカイマークと同様に上級クラスとして使用することが望ましい。エア・ドゥは、札幌（新千歳）－ソウルなどの近距離国際線の開設を計画しており、サービス上からもビジネスクラスの設定が望ましい。国内線の上級クラスを設け、国際線でビジネスクラスとして使用するためのノウハウを養うようにするべきだろう。

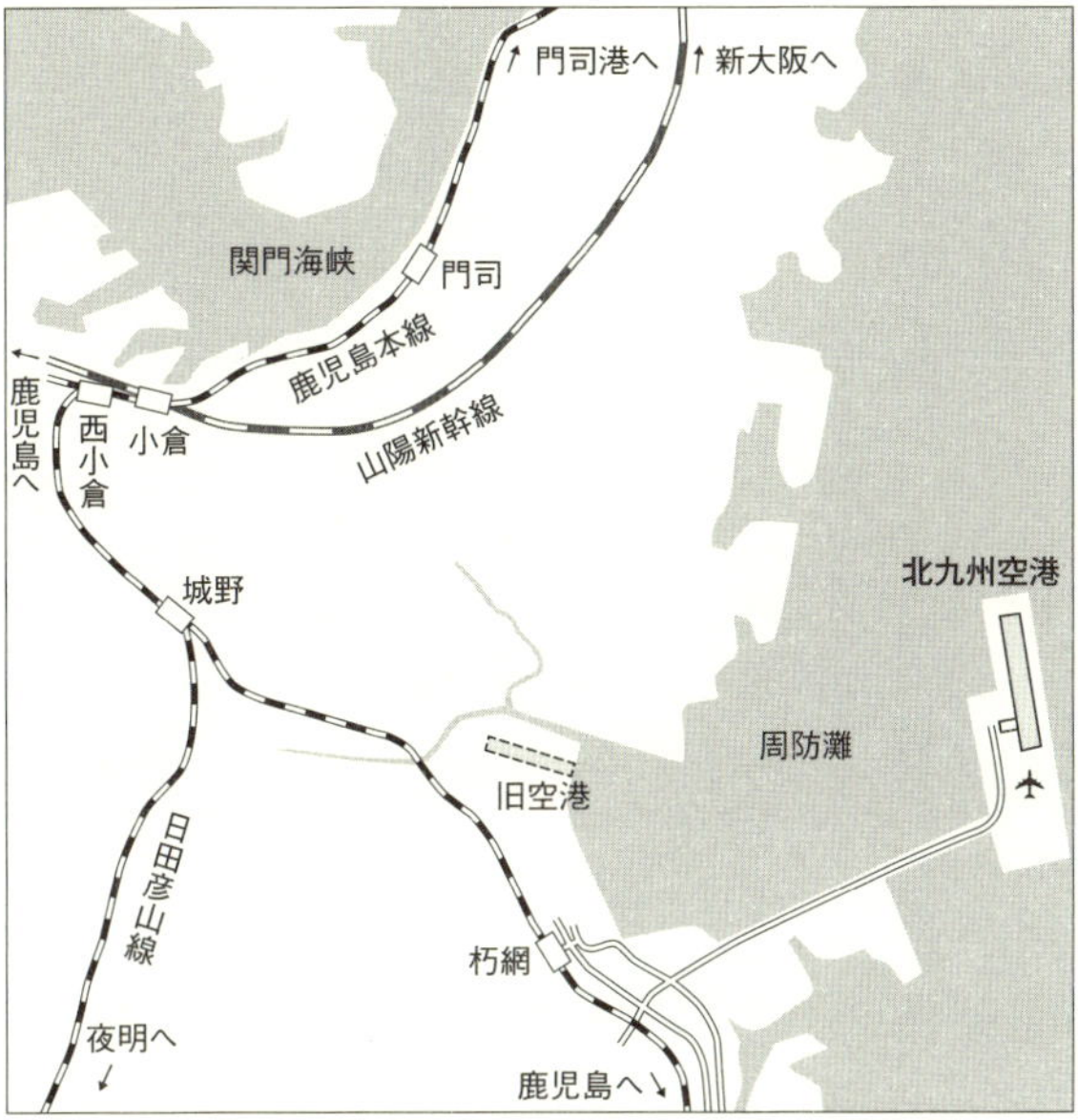

図6-11　北九州空港は、2006年3月に移転し、海上空港となった。

日本でエアバスは珍しい「スターフライヤー」

スターフライヤーは、２００２年（平成14）12月17日に北九州市を拠点として設立した航空会社である。就航は２００６年（平成18）3月16日である。これは北九州空港が、図６－11で示す現在置に移転して開港したことによる。社長以下経営陣は、設立当初はＪＡＳの元職員を中心に構成されていた。現在はＡＮＡと共同運航を行っているが、ＡＮＡの出身者だけでなく、ＪＡＬの出身者もいる。

サウスウエスト航空からは、「モノクラスでかつ単一機材で運航」という点を採り入れているが、サービスなどでは完全に他社と差別化が図られている。規制緩和後に誕生した日本のＬＣＣでは、最初にエアバスの機材を採用したことでも知られており、現在はA320を4機リースして、北九州、羽田、関西、福岡の4都市に就航している。北九州空港を拠点としたのは、海上空港であるため24時間の発着が可能であり、かつ地元が熱心に支援したことによる。

　スターフライヤーの最大の特徴は、機体（図6-12）だけに限らず、受付カウンターや自動チェックイン機のみならず、オリジナルグッズも、カンパニーカラーの黒に塗られていることである。トータルデザインは、デザイナーの松井龍哉が手がけた。予約・発券などのCRMシステムは、エア・ドゥと同様に、業務提携しているANAのable-Dを使用している。大半の係員が操作する端末や、SCM（自動チェックイン機）・ATV（航空券自動販売機）は、過去にANAで用いられていた機種を流用している。[3]

　運航上の特徴として、北九州空港が24時間空港である点を活かし、1便の北九州発が5時30分であり、羽田には7時00分に到着する。羽田発の最終便は23時15分発であり、北九州空港には24時55分に到着する。スターフライヤーは、日本では異例の早朝・深夜便を設定することで他社との差別化を図っている。2006年（平成18）11月までは、羽田発5時台の早朝第1便と北九州23時15分発の最終便を運航していた。羽田発の早朝便と北九州発の最終便を廃止したのは、これらの便の搭乗率が1割台と低迷していたからである。低迷の理由として、北九州は午前1時近くに到着しても自家用車の利用が多いから問題はないが、北九州発上り最終便の羽田到着が24時45分であり、手荷物などを受け取

図6-12　スターフライヤーの機体は、黒色をしている。

図6-13　スターフライヤーの座席は本革張りで、ゆったりしている。

っていると、午前1時15分くらいになってしまう。この時間帯で公共交通を利用するとなれば、タクシーしかない。公共交通が発達した東京は福岡県と比較して自家用車の保有率が低いため、利用しづらかったことが挙げられる。

スターフライヤーの機内サービスは、他社と比較すれば非常に個性的である。エコノミークラスだけのモノクラスであるが、一般的にA320の座席定員は170席程度である。だがスターフライヤーは、144席まで減らして運航しているため、シートピッチが91～94センチとゆとりがある（図6－13）。これはマーケット調査を実施した際、「狭い」ということに不満があったためである。またシートは、全席黒の本革張りとなっており、可動式ヘッドレストやフットレストを備える。さらにパソコン用の電源コンセントと各座席の背面に液晶テレビが備わっている。本革張りシートは、乗客に高級感を与えると同時に、モケット座席と比べると清掃が容易であるだけでなく、耐久性にも優れる。それゆえ海外のLCCの多くが、採用している。

スターフライヤーでは、他社のように機内誌は制作しておらず、また新聞・雑誌の機内貸し出しも行っていない。機内誌を作成すれば、広告を集めなければならず、収支均衡を図ることが難しいこと、背面に液晶テレビが設けられていること挙げられる。ただし北九州市発行の情報誌『雲のうえ』は、3か月ごとに発行しており、希望者に配布している。

ヘッドホンは大手他社のように座席のポケットに入っておらず、搭乗時に客室乗務員が直接手渡している。各座席の背面には、液晶TVが設けられており（図6－14）、ニュースや各種番組、飛行位置を知ることができるエアーショーを行っている。飛行位置を表示する地図では、中規模の都市名も日本語と英語の両方で表記するきめ細かいサービスを行っている。鉄道業界や高速バス業界では、「メンテナンスコストがかさむ」という理由から液晶テレビを撤去する方向にある。スターフライヤーにその旨を聞くと、液晶テレビを設けていても故障はほとんどないという。コンテンツを仕入れるコストは年間で6000万円程度である。

ANAは、水とお茶以外のドリンクは有料としたが、スターフライヤーでは無料でドリンクをサービスしている

（図6－15）。ドリンクもコーヒーやお茶、オレンジジュースだけでなく、パンプキンスープ、活性水素を含んだ日田天領水、コカ・コーラがある。コーヒーもインスタントではなく、タリーズコーヒーというブランド品であり、「カレ・ド・ショコラ」というチョコレートを添えてサービスされる。また2011（平成23）年10月1日から2012年（平成24）3月末までは、北九州・福岡・羽田発の早朝便でサンドイッチなどの朝食がサービスされた。

スターフライヤーの場合、ドリンクの占めるコストは年間で1億円程度である。年間の営業コストが約170億円であるから、仮にドリンクと液晶テレビのサービスを中止しても、コスト削減効果は1％程度しかなく、北九州－羽田間の運賃にして300円も下がるか否かである。

運賃を下げたいのであれば、シートピッチを詰めるのが効果的であるが、それでは他の航空会社と同じになってしまうため、広いシートピッチにドリンクサービスと液晶テレビによる番組提供を行うなど、高付加価値サービスを実施している。表6－5に、既存の航空会社とスターフライヤーのサービスの比較を行った。

他社と差別化したユニークな機内サービスを行う一方、2008年（平成20）3月28日に発表された2008年度事業計画では、以下のことが掲げられていた。

①北九州－羽田線の収益最大化
②関空－羽田線の事業収支改善

図6-15　コーヒーには、チョコレートを添えてサービスする。

図6-14　座席の背面に液晶テレビが備わっている。

③貨物事業の早期展開
④徹底した事業効率化・コストダウンの実践

貨物事業に関しては、福山通運へのスペースの販売を軸とした事業展開を行い、収益を確保するとしており、２００８年8月1日から事業を開始した。

２００８年度からの5年間の中期経営計画では、国際チャーター便の運航を計画している。その第一段として、２００８年9月13日より、北九州空港－仁川空港（ソウル）間にチャーター便の運航を開始した。それ以外にも羽田－福岡線の参入や、韓国・中国・台湾・香港・マカオなど東アジアへの近距離ビジネス路線の展開も盛り込まれていた。２００９年（平成21）秋には香港の旅行会社の要請で、香港－北九州間でチャーター便を運航した。また２０１２年度からは、北九州－釜山間の国際線の開設、そして２０１４年度からは国内主要空港からの国際線の開設を予定している。

スターフライヤーは、機内サービスだけでなくグランドサービスも他の航空会社とは異なったサービスを実施している。北九州5時30分発の便と羽田発で北九州に23時以降に到着する便の利用者に対し、アクセス手段の向上を兼ねて、１０００円で福岡市内－北九州空港間のタクシーによる送迎を実施している。福岡からタクシーによる送迎を利用するには、博多駅の定められた場所に、定められた時刻までに到着しなければならない。車両はワゴン車を使用しており、1台あたり3人程度の利用はあるという。タクシー事業者である第一交通は、スターフライヤーの株主でもあることから、乗客・第一

表6-5　スターフライヤーと全日空のサービスの比較。

	スターフライヤー	全日空
シートピッチ	91～94センチ	79～81センチ
ドリンクサービス	コーヒー、お茶、オレンジジュース、コーラ、パンプキンスープ、活性水素水など無料提供	水とお茶以外有料が多い
エンターテインメント	液晶テレビ完備（ヘッドホンは直接手渡し）	オーディオのみ（ヘッドホンは、座席ポケットに準備）
座席の材質	本革張り	モケット張り
機内誌	機内誌はないが、情報誌は搭載	機内誌あり。その他雑誌を用意している事業者もある

出典：スターフライヤーのホームページおよび全日空のホームページをもとに作成

交通・スターフライヤーともにメリットがある。タクシー料金は1000円であっても、搭乗してもらえれば増収・増益になる。早朝・深夜便があるため、ホテルに泊まる必要がなくなることから、乗客には好評である。また北九州空港から下関市内に関しても、スターフライヤーの全便を対象に、自宅まで1000円でタクシー送迎を行っている。これは山口宇部空港を意識しており、1000円タクシーによる送迎を行うことで、少しでも自社便を利用してもらう戦略である。

かつてスカイマークは、「シグナスクラス」というビジネスクラスに相当するクラスを設けていた。スターフライヤーは、未だそれらを導入するためのノウハウを持っていない。空港内のラウンジや手荷物のプライオリティ、優先チェックインなどでコストが増加することから、上級クラスを設けた場合のコスト検証は行っていないという。

名前変更が起爆剤となるか「ソラシドエア（スカイネットアジア航空）」

ソラシドエアは、2011年（平成23）6月末まではスカイネットアジア航空という名称で運航されていた。スカイネットアジア航空は、スカイマークエアラインズ（現・スカイマーク）、エア・ドゥに続く新規参入航空会社の一つであり、宮崎に本社を構える。そして2002年（平成14）8月に羽田－宮崎線に新規参入した。JALやANAなどの大手よりも格安な運賃を提供するため、機種はB737－400のモノクラスである。他社との差別化は、南国風のカ

図6-16　スカイネットアジア航空時代の塗装は、トロピカルなデザインだった。

図6-17　新八代駅－宮崎駅間を結ぶ高速バスB&Sみやざき号。座席は2－2の配置である。

ラフルな機体デザイン（図６－16）、ゆったりした座席配置、宮崎産の機内ドリンクの提供を売り物にして図っていた。

　当初は、宮崎－福岡線も宮崎－羽田線開設と同時に開設する予定だった。だが採算性が良い宮崎－羽田線が優先されたため、宮崎－福岡線の開設は事実上見送られた。その福岡－宮崎線に関連するが、２０１１年（平成23）３月12日に九州新幹線が全通したため、福岡（博多）－宮崎への移動は、九州新幹線と新八代－宮崎間の高速バス「Ｂ＆Ｓみやざき」（図６－17）を乗り継げば３時間程度に短縮された。「Ｂ＆Ｓみやざき」は、ＪＲ九州、宮崎交通、九州産業交通の３社で共同運行を行っており、１日あたり16往復設定されている。さらに宮崎－博多間には、ＪＲ九州高速バスが運行する「たいよう」が１日あたり10往復設定されている（図６－18）。「たいよう」の所要時間は３時間55分であり、車内は１－２の横３列（図６－19）や１－１－１の独立横３列配置が主流であるにもかかわらず、運賃は宮崎－博多間が４５００円である。さらに前売り切符を購入すれば３列座席が３０００円、独立３列座席の場合は３５００円、横４列座席であれば２５００円となる。

　そのような状況であるから、スカイネットアジア航空（ソラシドエア）は福岡－宮崎線の開設に関しては、あきらめざるを得ないだろう。ＪＡＬは、２０１１年７月末の時点で福岡－宮崎間に１日あたり９往復設定しているが、機材はＤＨＣ－４という小型のプロペラ機である。かつてＪＡＳが就航していた当時は、ＭＤ－90などの１５０人乗りのジェット機が使用されていたため、機材

図6-18　ソラシドエア（スカイネットアジア航空）のライバルとなる高速バス「たいよう号」。スーパーハイデッカー車を用いて、１日あたり10往復設定されている。

図6-19「たいよう」の車内は、１－２の横３列座席である。

をさらに小型化して便数を維持しようとしている。所要時間は50分であり、正規片道運賃は2万1900円であるが、特便割引き運賃は1万6800円になり、おともdeマイル割引を使用すれば1万円となる。

スカイネットアジア航空は、羽田‐宮崎線を開設した翌年の2003年（平成15）8月より、羽田‐熊本線にも就航したが、後発かつ知名度が低かったこともあり、利用者は予想を下回ってしまい、経営が改善されなかった。2004年（平成16）6月に産業再生機構の経営支援を受けることになり、同年11月にはドリンクや雑誌・新聞などのサービスを取りやめることで運賃の値下げを行ったが、焼け石に水だった。

そこでANAが第2位の大株主となり、同社との業務提携にて再建を目指すこととなった。2005年（平成17）8月に羽田‐長崎線を開設したことにより、羽田‐九州の各都市を結ぶ路線に特化することにした。これは九州地方における知名度の向上と、東京‐九州間のビジネス、観光への利便性向上を図ることで集客を狙う戦略である。

2006年（平成18）12月には、産業再生機構とANAが支援を行ったことで、事業再生に一定のめどが立った。また同年からANAとコードシェア運航を実施することになり、最大で座席の25%をANAに販売してもらうことになった。スカイネットアジア航空にとれば、25%分は安定した収入になる。一方のANAからすれば、スカイネットアジア航空とコードシェア運航を行うことで、羽田空港の新規発着枠を得るチャンスであると同時に、運航本数が増えることでANAの顧客はマイレージを得る機会が増えるため、サービス向上が図れる。

さらに2007年4月からは、同じくANAの事実上の傘下にあるエア・ドゥと連帯運送を開始した。

しかしANAとコードシェア運航を行うことにより、羽田空港発着枠の優先枠の半分が自動的にANAに付与される形になることから、エア・ドゥとANAの共同運航と同様にスカイマークなどから批判が出ていた。そんな中、2010年（平成22）10月31日からANAと共同で、東京‐大分線を1日3便での就航を開始した。それ以外の路線では、2009年（平成21）2月1日からローカル路線である那覇‐鹿児島線、那覇‐長崎線を開設している。

スカイネットアジア航空の機内サービスであるが、コードシェア運航を行うANAは当時、機内でドリンクのサービスを行っていたため、サービス水準を合わせる必要性から、ドリンクサービスが復活した。現在のANAは、お茶と水以外の機内サービスは有料となったが、スカイネットアジア航空はコーヒー、オニオンスープ、アップルジュース、冷たい緑茶を、機内でサービスしている。スカイネットアジア航空もスターフライヤーと同様にコーヒーのサービスに力を入れており、2010年10月1日からは「Good Insideアートオータムブレンド」[4]というブランドのコーヒーを機内で提供している。「Good Insideアートオータムブレンド」は、グアテマラのオーロラ農園とインドのカセラカン農園の二つの農園で栽培されたコーヒー豆のブレンドである。特徴として、香り高い風味と甘くやさしい口当たりがあり、バランスのとれたコーヒーと言える（図6-20）。

一方の座席であるが、開業当初は「日本一のゆったりした座席」を売り物にしていた。しかし、産業再生機構からの支援を受けたこともあり、シートピッチを詰めるようになった（図6-21）。B737-400で定員が150名であるため、シートピッチは81センチである。この数値はスカイマークよりは広いが、スターフライヤーと比較すれば明らかに狭い。またスターフライヤーに備わっている液晶テレビやオーディオがなく、非常口付近の座席や最後部の座席は、リクライニングしない構造になっている（図6-22）。

2011年（平成23）7月1日からは、ソラシドエアというブランド名を使用することになった。これはSola（空）Seed（種）がもとになっており、スカイネットアジア航空のホームページによれば「音階のドレミファソラ

図6-20　ソラシドエア（スカイネットアジア航空）も、コーヒーのサービスに力を入れている。

図6-21　ソラシドエア（スカイネットアジア航空）の機内。

シドの〝ソラシド〟とかけ、上昇するイメージ、弾むような楽しさ、親しみやすさといったイメージも併せて表現しています。そして何より〝Sola＝空〟からは、空の持つ壮大さ、〝Seed＝種〟からは、新しい生命、力強さ、勢い、無限の可能性を感じることができ、私達の目指すブランドコンセプトを力強く後押ししてくれる思いが込められている」としている。

新しい機体のデザインは垂直尾翼が黄緑であり、エンジンの部分も黄緑色に塗装されている。一度は産業再生機構から支援を受けた会社であるため、全機が〝ソラシドエア〟の塗装に塗り替わるには、10年程度を要するという。キャビンアテンダントの制服などは、２０１１年7月１日より一新されているが、航空会社のコードナンバーは、従来と同様に「ＳＮＡ」である。

スターフライヤーでは機内誌の提供は行っていないが、スカイネットアジア航空（ソラシドエア）では、〝ソラタネ〟という持ち帰り可能な機内誌の提供を行っている。また機内販売として、〝ソラシドエア〟の初号機であるＢ７３７－８００のプラモデルが３０００円、ぬりえセットが５００円で販売されている。

格安航空会社の展望

日本は米国と異なり、セカンダリー空港が充分でなければ、ビジネスジェット用の空港もないに等しい。サウスウエスト航空は、単一機種でモノクラス運航を行い、都心部に近い混雑していない二次空港に発着する形で、機材

図６-22　非常口付近の座席は、リクライニングしない。

の空港滞在時間の短縮を図り、稼働率を上げた。(5) また大手のようなハブ&スポーク型の運航方法や発券システムを採用せず、2点間の直行輸送を行うことで、低運賃を実現した。そのため従来は、都市間連絡のバスや自家用車を利用していた人が、サウスウエスト航空を利用するようになった。

だが日本の場合、航空機には新幹線という強力なライバルが存在する。2010年(平成22)12月4日に、東北新幹線が新青森まで全通したうえ、2011年(平成23)3月12日には、九州新幹線が全通して、山陽新幹線と相互直通運転を行うようになった。これにより日本の背骨に相当する部分には新幹線が整備され、大阪－鹿児島中央間は最速3時間45分で結ばれ、大阪－熊本間であれば、2時間59分と3時間を切るようになった。大阪－鹿児島間の旅客の約9割は航空機を利用していたが、新幹線が開業すれば航空機と新幹線の比率は、6対4になると言われていた。さらに2014年(平成26)には、北陸新幹線が金沢まで開業する予定があり、その翌年には北海道新幹線として新青森－新函館間が開業する予定である。

山陽・九州新幹線では、「のぞみ」タイプの「みずほ」は300キロ運転をするし、2011年3月5日に東北新幹線で登場した「はやぶさ」も300キロ運転を実施する。従来は、新幹線と航空機の利用者が拮抗するのは700キロ程度であると言われていたが、新幹線のさらなる運転速度の向上により、800キロ程度で拮抗するようになっている。北海道新幹線の開業時には、最高速度を360キロまで引き上げたいとしている。

新幹線だけでなく、現在、JR東海は2025年(平成37)をめどに東京(品川)－名古屋間に、リニア新幹線を開業させたいとしている。リニア新幹線は500キロで運転するため、東京－名古屋間の所要時間が40分になるという。

整備新幹線の開業により、国内の航空需要は先細ることが予想されるため、LCCにとっては、厳しい経営環境が予想される。また少子高齢化による人口減少も止まらないため、日本国内の旅客需要が増えることは考えられない。さらに今後は「道州制」による地方分権も進展するであろうから、地方から航空機を利用した東京への陳情も減少することが予想される。

そうなればＬＣＣは、静岡－松本間などの鉄道が未発達のリージョナル分野へ進出するか、国際線に活路を見出すしかないだろう。前者の場合、ニッチであるため絶対的な需要が少なく、進出する路線が限られる。後者は、スターフライヤーもチャーター便という形で、釜山や香港などの近距離国際線を運航した実績を活かし、２０１２年（平成24）７月からは北九州－釜山線を１日２往復設定する計画がある。エア・ドゥも、「北海道国際航空」という社名から、北海道起点の近距離国際線の運航を考えている。

そんな中、スカイマークが国際定期便事業に参入を予定しており、２０１０年（平成22）11月にエアバスとＡ３８０を導入することで基本合意書を締結した。エアバスとは、２０１１年中に６機（うち２機はオプション）の購入契約を結ぶ予定であり、導入は２０１４年度（平成26）から２０１７年（平成29）の間をめどとしている。さらに２０１８年（平成30）以降には、９機を新たに導入する方針を公言している。

正式契約となれば、日本の航空会社で最初にＡ３８０が導入されることになる。スカイマークにとれば、初めてのエアバス機材であるだけでなく、初の四発式エンジンの航空機ともなる。スカイマークは、Ａ３８０を用いて東京－ニューヨーク、ロンドン、フランクフルト線の就航を計画しており、ビジネスクラスを中心としたコンフィギュレーションを予定している。先ほど述べたように、スカイマークは不祥事が多発しているうえ、ジャンボジェット機を運航した実績がない。そのためＡ３８０を、安全かつ安定して運航できるかどうか疑問ではある。

スカイマークが、Ａ３８０で導入を予定しているビジネスクラス中心のコンフィギュレーションは、ＬＣＣではないが、台湾のエバー航空のコンフィギュレーションに似ている。エバー航空は、世界でも有数の海運会社であるエバーグリーンにより１９８９年に創立され、１９９１年から台北－バンコク線で運航を開始した航空会社である。最初に導入したＢ７４７－４００は、ファーストクラスも備えた世界初の４クラスとなり、ビジネスクラスとエコノミークラスの中間にデラックスエコノミー（ＥＤクラス）を設け、ここの座席数が最大になるコンフィギュレーションを採用した。これは後発であるため、中華航空と差別化を図るだけでなく、米国系航空会社（ユナイテッド航空、デルタ航空、アメリカン航空）のビジネスクラスの利用者を、自社のEDクラスに誘導する戦略である。台湾では米国系航空会社の評判が悪い。機内食をはじめとした機内サービスが悪いだけでなく、エンジン系統のトラブルが頻発するため、「安かろう、悪かろう」というように認識されている。今はデルタ航空に吸収合併されたノースウエスト航空は、「ノースワースト航空」と比喩されていた。

一方の台湾最大手の中華航空は、ファーストクラスのグレードアップを行い、太平洋線では優秀なサービスで世界的に人気のあるシンガポール航空のビジネスクラスの利用者を、自社のファーストクラスへ誘導する戦略を採用している。最近では、ファーストクラスを廃止する航空会社が多いにもかかわらず、中華航空はファーストクラスに力を入れており、2011年（平成23）の夏ダイヤまでは日本－台湾間に就航する航空会社で唯一、ファーストクラスを設定して、他社と差別化を図っていた[6]（図6－23）。表6－6に、中華航空とエバー航空のサービスの内容をまとめた。

台湾では、日本よりもいち早く、1990年代に航空旅客事業の規制緩和が実施されたが、中華航空系列、エバー航空系列というように系列化が進んでいる。最大手の中華航空がエコノミークラスの価格を値下げ

表6－6　中華航空とエバー航空のサービス比較。

	中華航空	エバー航空
747-400のコンフィギュレーション	Fが12、Cが49、Yが314	Cが28、EDが86、Yが162（コンビ機）
機内食	F・Cは、和食（懐石）・洋食・中華	Cは、和食、洋食、中華（点心・牛肉麺）
特別塗装機	胡蝶蘭	キティちゃん
所有機材	67機。B747-400と400F、A-340・A-330、B737-800	55機。B747-400と400F、B777-300ER、A-330、MD-11F、MD-90
特筆すべきギャレーの設備	エスプレッソマシーン	スチーム式蒸し器
その他サービス	DB（ドイツ鉄道）と提携し、ICEに自社便名を付ける、日本の地方都市にチャーター便を積極的に運航	Air and Seaの複合一貫輸送、客室乗務員だけでなく、食器などの備品にも、キティちゃんをデザイン

出典：中華航空ホームページ、エバー航空ホームページをもとに作成

しても、エバー航空は決して追随しないため、値下げ競争にはならなかった。それゆえ中華航空は、価格主導権は有していない。中華航空とエバー航空は、全くカラーの異なる航空会社である。台湾の航空業界は寡占市場であるが、価格設定に関しては硬直化しているため、価格以外で競争している。

日本も台湾の事例のように、LCCが誕生したにもかかわらず、JAL系列・ANA系列という実質2社体制になることが予想される。筆者自身は、価格以外で競争になることが望ましいと考えており、それには各航空会社の経営者の独創性が重要になる。

4　海外からやってきた格安航空会社

便数で勝負する「ジェットスターアジア航空」

ジェットスターアジア航空は、シンガポールに拠点を置くLCCであるが、シンガポール航空の子会社ではなく、オーストラリアのカンタス航空の子会社である。カンタス航空は、創業以来墜落事故がゼロを誇り、安全性や信頼性に優れているだけでなく、機内サービスにおいても定評がある。また兄弟会社であるジェットスター航空は、オーストラリアに拠点を置くLCCであり、ジェットスターアジア航空よりも一足早く、2007年（平成19）8月から成田―ケアンズ・ゴールドコースト線と、大阪（関西）―ケアンズ・ゴールドコースト線を開設している。

ジェットスターアジア航空の創立は2003年（平成15）であるから、まだ10年も経過していない。ジェットスターアジア航空の客室乗務員は、シンガポール人、日本人、ミャンマー人、マレーシア人などで構成される。パイロットは、カンタス航空から出向のオーストラリア人が中心であるが、中にはシンガポールやマレーシア国籍のパイロットもいる。

親会社のカンタス航空は、欧州や北米などにも路線網を展開するメガキャリアであるが、ジェットスターアジア航空はシンガポールを拠点に片道5時間以内の路線に特化しており、バリューエア（Value Air）と合併して路線網を拡大した。ただし合併したといっても、バリューエアは独自ブランドを維持しており、便名も各社が独自に付けている。またジェットスターアジア航空は機内食などが有料であるが、バリューエアは無料で軽食とミネラルウォーターなどを提供するなど、サービス内容も異なっていた。そして2006年（平成18）に、オーストラリアのジェットスター航空とブランド名を統一した。

ジェットスターアジア航空と日本とのかかわりであるが、2009年（平成21）にシンガポール－東京（羽田）線の開設をシンガポール航空局に申請したが、残念ながら却下された。そんな中、2010年（平成22）4月22日には、大阪（関西）－台北経由のシンガポール線の運航が、同年7月5日より開始することが決まり、同日よりA320により週7便が運航した（図6－24）。

だがLCCが経営的に成功するには、高密度需要の500～700キロ程度の短距離線をB737やA320クラスの機材で、高頻度に運航するとよいと言われる。それ以上の距離の距離になると機材の稼働率を上げることが難しくなるため、非効率になると言われる傾向にある。

大阪（関西）－台北線は、距離的に見ると2000キロ強である。そしてJALやANAだけでなくキャセイパシフィック航空、中華航空、エバー航空と競争する激戦区である。大阪（関西）－台北間の便数は中華航空が最も多く、2012年3月1日からはさらに増便され、週に17便も運航している。またキ

図6-24　ジェットスターアジア航空は、A320のモノクラスで就航している。

図6-23　中華航空が日本線で使用するB747-400のファーストクラスの客室。

ャセイパシフィック航空、中華航空、エバー航空などのメガキャリアは、世界中にネットワークを形成しているため、FFPやハブ&スポーク、アライアンスという〝規模の経済による優位性〟を活かした経営戦略を採用することができる。また大阪（関西）－シンガポール間となると、JALやANA以外にシンガポール航空を相手に競争することになる。シンガポール航空の機内サービスは天下一品であり、サービス調査のランキングでは、毎年上位にランクされる人気である。それゆえシンガポールへ出掛ける旅慣れたリピーターは、必ずと言っていいほどシンガポール航空を利用する（図6－25）。

ジェットスターアジア航空を利用した大阪発台湾行の格安ツアーは、中小の旅行会社に限らず、JTBも積極的に販売を行っている。だがキャセイパシフィック航空や中華航空は、日本に乗り入れてから40年以上の歴史があるため、日本人向けのサービスを熟知している。特に機内食などが顕著であり、和風機内食は日本の航空会社よりもグレードが高く、（図6－26）ビジネスクラスなどの上級クラスのサービスも充実している。これらの航空会社は、ビジネスや観光にも使いやすい時間帯に運航されており、ビジネスマンがジェットスターアジア航空にシフトするとは考えにくい。安さだけでは難しいと考えたジェットスターアジア航空は、2012年の夏ダイヤからは関西－シンガポール（台北経由）を週14便に増便を行った。次項で紹介するエアアジアXも、安さ以外の魅力が出せるかどうかが課題

図6-25　シンガポール航空の機内サービスは抜群であるだけでなく、機材も最新鋭機を積極的に導入している。写真は、チャンギ国際空港に着陸するシンガポール航空機。

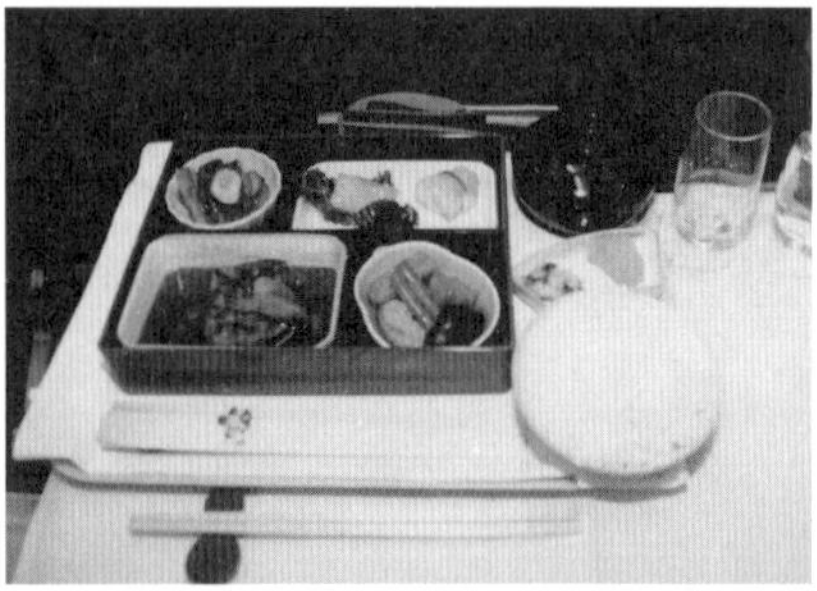

図6-26　中華航空ビジネスクラスの和風機内食のメイン。それ以外に前菜とデザートが付く

であると筆者は考える。

クアラルンプールまでたったの5000円「エアアジアX」

エアアジアXは、マレーシアのクアラルンプールを拠点とするＬＣＣである。会社の設立は２００６年（平成18）であり、２００７年1月5日に「AirAsia X」のブランド名で、長距離国際線に参入を表明した。２００７年8月にリチャードブランソン率いるバージン・グループが、株式の20％を取得した。さらに２００８年2月には、日本のオリックスが株式の10％を取得している。エアアジアXは、中・長距離路線を運航しているエアアジアの関連会社である。

エアアジアXの初就航は、２００７年11月2日のクアラルンプールからオーストラリアのゴールドコースト間である。そして翌年の２００８年2月には、中国の杭州へ就航した。２００８年10月に新規機材であるＡ３３０が納入され、２００８年11月からオーストラリアへの就航都市が増加した。現在、エアアジアXはＡ３３０－３００が9機、Ａ３４０－３００が2機の計11機を保有しており、さらにＡ３３０－３００を25機発注している。それ以外にＡ３５０－９００を10機発注している。そしてこれらの機材が受領されると、アラブ首長国連邦のアブダビ国際空港を中東地域のハブ空港として、サウジアラビアのジッダや、エジプト、ヨルダン、イランへの就航が計画されている。

エアアジアXは、ワイドボディ機を用いて長距離運航を積極的に行っているが、機材の運用効率を高めるため、空港に到着後は2時間後に折り返している。この方法は、駐機料などが世界的に見て割高な日本へ乗り入れる際には、有効であると言える。そのため出発時間や到着時間は、決して利用しやすい時間帯にはなっていない。

日本への乗り入れは、２０１０年（平成22）12月9日からであり、クアラルンプール－東京（羽田）間に就航した。羽田空港へ最初に乗り入れたＬＣＣであるが、エアアジアXは２０１１年（平成23）7月までキャンペーン価格として、片道5000円という超破格の運賃をPRしていた。羽田発が23時45分であり、クアラルンプールには翌日の6時30分に到着する。そのため仕事が終わってから出発が可能であり、1泊分のホテル代が浮く利点がある。

だが復路は、クアラルンプールの出発が14時40分であり、羽田着が22時30分と少々遅いため、遠方の人は東京で1泊する必要がある。それでもPR効果は絶大であり、2010年12月の同路線の予約率は9割であり、2011年1月の予約率も8割を超えた。顧客の多くはマレーシア人であったが、羽田発のLCCは日本人にとっても魅力であり、羽田からクアラルンプールまでエコノミークラスで片道5000円という運賃は、東京－大阪間の高速バスの運賃よりも割安である。ただし原油価格が高騰しているため、2011年5月3日以降の予約した乗客には、燃油サーチャージを徴収している。格安運賃のため、通常のエコノミークラスの国際線でサービスされる機内食やドリンクのサービスはなく、表6－7で示すように、自前で持ち込むか機内で購入しなければならない。エアアジアXのプレミアムシートは、俗に言うところのビジネスクラスであり、シェル型のシートになっている。ビジネスクラスでは、機内食などは無料でサービスされる。

そこでJTBは、2011年（平成23）3月まで毎便数十席分の座席を確保し、ホテル代込みでクアラルンプール4日間のツアーを3万～5万円で発売した。すると申し込みが殺到したため、発売翌日にはキャンセル待ちが180人になった。2011年2月10日発の4日間のツアーのツアーは、会社

表6-7　エアアジアＸが実施する有料の機内サービス。

サービスの種類	価格（1リンギット=約25円）	備　考
座席の事前指定	25リンギット	
足元の広い「Hot Seat」	100リンギット	
機内食	15リンギット	マレー料理、多国籍料理、ベジタリアン、お子様用から選択可能
ビデオ、オーディオのポータブル・プレーヤーのレンタル	35リンギット	
Premium Seats（ビジネスクラス）	通常のエコノミークラス運賃の2~3倍	事前座席指定、優先チェックイン、優先搭乗、機内預け荷物の優先、機内食、枕と毛布のサービスを実施

出典：エアアジアＸのホームページをもとに作成

を休まず3連休を海外で過ごすことができるため、特に人気が高かったという。

空港アクセスに力を入れる茨城空港

茨城空港は、東日本大震災が発生するちょうど1年前の2010年（平成22）3月11日に開港した第三種空港である。国内では98番目の空港であり、関東地方では成田空港、羽田空港に次ぐ3番目の空港である。

だが茨城空港は完全な新規建設の空港ではない。図6－27で示すように茨城県小美玉市には、航空自衛隊の百里飛行場があり、その飛行場を自衛隊と民間で共用化した空港である。総事業費は約540億円であるが、ターミナルビルなどの空港本体の事業費は約250億円であった。航空自衛隊との共用空港であるが、既存の滑走路に並行する形で2700メートルの新滑走路が建設された。そのためB747のようなジャンボジェット機の就航も可能である。

茨城県は首都圏の第三空港として位置づけたいと考えたが、開港時に定期就航を希望した日本の航空会社はなく、開港時に定期便として就航したのは、韓国のアシアナ航空（図6－28）だった。それから2か月近く経過してスカイマークが、茨城－神戸線の就航を行うようになった。(7)

国土交通省が試算した需要予測によると、当初は開港時には年間で80・7万人としていたが、やがては年間69万人と下方修正された。これは2010年（平成22）4月末の時点で就航している茨城－ソウルと茨城－神戸の2路線の定期便の搭乗率が仮に100％であっても、年間の利用者は約25万人であり、そこにチャーター便の利用者が加わる程度である。茨城県空港対策課が公表した結果は、開港から18日目の2010年3月28日には、「来場者が累計10万人を超えた」という。しかし開港当初の空港見物に来た人がほとんどであり、搭乗者は累計で5700人しかいなかった。スカイマークが就航した2010年4月の実績でも、わずか1万0358人しかなかった。この数値をもとに単純に推定したならば、年間利用者数は12万人程度にしかならない。開港半年後の2010年9月には、見学者を含めた来場者が58万人に達している。2010年12月時点では、国内・国際線を合わせた開港以来の累計搭乗者数は約

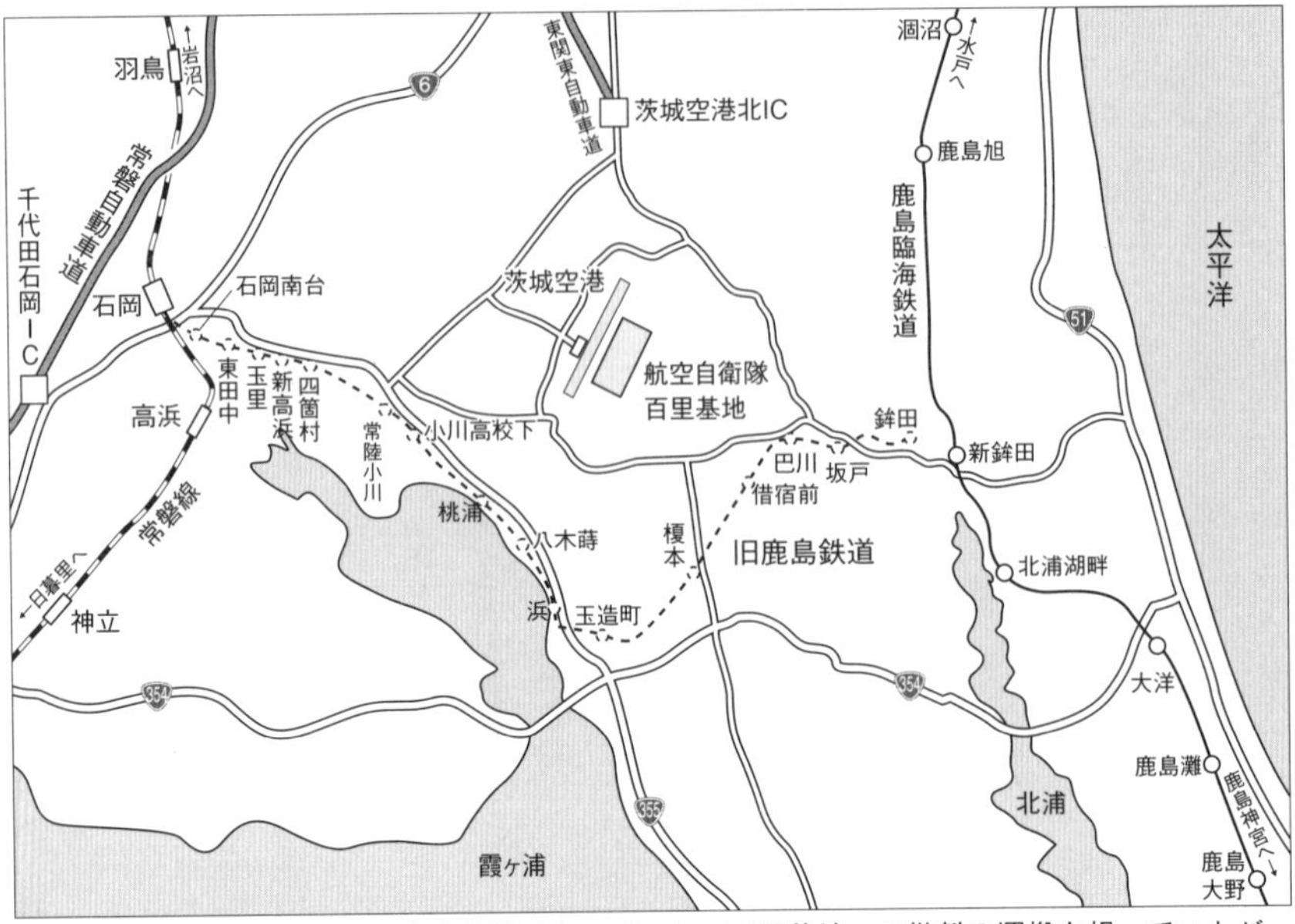

図6-27 茨城空港の近くには鹿島鉄道が走っていた。百里基地への燃料の運搬も担っていたが、2007年に廃止された。

15万人であり、年間予想の69万人を大きく下回っていた。

開港から半年以上が経過した2010年10月には、スカイマークが茨城－札幌（新千歳）線、茨城－名古屋（中部）線の開設を表明した。また中国のLCCである春秋航空が上海への定期チャーター便を開設した。春秋航空は、機内食などの機内サービスは省略されているが、茨城－上海間で片道4000円の運賃を提示している。この運賃ならば茨城空港が少々不便であっても、東京地区の住民にも利用する価値がある。茨城－上海間の航空運賃よりも、最寄駅の石岡－茨城空港間のタクシー運賃の方が高い。その結果、開港2年目には国内線が3路線、そして国際線が2路線を擁するようになった。

茨城空港は、JR東日本の石岡駅や鹿島臨海鉄道の新鉾田駅からは10キロ以上離れており、公共交通によるアクセスが不便であった。無料駐車場は確保されているが、東京の都心部から車で約1時間半は掛かる。そのようなことが原因で開港から2か月が経過した時点の国内定期便は、スカイマークの神戸線が1日1往復だけであった。そのスカイマークも、搭乗率が低下すればすぐに撤退するため、茨城県民には不安があった。

周辺の住民以外の利用が見込みにくいこともあり、赤字必至であった。そこで「税金の無駄遣いである」との指摘が各方面からなされた。また茨城空港の周辺には、商業施設などもほとんど存在しないため、百里基地に勤務する航空自衛官からも「陸の孤島」と呼ばれていた。

しかし実際には、半年経過時点でスカイマークの茨城－神戸線の搭乗率は、75～87％と同社線全体でも高い水準に達していた。また2010年7月末に就航した春秋航空の茨城－上海線は、平均80％という予想を上回る利用状況となった。

公共交通によるアクセスを向上させるため、茨城県は関東鉄道と共同で東京駅－茨城空港間に片道運賃が500円のシャトルバスの運行を開始したところ、運賃が格安であるため盛況となった。さらに2010年8月末からは、かつての鹿島鉄道の軌道敷を転用してバス専用道が整備され、石岡駅－茨城空港間にBRT（＝Bus Rapid Transport）の運行が始まり、水戸方面からのアクセスも向上した。

スカイマークはその後、札幌（新千歳）線、名古屋（中部）線の開設を行った。そのため開港直前の悲観的な分析結果から一転して、予想外の結果となった。そこで2011年（平成23）2月からは、スカイマークの新路線の開設に合わせ、JR水戸駅やつくばエクスプレスのつくば駅だけでなく、東

図6-28　韓国のアシアナ航空は、日本の地方空港へも積極的に乗り入れている。

京駅からの既存の連絡バスが増便された。さらに新たなアクセス手段として、常陸太田市やひたちなか市方面からの「茨城空港ライナー」の乗り入れが発表された。

茨城空港の発着料は、成田、羽田と比較して3割程度安く抑えられている。そのため国際線の中でも特にLCCの乗り入れを誘致しており、先ほど述べたように中国の春秋航空が乗り入れている。またジェットスターアジア航空やエアアジアXなどの誘致も行っている。

茨城空港は、LCCの首都圏のターミナルとしての役割が期待されているが、成田空港は水戸やつくば市などからも近いうえ、2010年10月に羽田空港が再び国際空港化されたこともあり、LCC専用ターミナルの建設を検討している。かつての成田空港は空港公団が所有していたが、現在は民営化されており、羽田空港が再国際化されたこともあり、LCCを誘致したいと考えている。もし成田空港にLCC専用のターミナルが建設されると、LCCも需要が期待できる成田にシフトする可能性が濃厚なため、今後の先行きに関しては不透明である。

〔注〕

(1) インターネットで事前に購入を行うと、航空運賃が大幅に割引されるシステムである。これは電話予約係が減らせるために人件費が削減できるうえ、乗客を囲い込むことができるメリットがある。

(2) 連結事業計画におけるフリーキャッシュフロー（金利控除前）を割り引いたキャッシュフローのことである。

(3) スターフライヤーが自前で、予約・発券システムを構築することは資金的に困難である。それゆえANAと提携している。

(4)「Good Inside」とは、オランダに本部を置く、信頼できるコーヒーの生産と供給のための国際規模の認証プログラムであり、トレーサビリティ（原料の生産履歴確保）、サスティナビリティ（地球環境や社会的環境・経済的環境）に対し、全面的に取り組んでいる。生産履歴に関しては、オンライン・トレーサビリティシステムにより、どこでどのようにしてコーヒーが生産されたのかが分かり、製品に付けられた〝Good Inside〟のロゴマークが品質を保証するため、産地偽装ができない仕組みとなっている。

（5）リーマンショック以降は、一部の地域ではメイン空港に発着するようになっている。

（6）台北－成田線、台北－大阪経由ニューヨーク線で使用されるＢ７４７－４００には、ファーストクラスの座席は備わっているが、その座席はノーマルのビジネスクラス運賃を支払った乗客などに提供されている。

（7）茨城県の橋本昌知事は、茨城空港に国際線が就航することもあり、対外的な名称として「Tokyo Metropolitan Ibaraki Airport」としたかった。

第7章　どうする？　どうなる？　今後の高速交通

1　整備新幹線は全国へ

北の大地へと繋がる「北海道新幹線」

全国新幹線鉄道整備法の第4条では、建設を開始すべき新幹線路線を定める基本計画があり、それによると1972年（昭和47）に、北海道新幹線として青森－札幌間が指定された。そして1973年（昭和48）に同法第7条に基づき、整備新幹線に昇格した。同時に札幌－旭川間が基本計画に追加されている。

北海道新幹線は、2005年（平成17）5月22日に新青森－新函館（仮称）が着工され、青函トンネルにもう1本レールを敷設して3線軌条とし、2015年度（平成27）に新函館まで先行開業する予定である。そうなると大宮－東京間および東京駅のホームの容量の逼迫が予想される。そこで大宮から新線を建設して、上越新幹線を新宿へ乗り入れるべきであるという意見や、上野始発着の列車を増発するべきという意見もある。現在ピーク時の大宮－東京間は、1時間あたり12本の列車が営業運行している。

だがそれ以外に折り返しの回送列車も運転されており、これを含めると設計上許容されている毎時15本を確保できない時間帯がある。現在の運行本数は、開業時から年々増えており、東京駅の容量も考慮すると、この区間が運行上の大きな隘路になっている。

なお新宿－大宮間の別線による新線建設は、多額の費用を要することもあり、短期的な視点で見れば現実的ではない。そこで民主党は、2014年度（平成26）の北陸新幹線の金沢開業および2015年度の北海道新幹線の新函館開業後のピーク時の輸送には、ホームの容量にゆとりのある大宮発着の列車を一部設定すればよいと考えている。これにより東京駅や上野駅の容量不足を緩和して、分散を図るという案を野党時代の2008年（平成20）11月27日に開催された「整備新幹線を推進する議員の会」で示している。

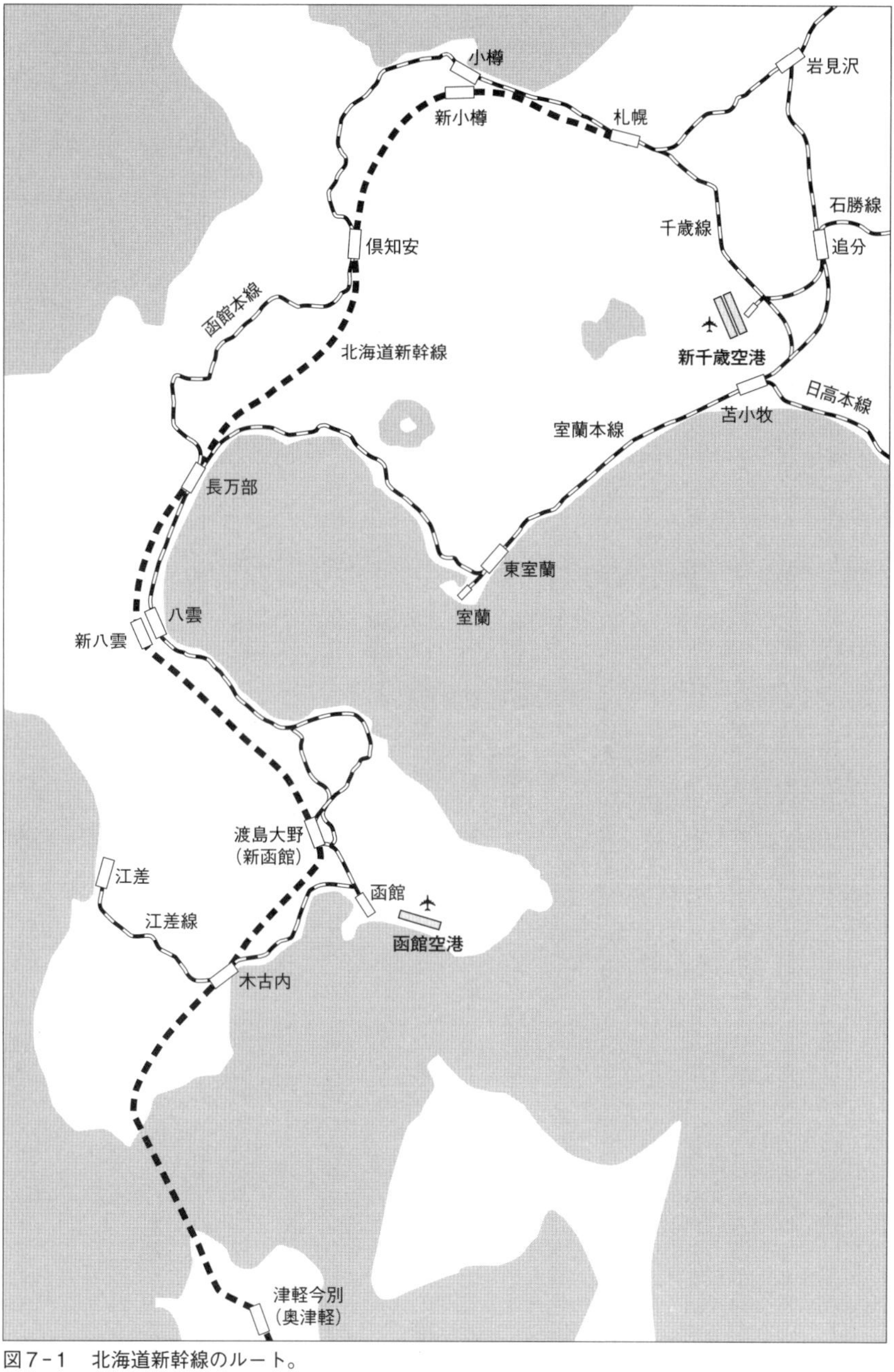

図7-1　北海道新幹線のルート。

もし大宮発着の新幹線が設定されるとなれば、立川や八王子からの新幹線リレー号が運転されるかもしれない。民主党の考えは、JR東日本の見解と一致している。

北海道新幹線の長万部－札幌間は、2019年度（平成31）までの完成を目指し、2009年度（平成21）に着工する予定であったが、2011年（平成23）の現時点でも未着工である。この場合、図7－1のように距離が短くなる倶知安《くっちゃん》や小樽経由となる。また新函館－長万部間は、2020年（平成32）の開業を目指しており、開業後はJR北海道が管轄するが、未だ着工されていない。新函館駅は札幌への延伸を考慮して、函館市内から30キロ程度離れた北斗市内の現在の渡島大野《おしまおおの》駅に建設される。駅の北方には大沼公園や駒ヶ岳などがある（図7－2）。函館市内から遠いこともあり、完成に合わせて函館－新函館間を電化することが決定している。東北新幹線と直通運転を行う予定であるが、特急料金やグリーン料金は、通算による距離制の適用を望みたい。

北海道経済連合会は、新幹線が札幌まで開業した場合の所要時間を試算している。この場合、大宮－札幌間の最高速度を360キロまで引き上げることを前提に、途中停車駅を大宮、仙台、盛岡、新青森、新函館の5か所とした。それによると新青森－札幌間が1時間19分、東京－札幌間が3時間57分で結ばれると想定している。

今後は、2013年（平成25）に宇都宮－盛岡間を320キロへと向上させる予定である。それ以上の高速化は、2011年（平成23）の時点では未だ詳細は述べられていないが、JR東日本は2015年（平成27）の北海道新幹線の新函館開業時には、東京－新青森間を2時間50分とし、東京－新函館間は3時間12分にしたいとしている。

整備新幹線は、鉄道建設・運輸施設整備支援機構が所有しており、JR東日本やJR九州は「貸付料」を支払って運営している。さらなる高速化には、軌道および施設の改良が伴う。そこで高速化により航空機に対する競争力が強化されると、設備改良を実施した鉄道建設・運輸施設整備支援機構は、貸付料の値上げを要求する可能性がある。2011年（平成23）時点では、民営化後に開業した新幹線で260キロを超える速度で運行している路線は存在しない。

だが九州新幹線では、N700系の導入により山陽新幹線との直通が開始されたことに伴い、利便性が大きく向上した。JR九州は、大阪－鹿児島間で航空機から乗客を奪いたく、九州新幹線内の速度向上を検討中である。東北新幹線も、北海道新幹線として新函館へ延伸された際、大宮－新函館間で最高速度を360キロに引き上げることが考えられる。

新青森－新函館間の建設費は、2003年（平成15）4月の時点で4670億円であった。また新青森－札幌間の建設費の総額は、2006年度（平成18）の試算で1兆5470億円であり、うち北海道内の部分は1兆3300億円としている。

工事中の新青森－新函館間は、青森県の厳しい財政事情を考慮して、まずJRから並行在来線の経営分離に合意している北海道側を中心に工事を進めており、木古内付近では橋脚が建設されている。青函トンネルを含む新中小国信号場－木古内間は、既に新幹線規格で津軽海峡線として完成している。そこで今後は、三線軌条化や待避施設の建設などが行われ、2015年度中に新函館まで開業する予定である。運行速度の速い新幹線と、運行速度の遅い貨物列車などが通るため、トンネル内の上下線の間に遮風壁を設けることも検討されている。筆者は、人気のある「北斗星」「トワイライトエクスプレス」「カシオペア」などの豪華寝台列車が、存続することを願っている。

新函館－札幌間の駅の予定地や一部のトンネルは、2006年度（平成18）に地質調査だけは開始している。2007年（平成19）5月より開かれ

図7－2　新函館駅は、函館市内から30キロ離れた、大沼公園や駒ヶ岳の付近に建設される。

た政府・与党（自民党・公明党）プロジェクトチームでは、同区間および北陸新幹線の金沢－敦賀間、長崎新幹線（西九州ルート）の諫早－長崎間の3区間の着工が検討された。3区間を合計した建設費は、2兆5000億円と見積もられている。

だが2008年（平成20）12月の時点では、建設費を全額確保する見通しが立たなかった。そこで、もともと10年とされていた工期を5年程度の延長を行い、既に着工済みの整備新幹線区間の完成を待つか、一部のみ着工するといった案が浮上した。

主たる財源として有力視されているのが、東北新幹線八戸－新青森と九州新幹線新八代－博多間、そして北陸新幹線長野－金沢間の線路使用料である。北海道新聞によれば、この線路使用料のうち、2008年12月の時点で最大6000億円が充当できるとされている。また鉄道建設・運輸施設整備支援機構の剰余金や、既設の新幹線譲渡収入なども財源の候補に挙がっている。だが鉄道建設・運輸施設整備支援機構の剰余金は、2011年度予算で震災の復興費用にあてられており、整備新幹線よりも震災からの復興にあてるべきであるという意見が根強い。

かつて北海道新幹線は、費用対効果を考えてスーパー特急方式での建設も提案された。だが北海道新幹線は、日本の背骨に相当する部分であり、かつスーパー特急方式では速達性が得られないこともあり、地元議員らが反対した。2008年12月には、地元合意の得られている長万部－札幌間の着工が、新八雲駅の建設と一緒に認可された(1)。新函館－札幌間をフル規格で整備すると、約1兆6700億円を要すると言われ、財政難であることから開業時期は2035年にずれ込む予定である。

国土交通省の試算では、新函館－札幌間の開業後30年間の平均で35億円の利益が出るとしており、費用対効果も1・0〜1・1になるという。

長万部－札幌間がフル規格で建設された場合、函館本線の長万部－小樽間に優等列車が運転されていないため、旧運輸省の見解では並行在来線にはならなかった。もしこの区間を切り離しても、JR北海道の経営状況が大幅に改善されることはない。

新函館開業時には、ＪＲ東日本はＥ５系を増備して乗り入れる予定である。ＪＲ東日本は２０１４年（平成26）春の段階で東北新幹線の速達列車は、すべてＥ５系およびＥ６系に置き換える計画である。ＪＲ北海道も、ＪＲ東日本の車両をベースに独自の車両を開発する意向であり、ＪＲ北海道の車両にも〝グランクラス〟が設けられるかどうか、利用者としては気になるところである。

東京－大阪を結ぶ新ルート「北陸新幹線」

北陸新幹線は、１９７０年（昭和45）に制定された全国新幹線鉄道整備法に基づき、１９７２年（昭和47）に東京－大阪間を高崎・長野・富山・金沢経由で結ぶとして基本計画が決定した。そして１９７３年（昭和48）には、整備計画決定および建設の指示がなされたが、国鉄の赤字による緊縮財政や石油ショックの影響で建設が凍結された。１９８５年（昭和60）の工事実施計画の認可を申請した段階では、高崎－小松間をフル規格で先に建設し、その後小松－大阪間を建設するとした。

国鉄が分割民営化された１９８７年（昭和62）、整備新幹線建設の凍結解除が閣議決定されたが、１９８８年（昭和63）には、建設費を削減するため長野以南の建設を優先することになった。そして高崎－軽井沢間のみフル規格で建設を行い、軽井沢－長野間はミニ新幹線とする計画になった。また糸魚川－魚津間、高岡－金沢間は、構造物は新幹線と同じ規格で建設するが、在来線と同じゲージのスーパー特急方式とする計画となったが、後に、高岡－金沢間の基本ルートを変更したうえで、着工区間が石動《いするぎ》－金沢間に変更された。

１９９８年（平成10）３月に長野－上越間が着工され、富山以西は、九州新幹線の新八代－鹿児島中央間が開業後の２００５年（平成17）に富山－金沢間がフル規格で認可された。長野－金沢間は、２０１４年度（平成26）末に開業予定である。

国土交通省は、富山－金沢間は開業から30年後の収支改善効果は約80億円と試算している。この数値は、北陸、北海道（新青森－新函館）、長崎（武雄温泉－諫早）の新規着工3区間の中でトップである。開業50年後の経済効果は、北海道に次ぐ約6500億円（富山－金沢間）となっている。2009年度の東京－金沢間の旅客シェアは、航空機が66％、鉄道が30％、バスが4％であり、航空機が3分の2のシェアを占めている。北陸新幹線の金沢開業時には、東京－金沢間の所要時間は2時間28分に短縮される。航空機を利用する場合、羽田－小松間の所要時間は1時間であるが、東京駅－羽田空港まで30分、小松空港－金沢駅までバスで40分を要することから、搭乗手続きとセキュリティチェックを加えると2時間45分程度となり、航空機から新幹線へのシフトが予想される。

ただし問題は料金である。九州新幹線が全通して山陽新幹線と相互乗り入れが開始されたが、博多で特急料金やグリーン料金が細切れになることから割高感がある。筆者も利用者の1人として、やはり距離による通算制の料金を適用してほしいと思っている。

金沢－南越間は、当時の日本鉄道建設公団（現・「鉄道建設・運輸施設整備支援機構」）、南越－敦賀間は「鉄道建設・運輸施設整備支援機構」が着工に関する申請を終えているが、福井駅周辺を除いて国土交通省の認可は下りていない。その福井駅は、新幹線工事との絡みもあり2005年（平成17）春に在来線の高架化が完了した。第三セクターのえちぜん鉄道は地上にホームがあるが、当初の計画では暫定的に高架にして新幹線用のホームへ乗り入れる計画があった。その高架のホームは2008年度末に完成したが、えちぜん鉄道は現時点でも地平ホームで営業している。

新幹線が福井まで延長された際は、新幹線ホームはかつての新八代駅のようにホームの反対側で在来線特急に乗り換え可能な構造とし、在来線の福井駅の南半分（下り線側）はJRが使用し、えちぜん鉄道は上りホームの北半分を使用する予定である。また県は九頭竜川に架かる県道と一体型の橋の先行整備を進めており、周辺の区画整備で新幹線用の土地も確保してある。

2009年（平成21）8月の総選挙で自民党は歴史的な大敗を喫し、〝コンクリートから人へ〟を掲げた民主党の鳩山由起夫内閣が発足した。２０１０年（平成22）８月末の時点では、敦賀以西のルートなどは決定しておらず、金沢－敦賀間の認可を保留していたが、民主党人気の低迷や原子力発電所を多く抱える福井県への配慮もあり、２０１１年（平成23）12月26日には、金沢－敦賀間の建設を行う考えを示した。この区間の建設費は１兆１３００億円であり、２０２５年（平成37）の開業を目指している。

ただし敦賀市の反応は冷ややかである。現在米原で在来線特急と新幹線を乗り継いで東京まで約3時間であるが、北陸新幹線の開業により乗り換えが解消されても、長野経由になると距離が長くなるため、所要時間はほぼ同じである。長野経由になれば運賃・料金も割高になるため、新幹線の敦賀延長を疑問視する意見もある。

敦賀－新大阪間のルートは未定である。かつては、琵琶湖東岸を通り米原駅で東海道新幹線に接続するルートが有力視されていたが、１９７３年（昭和48）には、主要経由地に小浜市付近が加えられた。

しかし小浜経由の整備計画のルートは、建設費が約1兆円と非常に高額になるうえ、必ずしも旅客流動に合っていない。この他に、スーパー特急方式による湖西線の活用の案も検討されているが、湖西線のスーパー特急方式は冬場の比良おろしという強風の影響による輸送の不安定さと、大阪近郊区間でもあるため通勤電車との調整の問題がある。米原ルートは遠回りになるうえ、ＪＲ東海は16両編成以外の乗り入れを拒んでいる。それゆえ各ルートとも一長一短があり、未だに決定に至っていない。

フリーゲージ新幹線になるか「長崎新幹線」

長崎新幹線（西九州ルート）の基本計画は、１９７２年（昭和47）12月に決定された。だが翌年に第一次オイルショックが発生して、戦後初のマイナス成長を記録したこともあり、経由地が公表される前に計画が凍結となった。１９８５年（昭和60）1月に、早岐《はいき》経由のルートが公表されたが、当時の国鉄は「採算性に乏しい」という理由から消極的だった。これは国鉄の分割民営化で誕生したＪＲ九州でも同様であった。

ＪＲ九州は、２００７年（平成19）４月に以下のような計画を発表している。

①博多－新鳥栖－武雄温泉－長崎間に、フリーゲージトレインを用いて32往復の列車を設定する。この場合、新鳥栖－博多間は九州新幹線へ乗り入れる。

②博多－鳥栖－武雄温泉－佐世保間の16往復は、従来通り全線在来線経由で運行する。

③新鳥栖－武雄温泉駅、諫早－長崎間は、現在の長崎本線・佐世保線の線路を使用する。

①に関しては、フリーゲージトレインであれば、標準軌の新幹線であろうが狭軌の在来線であろうが、走行することは可能であり、②の経路で運転される特急「みどり」は従来通りの運転が継続されるため、問題が生じない。

③に関しては、佐賀・長崎両県は単線区間である肥前山口－武雄温泉間の複線化ならびに高規格化を要望している。そして武雄温泉－諫早間に建設される新線は、開業時は１０６７ミリであるが、将来的にはフル規格に対応できるようにする。

だが着工が認可されるためには、並行在来線の経営分離が必要だった。そこで佐賀・長崎両県は、新たに肥前鹿島－諫早間を運行する第三セクター鉄道は、地元住民の利便性も考慮して新駅の設置を行い、運賃水準は現在のＪＲ九州並みとするとした。

これに関しては、長崎本線沿線の鹿島市と江北町《こうほくまち》が、前述の運転計画とあわせた利便性の大幅な低下と、将来の並行在来線区間の廃線の可能性に懸念を示した。新幹線計画を推進したい佐賀・長崎両県は、両市町との協議を継続しつつ、並行して新幹線の着工が可能となる方法を模索していた。そして２００７年（平成19）12月17日に、佐賀・長崎両県とＪＲ九州の話し合いにより、並行在来線を引き続きＪＲ九州が運行する方向で合意した。その内容は以下のようなものであった。

①肥前山口－諫早間で上下分離経営を導入し、ＪＲ九州は第二種鉄道事業者として、新幹線開業後の20年間は並行在来線の運行を行う。21年目以降は、その時点で再び三者で協議する。そしてＪＲ九州は、年間で発生する赤字

額の約6割を負担することが、3者合意で決められた。

②肥前山口－諫早間のインフラは、佐賀・長崎両県が所有するため、老朽化した鉄道設備はＪＲ九州が集中的に整備したうえで佐賀・長崎両県へ14億円で売却を行う。

２００８年（平成20）３月26日に、国土交通省は武雄温泉－諫早間の工事の実施計画を認可した。この区間は約45キロであり、そのうち半分の23キロがトンネルとなる。だが佐世保線の長崎県内の沿線住民は、直接佐世保市内に新幹線が通らないことや、もし長崎ルートが開業しても博多－佐世保間の特急の運行本数は維持されるため、あまり関心がないように見える。

２００８年（平成20）４月28日には嬉野市で起工式が行われ、武雄温泉－諫早間の建設工事が開始されたが、長崎県内の旧小長井町《こながいちょう》（現・諫早市）などでは、長崎県は第三セクター鉄道を設立して普通列車の増発と新駅設置を約束していたのに、並行在来線区間をＪＲ九州が運営することによって、これが反故になるのではないかと心配している。

また開発されているフリーゲージトレインの試験車について、九州新幹線長崎ルートの建設を推進させるため、性能を過大評価していたことが２０１１年（平成23）４月に判明した。その計算は、現在開発中の車両よりも、フル規格新幹線内では30キロ速い３００キロ、狭軸区間の武雄温泉－諫早間では70キロも速い２００キロに、それぞれ水増しして試算していた。この前提で計算すると費用対効果は１・５となる。費用対効果は、所要時間が短縮されると数値が大きくなる。国土交通省は、フリーゲージトレインの本来の性能で計算しても「費用対効果は1を上回り、年間で20億円の利益が出る」としているが、江北町の田中源一町長は懸念を示し、新幹線建設の中止または凍結を訴えている。

北海道・北陸・九州（長崎ルート）の建設に際し、財政事業が厳しいことから、国土交通省では２０１２年（平成24）1月から、家田仁東京大学大学院教授を委員長とした交通政策審議会で検証を開始した。山崎朗中央大学教授は、建設費の信憑性に疑問を呈しており、東京女子大学の竹内健蔵教授は、３区間の着工時期をずらせば、コスト削減が可能になると考えている。
小委員会が２０１２年3月に報告書をまとめた後は、国土交通大臣が最終判断を下すことになるという。だが新規着工を行うとなれば、採算性や費用対効果に関する徹底的な情報開示が必要である。

速達性の切り札「リニア新幹線」

東海道新幹線は、慢性的に混雑していることに加え、開業から45年以上が経過しているため、今後は列車を運休させた大規模なリフレッシュ工事を行わざるを得ない状況にある。そのようなこともあり、東海道新幹線のバイパス機能も兼ね、東京－大阪間に、リニアモーターカーによる中央新幹線を計画している（図７－３）。中央新幹線は、東京－大阪間を1分でも早く結ぶため、ほぼ直線で建設ルートが予定されている。１９７３年（昭和48）11月15日に示された運輸省告示第４６６号によれば、甲府市付近、名古屋市付近、奈良市付近を経由するとしている。また本路線の基本計画が決定されるのとほぼ同時期に国鉄では、東京－大阪間を1時間で結ぶマグレブ式のリニアモーターカーの開発に着手している。当初、国鉄ではリニアモーターカーによる超高速新幹線として第二東海道新幹線が構想された。国鉄以外にもＪＡＬは、マグレブ式のＨＳＳＴ（＝High Speed Surface Transport）の試験車を製造して試験を行っていた。１９７８年（昭和53）に開業予定であった成田空港は、都心部から60キロも離れた不便な空港であったため、ＪＡＬは、国鉄

図７－３　試験走行に使用される車両。

や旧運輸省が計画していた成田新幹線とは別に、空港アクセス鉄道の研究を独自に行っていた。

国鉄が構想を練っていた第二東海道新幹線は、やがて中央新幹線の計画と統合された。そこで中央新幹線は、従来の鉄車輪で走行する鉄道ではなく、リニア方式という粘着に頼らない磁気浮上式の鉄道で建設することになった。中央新幹線でリニアモーターカーの実用化を目指し、国鉄時代には宮崎に5キロの長さの試験線を造り、有人実験を行うなどの成果を上げてきた。国鉄の分割民営化後は、JR東海が山梨県に大規模な実験線を造り、500キロで走行した際の列車のすれ違い実験や（図7-4）、降雪時の走行試験などを行っている。

かつて「磁気浮上式鉄道には採算性はない」と言われた。日本の新幹線は、完全な高架式の別線を建設する必要があるが、欧州の高速鉄道は既存の線路を走ることができる。一方の磁気浮上式鉄道は、粘着に頼らない運転であるため、コンクリート軌道にコイルを設けた全く新しい路盤を別に建設しなければならず、かつ既存の鉄道と相互乗り入れができない。リニアモーターカーの1キロあたりの建設費は、日本では平均すると150〜200億円と試算されている。この数値は、フル規格新幹線の約60億円と比較しても2〜3倍以上である。

ただし初期投資は莫大であるが、リニアモーターカーは無人運転が可能であるため、人件費が高い日本では朗報である。

図7-4　実験走行するリニアモーターカー。

物体（金属）の電気抵抗は、温度を下げるほど小さくなり、電気抵抗をゼロにすると超電導が生じる。当初は、液体ヘリウム[2]を用いて絶対零度（マイナス273℃）に近いマイナス270℃の極低温まで冷やさなければ、一度流した電気がいつまでも流れ続ける超電導現象が生じなかった。ところが近年の技術革新により、液体ヘリウムなどを用いる必要がなく、マイナス256℃でも超電導が生じるようになった。マイナス270℃とマイナス256℃では、わずか14℃しか違いがないが、この温度差による消費電力の違いは大きい。

しかし従来の鉄製レールの建設コストは、磁気浮上式の線路と比較すれば圧倒的に安い。また磁気浮上式の線路の場合、ポイントが大型になるため（図7－5）、導入費用だけでなく、維持・管理費も非常に割高になる。初期投資にかかる金利を、運賃収入と運営費の差額で回収できるかどうか、JR東海が磁気浮上式鉄道の試験線を建設した時には、疑問視する意見が多かった。筆者自身も、VVVF制御の技術が進んだことから、新幹線でも30‰の急勾配も多くなったことに加え、トンネル掘削技術も進展したため、長大トンネルを掘削した方が建設費も安くなっていたことから、従来の新幹線システムであっても、400キロくらいまで速度を出すことが可能であり、甲府から南アルプスなどを長大トンネルでぶち抜けば距離が大幅に短縮され、東京－大阪間を1時間半で結ぶことが可能だと考えていた。また既存の新幹線システムであれば、名古屋から東海道新幹線に乗り入れたり、反対に東海道

図7－5　リニアモーターカーでは、ポイントも大がかりとなる。

新幹線から中央新幹線への乗り入れも可能となり、車両の効率的な運用が組めると考えていた。

リニアモーターカーは超電導技術の進展だけでなく、無人運転が可能であるため、人経費の削減が可能となった。また、筆者が試乗会に参加して乗車した際、リニアモーターカーが浮上して走行する時の乗り心地は新幹線よりも良かった（図7－6）。起動時や停車時はゴムタイヤ走行となるが、モノレールや新交通システムと比較すると、ゴムタイヤで走行している時間が短く、交換周期も短くなる。さらに車両にモーターなどの消耗品類がないため、整備費が安くなるうえ、稼働率が上がる。そのうえ、従来の鉄道車両に比べて軸重が分散している。その結果、車体が軽くなることで軌道への負担が小さく、磨耗の心配がないため、長期的に見れば維持費が安くなるという。こうしてJR東海は、実験線の路線長を実用化に向けて延伸することになった。こうなればリニア方式で、中央新幹線を建設した方が得策である。

この山梨県の実験線は、2027年（平成39）の東京（品川）－名古屋間が開業した際、本線として活用される。中央新幹線は、2045年（平成57）に全線開業する予定であり、完成時には東京－大阪間が最短で1時間7分で結ばれ、東海道新幹線と比較すれば約半分の所要時間となる。そうなれば東京－大阪間は通勤圏になり、大阪の自宅からリニア新幹線で東京の会社へ出勤する人が出てくるだろう。建設計画は、2014年（平成26）に着工することになっている。中央新幹線は、新幹線の基本計画路線ではあるが、

図7-6　リニアの車内は新幹線より狭く、2－2の横4列となる。

整備新幹線には該当しない。

２０１１年（平成23）5月30日の毎日新聞の夕刊によれば、ＪＲ東海の山田佳臣社長が２０１１年5月30日に定例会見を行った際、２０４５年に中央新幹線が大阪まで開業した時の大阪駅の場所は、現在の新大阪駅に設置する方針であることを表明した。

その中で山田社長は、「広島や岡山などの地域の方々にも利用していただけるように、中央新幹線と山陽新幹線を組み合わせた利便性を達成しないと意味がない」と述べたという。

戦後の復興から一貫して右肩上がりであった日本経済は、１９７３年（昭和48）11月に発生したオイルショック後は、年率２％程度の低成長に転じた。そのため建設中の東北・上越新幹線も、当初の開業予定から大幅に遅れるなど、全体的に新幹線の建設が停滞することになった。

国鉄が分割民営化された当時は、バブル期であったことから東海道新幹線の輸送量が急激に増加し、近い将来に輸送力が逼迫すると考えられた。そこで中央新幹線が注目され、リニア方式での建設を前提として、ＪＲ東海による建設促進運動だけでなく、沿線自治体による誘致運動が展開された。そのため諏訪付近を経由する案も浮上してきた。

また中央新幹線が開通すると、沿線に設けられる予定の各駅は、日本の二大都市である東京や大阪へ1時間以内で到達が可能となる。そのため、東京に一極集中した首都機能を、大阪や名古屋などへ移転させる議論のきっかけのひとつにもなった。また山陽新幹線が、兵庫県南部地震の被害で3か月程度不通になった経験から、１９７０年頃（昭和45）から東海地震の予想被災地域を通過する東海道新幹線の代替路線が必要であること、東海道新幹線は開業から45年以上が経過して老朽化が進行しており、長期運休を伴う改築工事の必要が生じる可能性があることも建設の理由として挙げられた。

高速交通機関として、この節では整備新幹線について述べた。次節では空港整備について述べたい。

2　空港はどのように整備されてきたのか

空港整備特別会計とは

わが国で空港種別を定めていた空港整備法は、２００８年（平成20）の第１６９回国会で、「空港整備法および航空法の一部を改正する法律案」が制定され、「空港整備法」は「空港法」に変更になった。従来の第一種と第二種Ａは国または空港会社が設置・管理・運営するとした。第二種Ｂは、附則で国が設置して地方自治体が管理すると定めた。そして第三種は、地方自治体が設置・管理・運営するとした。

第三種空港が地方自治体により設置および管理されるといっても、従来は空港整備特別会計という制度のもとで、国からの補助金で設置されてきた。小泉純一郎内閣が発足以降、特別会計は悪者扱いにされているため、２００５年（平成17）12月24日に「行政改革の重要方針」が閣議決定され、特別会計の改革は重要方針のひとつになった。

筆者は、特別会計という制度が悪く、一般財源化（一般会計）すれば無駄使いが解消するとは思っていない。特別会計という制度は、使途が明確であるうえ、財源が豊富であるという利点もある。そのため特別会計であれ一般会計であれ、財政の透明性が確保されているか否かが重要だと考えており、国民のチェックが容易である必要性を痛感している。賛否両論はあったが、事業仕分けも財政の透明性を確保するうえで重要だと思っている。

道路整備特別会計、治水特別会計、港湾整備特別会計、空港整備特別会計、都市開発資金融通特別会計という国土交通省が所管していた５つの特別会計は、２００８年（平成20）４月からは、社会資本整備特別会計として一本化された。これにより、従来より柔軟な予算の運用が可能になったと、筆者自身は考える。そのため道路整備特別会計は道路整備勘定、空港整備特別会計は空港整備勘定という形で、従来の特別会計はひとつの「勘定」として、社会資本整備特別会計に組み込まれた。なお、空港整備勘定は空港整備だけでなく、空港の維持・運営やその他の業務も行っている。

わが国の空港整備システムは、収入プール制を採用しているため、航空会社が国に納める空港使用料は、社会資本整備特別会計の中の空港整備勘定となっていったんは国にプールされ、国が再配分する。航空会社は、空港使用料とは別に使用する航空燃料にも、空港整備を目的に航空燃料税として1リットルあたり26円課税されている。２０１０年度（平成22）の税収は約７１６億円であり、航空燃料税はいったんは一般会計となるが、13分の11に相当する額が空港整備勘定に算入される。空港整備勘定の財源は、純粋な一般財源、航空燃料税からの受け入れと、自己財源となる空港使用料収入と雑収入、羽田空港の沖合展開整備にあてる長期借入金からなる。

ところで航空燃料税を導入している国は、世界中を見渡しても日本と米国しかない。米国の場合は、１リットルあたり約1円の徴収であり、空港の維持・管理や環境およびテロ対策に使用されていると聞く。そこで政府は、経営再建中のＪＡＬの負担軽減などを目的に、[3]航空機燃料税の引き下げを検討しており、財務省は25%の引き下げ案を国土交通省に提示している。ＪＡＬは自社の経営再建にも直結するため、国土交通省とともに半減を求めている。航空燃料税の値下げは、ＪＡＬに限らず他の航空会社も望んでいる。特に経営基盤が脆弱な新規参入のＬＣＣにとれば、25%引き下げられたとしても、１リットルあたり６・５円下がるため、そのぶんだけ経営の負担が軽減する。

だが財務省は、今までの空港整備による借金が約1兆円あり、空港整備勘定は事業仕分けでも廃止が猶予されたことから、財源を維持したい考えである。政府税制調査会の事前査定でも、半減案は「認められない」としているが、これに国土交通省や民主党側が反発している。政府税調は、２０１０年（平成22）11月30日に一次査定を行ったが、そこでは「保留」にまで押し戻した。

慶應義塾大学の中条潮は「航空政策・空港政策に関する誤解と疑問―成長戦略に向けての本質的課題―」（『運輸と経済』２０１１年1月号）で、「空港を独立採算・民営化する際には、航空燃料税は廃止すべきである。民営化された各空港は、当該空港に関する航空燃料税収入寄与分を、空港使用料の一部として取り込めば収入は確保される」と述べているが、２００９年（平成21）に当時の鳩山由紀夫首相は、２０２０年（平成32）までに１９９０年度（平成２）比でCO_2を25％減らすことを国際公約している。航空機は鉄道や船舶と比較すればエネルギー効率が悪く、CO_2の排出も多い。仮に航空燃料税を廃止したとしても、欧州で導入が進んでいるような航空券税を導入して、地球温暖化防止などの環境対策を充実せざるを得ないと筆者は考える。航空券税は、搭乗者が支払う税金であり、欧州などでは距離に応じて金額が決められ、航空券に組み込まれる。ドイツが導入している航空券税は、欧州域内の場合は８ユーロ（約８８０円）であり、日本も欧州を参考に航空券税の導入を検討することになるだろう。

収入プール制による空港整備は、羽田空港などの発着料などの収入の多い空港の利益で、不採算の地方空港を内部補助しているため、拠点空港に過度に負担させ、財源を利用者負担に著しく依存している。それゆえ羽田空港のように、容量が逼迫した拠点空港の整備に対し、充分な資金が充当できていなかった。

そこで羽田空港の再拡張を行い、近距離国際線を復活させるための資金調達として、ＰＦＩ（＝Private Finance Initiative）が導入された。第三セクター方式は、公共事業に民間資金を入れるという発想であったため、無責任な体質になるリスクがあった。それに対しＰＦＩは、資金調達から事業運営まで一括して民間部門が行うため、より民間活力を引き出しやすい社会資本整備の手段である。これにより〝範囲の経済〟を実現するだけでなく、入札を実施することから事業の透明性と、事業費の削減および事業の品質向上が図れる。ただ筆者自身は、ＰＦＩは図書館や刑務所などの比較的小規模な社会インフラの建設・運営に適しており、空港・港湾・都市鉄道などの大規模な社会インフラには、事業の企画段階から民間事業者の参加が可能なＰＰＰ（＝Public Private Partnership）が適していると考える。

今後の空港整備勘定であるが、２００２年（平成14）の日本交通学会全国大会の統一論題で、パネリストの１人であった中条潮は、当時問題視されていた道路特定財源に対し、「道路特定財源は民営化するべきである」と発言したが、今後は空港整備勘定の独立行政法人化が検討されていると聞く。２０１０年（平成22）に羽田空港の新滑走路完成による再拡張化が完了したため、空港整備に関する特別会計（社会資本整備特別会計）は、株式会社による民営化や独立行政法人化も含め、その仕組みを変えざるを得ないと、筆者自身は考える。

国費の投入に関して塩見英治は、「拠点複数空港と民営化の課題」(『運輸と経済』2006年8月号)で、「国益と言う観点から考えても、社会資本整備特別会計の活用だけでなく、一般財源の拡充も望まれる。また拠点空港は、広域の居住者の便益にかなうことから、国の地方交付金に頼るのではなく、地域もそれ相応に負担する制度設計を行う必要がある。それにはPI(=Public Involvement)という住民参画の実施も有効であり、事業の有効性と効率に対し、市民だけでなく地元企業や地元自治体の合意形成が不可欠である」と述べている。そのため羽田空港のような拠点空港は、国際準公共財と位置づけてもよいと考える。筆者は、今までPIのような仕組みがなかったため、利用頻度が低い空港や国際線を誘致するための不要な滑走路の延長およびターミナルビルが建設されたと考える。

空港民営化の功罪

ほとんどの国で空港は、国や地方自治体が中心となって公共施設として整備され、公益事業として国や地方自治体が直接運営してきた。この場合、各国の主要空港のターミナルビルの建設と管理運営(用地は賃貸)は、民営化されている。

ところでわが国では、地方自治体が中心となって設立した第三セクターが事業主体となる方式が一般化しているが、わが国初のターミナルビル会社となった羽田空港の日本空港ビルディングは、民間資本のみで管理・運営されている(図7-7)。一般に空港の収入には、空港使用料(着陸料や停留料など)、給油施設使用料や旅客サービス施設使用料などで発生する航空系収入と、オフィス賃貸料のような不動産収入や直営事業収入、保険代理店収入、広告収入などの非航空系収入がある。

しかし国際航空の進展などにより商業収入が確保され、空港の自主財源が増大したことや、国の公共事業への投資抑制などもあり、空港の財務について独立採算が求められるようになった。その結果、英国のように空港の民営化を積極的に進める国が出るなど、空港の所有、管理・運営形態も多様化している。

わが国では、「均衡ある国土の発展」という美名のもと、日本全国に98の空港を整備した。日本は島嶼国家であるため、約35の空港は離島にある。離島の空港は不採算であるが、日常生活のライフラインとなっているため、簡単には廃港にできない。かつて8箇所で建設された農道空港は利用者がいないため「不要」と判断しても問題はない。空港整備特別会計や地方交付税の交付があったため、利用頻度の低い空港が建設されてしまったし、不要な滑走路の延長や国際線ターミナルビルの建設なども行われた。そこで定期便を維持するため、地方自治体が補助金を投入して路線を維持している空港も多数見られる。能登空港の「搭乗率保証制度」のように、航空会社と奥能登開発公社の双方に対し、集客に対するインセンティブを持たせるようなスキームを導入している事例もある。それゆえ地方空港は、効率的な管理運営の時代を迎えている。

これからは建設・整備一辺倒の時代ではない。航空業界の規制緩和が実施されたことに伴い、航空会社も幹線の利益で不採算路線を内部補助することが難しくなっており、高需要路線にシフトしている。それゆえ便益の低い空港を閉鎖や統合することも視野に入れ、スクラップ&ビルドを模索する必要がある。また、空港をビジネス機会として捉え、有効活用していく時代となった。

図7-7　羽田空港ターミナルビル。民間資本のみで管理・運営されている。

地方空港は、1990年代に入り急速に国際化が進展した結果、成田空港や関西国際空港には及ばないが、免税売店という大きな収入源を有するようになった。また空港へアクセスする公共交通が脆弱であるため、駐車場などの関連業務が拡大し、これらの占める収入の割合が増加した。その結果、商業的資源としての潜在価値も着実に向上しており、今後もさらに需要規模の拡大が予想される。2009年（平成21）に国土交通省は、初めて日本の各空港別の収支を報告したが、それによると伊丹空港以外は「赤字」になっていた。これはビル会社などの非航空系の収入が含まれていないからであり、これを加えて一体で空港を評価すると、黒字となる空港が増える。地方空港が企業体として、独立したさまざまな事業が成立する可能性を持つため、民営として運営していくことが妥当だといえる事例も多数あり、民営化などの民間活力の導入を検討する必要がある。

空港の民営化と言っても、表7－1で示すように形態はさまざまである。かつての成田空港のように、空港公団という特殊法人が運営する国営に近い空港もあれば、株式会社の形態を採用する空港もある。株式会社であっても、国や地方自治体の100%出資により民営化した空港もあれば、関西国際空港や中部国際空港のように国や地方自治体の出資だけでなく、民間資本も取り入れた空港もある。関西国際空港はターミナルビルだけでなく、空港本体の部分まで含んだ株式会社であるが、政府が66・7%出資している。この数値は中部国際空港の39・9%よりも高いため、実質的には第三セクターである。また成田空港も、2004年（平成16）に民営化されたが、株式の売却は当面先になるとしている。さらに英国の「BAA Public limited companies」

表7－1　空港の民営化の形態。

方　式	事　例	備　考
空港公団（特殊法人）	かつての成田空港	現在は民営化（株式は売却されず）
国や地方自治体の100％出資	成田空港	株式は売却されず
民間出資	関西国際空港、中部国際空港	関西国際空港は、民間の出資は33.3%、中部国際空港は60.1%
完全民営化	BAA Public limited companies	空港公団から民営化

出典：各種文献『運輸と経済』などをもとに筆者が作成

のように、複数の空港を統括する公開有限責任会社を設け、株式を公開して空港公団から民営化した例もある。

前者も後者も、従来の国や地方自治体が管理する形態と比較すれば、独立した企業体として長期計画を策定し、自主的に管理運営することが認められている。特に前者は、アメリカ、ドイツをはじめ世界各国で最も一般的な空港管理形態であり、民営化前の英国空港公団やフランスのパリ空港公団も該当する。

わが国では、「関西国際空港と伊丹空港の統合」を目指しているが、管理主体が異なっていた。伊丹空港を廃止し、関西国際空港に一本化する場合、大阪府知事には権限はない。2011年（平成23）9月20日に政府は、関西国際空港と伊丹空港の統合を閣議決定した。既に2011年5月に成立した法律に基づき、新たな運営会社を2012年（平成24）4月1日に設立を行い、2012年7月1日に経営統合することを政令で定めていた。管理主体が異なる空港の統合は、前例がないため、国土交通省は国が100%出資して両空港の滑走路、伊丹空港の土地、関西国際空港のターミナルビルを所有する「新関西国際空港会社」を設立させる。そして経営統合後は、事業運営権の期間を30年以上として、2015年度（平成27）までに民間に売却することを目指している。その後は、両空港の所有権は新関西国際空港会社に残る。関西国際空港が抱える約1兆3000億円の負債があるため、従来から国土交通省は伊丹空港へは環境対策費として特別着陸料を課し、4発ジェット機の乗り入れ禁止やジェット枠設置などの運航制限を行い、伊丹の需要を関西国際空港へ誘導している。

関西国際空港と伊丹空港の経営統合はあくまで手段であり、最終目標は空港経営権の民営化である。国土交通省は、負債総額とほぼ同額で売却できると見ているが、2011年（平成23）3月11日に発生した東日本大震災の影響で、国際線・国内線ともに航空需要が落ち込んでいる。そのうえ、ギリシャの経済危機や世界情勢により、時期がずれ込む可能性も考えられる。それゆえ運営権の売却が円滑に進むという予想を疑問視する声もある。

また、国土交通省の中には、空港の民営化に対して反対する意見も根強い。空港は重要な公共インフラであり、有事には安全保障にかかわることも想定されることが理由である。空港を民営化するといっても、管制管や出入国審査、検疫や税関職員を民営化するわけでなく、ターミナルビルの運営やインフラ整備に民間資本を導入するのである。そのため筆者は、民営化されるとターミナルビル会社へ国土交通省ＯＢが天下りできなくなるため、それが目的で反対しているのではないかと疑ってしまう。

航空先進国の英国では、既に四半世紀近く前から民営化が進んでいるが、安全性を不安視するような意見は出ないという。英国では、「空港は商業的な企業である」と考えると同時に、民間資本の導入により、以下のような空港経営の効率化を図るため、１９８０年代に空港の民営化が進められた。

①企業会計制度の導入による収支の透明化

②財務を独立採算とすることで、整備責任だけでなく管理・運営責任の明確化

③商業的事業への業務拡大による収益力の強化

わが国の地方空港では、ターミナルビルだけが基本的に第三セクター方式であり、空港本体は行政が担うというように、役割分担がなされている。またターミナルビルの運営会社の大半は、ターミナルビルの経営だけを行えばよいため、滑走路などに投資を行う必要がない。その結果、経営面で極めて安定しており、地域の優良企業となっている。

しかし地方空港の整備が進み、全国に路線ネットワークが充実した今日では、民営化も含めもう一歩踏み込んだ経営形態を指向すべきだという考えがある。岡田孝は「地方空港民営化に関する考察」(http://www.jri.co.jp/page.jsp?id=16395)の中で、わが国の地方空港が空港全体の民営化を指向する際、以下のような理由から英国の空港民営化を見習うべきだと指摘する。

①企業活動としての経営概念が、空港全体に導入されたこと

②中央政府ではなく、地方主導型の管理・運営形態を徹底していること

③公益事業を中心とした空港経営から、複合的な営利事業と位置づけたこと

今後は、わが国でも地方主権が求められるため、地方の各空港の経営状況の情報開示が必要である。それゆえ筆者

は、需要規模などから見て、民間で経営できる空港は民営化してもよいと考える。さらに2011年（平成23）8月10日の交通新聞によれば、国土交通省は羽田、新千歳、広島、福岡、那覇などの国が管理運営する全国27空港について、2020年度（平成32）をめどに民営化する計画である。株式会社形態になるか特殊会社になるかは現時点では未定であるが、英国などと同様に空港運営に民間活力を導入することで創意工夫を促し、経営の効率化を行うことで生産性を高めたいとしている。それにより世界的に見て割高な着陸料を引き下げ、航空分野の国際競争力強化に繋げたいという。日本の空港の着陸料は、離島などを除くと同一機種であれば、全国一律となっている。つまりB737であれば、羽田へ着陸しようが大館能代に着陸しようが同一である。有識者で構成する「空港運営のあり方に関する検討会」は、同年7月末に報告書をまとめた。同省の航空局は、報告書の趣旨に沿って空港の経営改革を進めたいとしている。

空港経営が民営化されると、機種により全国一律であった着陸料が、各空港の経営戦略などにより、変化する（値下げされる）可能性がある。そのため各空港のセールスなどが重要になる。

だが全空港を民営化することは不可能である。離島などに立地する空港は、生活路線であるため採算性に乏しい。そのため従来通り生活基盤整備と位置づけ、今後も行政が支援を行う必要がある。

ここまでは、今後の新幹線計画および空港政策について述べた。次節では国を変え、新幹線や高速鉄道の開業により、大きな影響を受けた台湾と韓国の事例を紹介したい。

3　海外にもある！「高速鉄道」対「航空路」

N700系？　日本の新幹線技術をふんだんに取り入れた「台湾新幹線」

台北－高雄間の2001年度の台湾国鉄の断面交通量は、1日あたり約1万5000人あった。国鉄の特急「自強號」と高速バスの所要時間では同等であるが、国鉄は格安切符などの設定が不十分であり、台北－高雄間の高速バスに対する競争では、運賃、本数、居住性において劣勢であった。

そんな中、２００７年1月5日に板橋－左營間で暫定開業した台湾新幹線は、同年3月に台北駅まで正式に開業した。台湾新幹線は、ＢＯＴ方式（＝Build Operate Transfer）で整備され、35年が経過すれば政府に移管される計画であるが、台湾国鉄が新幹線を運営することはないだろう。ＢＯＴ方式は、民間活力を導入したインフラ整備方式であるが、特に東南アジアでは盛んに採用されている。東南アジアで地下鉄や空港鉄道を整備する場合は、資金だけでなく技術・人材も乏しいためにＢＯＴ方式を採用する。台湾では、資金面で問題はないが、「効率」と「公共性」を加味した結果、ＢＯＴ方式が妥当となった。

新幹線の台北駅は、4面10線あった台湾国鉄の地下駅の南側半分を利用し、高雄側は郊外の左營に設けられた（図７－８）。現在の台北駅は、１９８９年に在来線用として完成したため、新幹線を乗り入れる際に1番月台（プラットホーム）のＡサイドの壁を削ったり、全体的に路盤を下げるなどの苦労があった。左營へのアクセスは、国鉄が新幹線に隣接して新左營駅を設けた（図７－９）。また、地下鉄レッドライン（図７－10）も乗り入れているため、国鉄の高雄駅や都心部へのアクセスも良好である。

台湾新幹線は、国鉄とは別の事業者である台湾高速鐵路客運公司（以下、台湾高鐵）が運営する。日本では新幹線の開業に際し、国鉄の運転手を新幹線へ

図７-８　左營駅の駅舎は、ガラス張りで立派である。

図７-９　新幹線の左營駅に併設して国鉄も新左營駅を設けた（写真奥が新左營駅への連絡通路）。

転属させたが、会社が異なる台湾ではそのようなことができず、新たに新幹線の運転手を雇うことになった。そのため開業当初は1時間に1本程度の運行しかできなかったが、日本の国鉄やJRのOBの運転手が運転手の育成を行ったこともあり、増発が可能になった。2011年4月の時点では、台北－左營間に平日60往復、土曜日66・5往復、休日71・5往復が運行されている。1時間あたり3～4本の運転となり、利便性が向上した。

台湾新幹線は、日本の700系をベースにした700T系が12両編成で運行される（図7－11）。1編成あたりの定員は989名（標準車が923名、商務車が66名）であり、B737型の狭胴機の約6倍の輸送能力を有する。700T系の最高速度は、N700系と同様に300キロである。板橋と台中にだけ停車する速達型の列車は、台北－左營間を96分で結ぶ。

台湾は当初、欧州連合が売り込んでいる動力集中式のTGVタイプを導入する予定であった。当初は欧州連合に傾きかけていたが、1998年にドイツのエシュデでICEが大事故を起こし、101名の死者を出したことや、1999年9月21日に発生した台湾大地震など、台風や地震の多い台湾では自然災害へのノウハウが決め手となった。フランスやドイツには地震や台風へのノウハウがなく、日本の新幹線システムが選ばれた。また台湾西側には都市が連続するため、1編成あたりの輸送力が大きい新幹線システムは有利に働いた。新幹線システムであれば12両編成で済むため、有効長が320メートルしかない台北地下駅のプラットホームにも収まる。

図7－11　台湾新幹線には、日本の700系をベースにした700T系が使用される。

図7－10　高雄市のMRTは、郊外では地上を走行する。日本とは異なり、右側通行である。

高架橋や橋梁の設計荷重は、25・5トン（日本の新幹線は18トン）と欧州仕様になっている。また駅構内への入線用のポイントは、日本の16番ポイントとは異なり、ドイツ製の非マンガン合金クロッシングを用いた33番や26番ポイントが主流であるが、このポイントは故障が多くて困っている。

中ほどの6号車は、〝商務車〟という日本で言えばグリーン車に相当する特別車両である。台北－左營間の運賃は、普通車に相当する〝標準車〟で1490元（1元＝約3・0円）、自由席が1415元、子供・シニア・身障者が745元である。一方の〝商務車〟は、開業当初は2440元と割高であったため利用が芳しくなかった。そこで表7－2で示すように2009年に1995元に値下げされた。子供・シニア・身障者は1220元である。それにより台北－台中間では、座席の半分くらいまで埋まるようになった（図7－12）。

〝標準車〟は2－3の横5列であるが、座席の回転が可能であり、シートピッチは1040ミリとゆったりしている（図7－13）。7号車には、身体障害者の利用を考慮した車椅子を設置するスペースが確保されている（図7－14）。車椅子の設置スペースの確保は、1997年（平成9）に台湾国鉄が導入したプッシュプル型の「自強號」から導入されていた。

図7-12　台北－台中間は、“商務車”の座席の5割近くが埋まる。

図7-13　“標準車”は日本の新幹線と同じ2－3の座席配置である。

表7-2　台湾新幹線の台北－左營間の片道運賃。

	商務車	普通車
大　人	1,995元	1,490元（自由席は1,415元）
子供・シニア・身障者	1,220元	745元

出典：台湾高速鐵路のホームページをもとに作成

〝商務車〟は2－2の横4列であるが、シートピッチは1160ミリでフットレストを備えている（図7－15、図7－16）。〝商務車〟には肘掛内蔵のテーブルは備わっていないが、背面テーブルは備わっており、服務小姐（キャビンアテンダント）から無料でコーヒーおよびビスケットのサービスが受けられる（図7－17、図7－18）。またオーディオは6チャンネルあり、服務小姐に申し出れば無料でヘッドホンが借りられる。九州新幹線に直通する「みずほ」「さくら」のグリーン車は、博多でグリーン料金が細切れになるにもかかわらず、紙製のおしぼりとキャンディだけであり、台湾新幹線と比較すればサービスは簡素化されている。服務小姐は、立栄航空などの航空会社の出身者が多いため、お盆に載せてコーヒーを提供するなど、サービスの方法は航空機に似ている。

〝商務車〟の車内は、落ち着いた空間を提供するため、間接照明を用いて照度を抑えている。読書時などは照度が不足するが、それは読書灯で補う。読書灯以外にＡＣ１１０Ｖのコンセントも完備され、車内でパソコンによる書類作成や携帯電話の充電が可能である。残念な点としてトイレが2両に1つの割合でしかないため少なく、〝商務車〟に設けられていなかったことが挙げられる。

７００Ｔ系は最高速度３００キロ運転を行うが、ダイヤにゆとりがあるため定時運転率は99・2％となっている。７００Ｔ系の性能であれば、板橋と台中に停車しても台北－左營間は85分程度で走行可能であるが、航空機から鉄道へシフトしたため、これ以上所要時間を短縮する必要はない。

台湾高鐵は、利用客を増やすため、お得な高鉄パスという企画乗車券を発行

図7－14　7号車には、身障者用の設備が備わる。

図7－15　“商務車”の座席には、折り畳み式のフットレストが備わる。

している。引換券をパスポートと一緒に窓口で提示して、「高鉄パス」に引き換えてもらう。「高鉄パス」を受領すると、30日以内に使用しなければならない。さらに台湾高鐵では、8回分の自由席ICカード回数券や30日分の自由席ICカード定期券の販売や、利用者の利便性を考慮してセブンイレブンなどのコンビニでも乗車券が購入できるようにしている。その結果、利用者は少しずつ増え始めている。台湾高鐵のアニュアルレポートによれば、台湾高鐵は2008年度までは、ランニングコストもまかなえなかったが、2009年度からはランニングコストだけを見ると黒字を計上するようになった。

ランニングコストだけを見ると黒字になった台湾高鐵だが、それまでの経営状況は悲惨であった。減価償却（BOT方式）に伴う金利の支払いが負担となり、台湾高鐵の資本金が1053億元であるのに対し、累積赤字は702億元となった。低金利への借り換えが検討されたが、思うように進まなかった。その間に、金融危機の影響で出資者であるリーマン・ブラザーズの香港法人が破綻したため、計画されていた増資が頓挫した。経営難に陥った台湾高鐵は、開業1年半で政府の管理下に置かれた。結局2010年1月8日に借金である3863億元は、低金利への借り換えが金融機関との協議で決着したため、経営危機は一段落着いた。

2010年度の関連事業も含めた営業収入は276・4億元であり、2009年度の233・2億元から18・5％も増加している。2010年度も、

図７−16 “商務車”のシートピッチは、1160ミリである。

ランニングコストだけを見れば約93・0億元の利益が出ている。だが利息の返済（BOT方式）などに約105・1億元を要しており、最終的には12・1億元の赤字であった。

2011年度の上半期（1月1日〜6月末）までの損益であるが、営業収入が157・98億元であり、営業費用が91・8億元であったことから、営業利益は62・02億元であった。そこに利息収入などを加えた利益は、63・46億元となった。そこから利息の返済（BOT方式）などの営業外費用の43・63億元を引くと、19・83億元の経常利益が出た。

台湾高鐵はランニングコストがまかなえるようになり、2011年度の上半期では黒字を計上したが、利用者数は予想より少なく、苦戦している。台湾高鐵のアニュアルレポートによれば、2010年度の利用者数は、3694万人となっているため、1日約10万人に留まっている。2009年度の46・31％よりも改善しているが、結果として平均乗車率は48・97％である。その理由として以下のことが挙げられる。

①運賃が台湾国鉄や高速バスと比較して割高である。
②台中、嘉義、台南は、市の中心部から離れた郊外にあり、そこへのアクセスが面倒

①に対しては、自由席を設置したり、格安乗車券を設定して対応するようにしている。②は、台湾では地主の権限が強く、都心部に新たな用地の確保が難しかったため、郊外に駅を設けざるを得なかった。台南に関しては、国鉄が中

図7-17 “商務車”では、キャビンテンダントから各種サービスが受けられる。

図7-18 “商務車”では、コーヒーとビスケットが無料でサービスされる。

州－沙崙間の6・4キロを結ぶ沙崙線を2011年1月2日に開業させ、終点の沙崙で台湾新幹線に接続するようになった。台中は台湾新幹線の開業に伴い、台湾国鉄が接続駅として新烏日駅を開業させただけでなく、それとは別に全線高架式のライトレールである烏日文心北屯線が、2009年10月8日に着工された。

台湾新幹線の開通による航空への影響であるが、台北－台中便を運航していた華信航空は、利用者減少を理由に2007年4月末で全廃になった。また台北－高雄間は、150人乗り程度の狭胴機を使用し、ラッシュ時には15分に1便、閑散時でも40分に1便の運航となり、1日あたり片道25便程度確保されている。格安航空券は、1200元程度で販売されている。1200元という価格は、当時の特急列車「自強號」の運賃845元や高サービスが売り物の阿羅哈客運のバス運賃715元より割高であるが、台湾新幹線の標準車の1490元よりは割安である。台湾新幹線が開業したため、台湾国鉄は台北－高雄間の「自強號」の運賃を599元に下げた。高速バスも台北－高雄間を300元台に値下げした事業者もある。

だが搭乗率は各社平均で20～30％に落ちた。そこで2007年5月16日より、遠東、復興、立榮、華信の4航空会社は、台北－高雄線の共同運航を開始した。これら4社の航空チケットを持つ人は、購入先の航空会社のカウンターにて航空会社の変更手続き（裏書手続き）を行えば、この4社の中でどの航空会社の便であっても搭乗が可能となった(4)。日本風に言えば、シャトル便の運航開始である。折からの原油高の影響もあり、減少傾向に歯止めが掛からず、2007年8月には搭乗率が40％台にまで落ち込んだ。

そこで同年の秋からは、さらに最安で1090元まで値下げを行い、搭乗率を90％に回復させた航空会社もあった。台湾新幹線が開業以来、利用者の減少が続いていた航空会社にとれば、新幹線の利用者増加を一時的に止めることに成功した。航空運賃が1090元まで値下げされると、高速バスと価格面で差が小さくなり、高速バスから航空へ乗客がシフトしたとも考えられる。

結局、2007年度の実績は133万5717人と、対前年比で見ればほぼ半減した。立榮航空は、台湾新幹線の開業により台北－高雄間の利用者の減少が続いていることから、２００８年２月末で同区間の２往復を運休した。そこで復興航空と立榮航空は、ロシアのウラジオストクやベトナムのホーチミンへの定期航路を開設した。さらに同年７月１日には、復興航空が国際線扱いの経由便（澳門－高雄・台北線）を残して撤退した。中華航空の子会社である華信航空は、２００８年夏以降は減便を繰り返しながらも週３往復運航していたが、２００９年６月からは週５往復に増便され、現在は毎日１往復に増便されている。これは華信航空を利用すれば、中華航空のマイレージが加算されることによる影響が大きいと考える。華信航空は、日本の地方都市へのチャーター便を積極的に運航している。だが遠東航空は、台湾新幹線開業後は急速に経営状態が悪化し、燃料費の支払いが滞ったため、２００８年５月に運航停止に追い込まれた。２０１０年１月12日に運航再開計画書が提出され、２０１１年４月18日からは台北の松山空港－金門間で運航を再開した。

台湾新幹線の開業以前には、１日あたり片道90便程度運航されていたことを考えると、大幅に減便されたといえる。台北－台南線であるが、前年度の１０６万１３８７人と比較すれば、２００７年度は１万１６７０人と大幅に減少した。そして２００８年２月末で１往復の運航があった遠東航空は、会社の経営事情が悪いこともあり、同路線から撤退した。その後は、会社が倒産している。そして同年７月末で復興航空が撤退したことで、路線そのものが消滅した。

台北－嘉義線は、唯一運航していた立榮航空が２００７年８月15日を最後に撤退したため、路線が消滅した。台北－台中線は距離がさらに短いこともあり、すぐに新幹線開業の影響を受け、華信航空が２００７年４月28日を最後に撤退したため、路線そのものが消滅した。この路線の最盛期は２社で19往復も運航していた。新幹線が開業する以前の２００６年末の時点でさえ、高速バスなどに利用者を奪われ、１日あたり２往復が辛うじて運航されていたに過ぎず、搭乗率も２割以下だった。

その他として、台北－恆春・屏東線も開業直後の２００７年２月末で復興航空による運航が廃止され、現在は立榮航空のみが運航している。

台湾新幹線の今後であるが、台北から花蓮まではミニ新幹線として延伸する計画がある。八堵－花蓮間のトンネルは、複線化に際して複線用の大断面のトンネルで掘削されているため、国鉄線の外側に標準軸のゲージを敷設することが可能である。

フランスの技術を取り入れた「韓国高速鉄道」

韓国では2004年4月1日に、ソウル－釜山《プサン》間で計画された高速鉄道の第1期分が開業した。高速鉄道は、1997年の通貨危機が韓国経済を直撃したことで計画が見直され、2段階で開業することになる。第1期はソウル（光明《クァンミョン》）－東大邱《トンデグ》に高速新線を建設し、東大邱－釜山は在来線を交流25キロボルト、60ヘルツで電化して直通運転させる形での開業となった。第2期分は、2010年までに残りの東大邱－慶州《キョンジュ》－釜山に高速新線を開通させる計画であった。

韓国の総人口は約4500万人であるが、ソウル（1020万人）と釜山（400万人）間には、大田《テジョン》（100万人）、大邱《テグ》（250万人）と大都市が連なる。そして韓国の総人口の3分の2にあたる約3000万人が京釜回廊に在住する。そのため高速鉄道開業前のソウル－釜山間の京釜回廊は、国鉄（現在は公社化されて「KORAIL」）京釜《キョンブ》線以外に京釜高速道路があり、旅客輸送が全国の65％、貨物輸送も67％と韓国の大動脈となっていた。京釜線の営業キロ数は444キロあり、ソウル近郊区間以外は非電化であったが全線複線化されていた。旅客需要も多いことから、特急「セマウル」や急行「ムグンファ」といった優等列車が多数運行され、1日に20万人近い旅客輸送を行っていた。

一方で貨物に目を向けると、ソウル郊外に近代的な設備を有する仁川《インチョン》港がある。だがこの港は潮位差が激しく、満潮を待たないと船が入港できない致命的な欠点がある。そのため輸送コストは高くなるが、日本や北米・欧州方面からのコンテナは、釜山港に陸揚げした後、鉄道かトラックに積み替えてソウルへ運ばざるを得ない。釜山港に揚がるコンテナのソウル方面への輸送が、ＫＴＸ（＝Korea Train eXpress）が開業する以前の２００１年頃は、年間１２００万トン以上あった。

ところが京釜線は、日本統治時代に造られた路線のため、介在する急カーブや急勾配が輸送の隘路となっていた。急増する輸送量に対しては近い将来、パンクすることが予想され、別線による輸送力増強が不可欠であった。深刻な交通・物流難から輸送コストが高止まりの状態にあり、韓国の産業競争力を高めるためには、物流コストを下げる必要があった。日本では、民主党が高速道路の無料化[5]を選挙のマニュフェストに掲げたが、これも日本国内の物流コストが下ると国際競争力が向上すると考えているからである。また現在の貨物は、日本海側の都市からフィーダー船で釜山港へ運んだ後、北米・欧州へ輸出されているが、高速道路が無料になれば日本国内の大阪・神戸などの港湾へシフトすると、民主党は考えている。

物流コストは、１９９５年度基準で国内総生産（ＧＤＰ）対比16・5％に該当する58兆ウォン（1ウォンは０・1円）程度の水準であり、米国・日本等の先進国と比較して約2倍となっていた。このことが産業競争力を弱体化さ

表７-３　KTXと東北新幹線の概要比較。

項　目		ＫＴＸ	東北新幹線
輸送目的		旅客専用	旅客専用
区　間		ソウル－釜山（全線高速新線開業時）	東京－盛岡
建設基準	営業最高速度	300km	300km
	最小曲線半径	7000m	4,000m
	最急勾配	35‰	15‰
軌道中心間隔		5.0m	4.3m
路線延長		412km	497km
土　工		111km（27%）	27km（5.4%）
トンネル		189km（46%）	118km（23.7%）
橋梁・高架橋		112km（27%）	352km（70.9%）
電気方式		交流25kv、60Hz	交流25kv、50Hz
車体幅		2.9m	3.4m
軸　重		17t	17t[注6]

出典：『JREA』2001年５月号、世界の高速鉄道（グランプリ出版）を参考に作成する

せ、社会・経済的損失が2001年には年間2兆4000億ウォンに達した。
ソウル－釜山は年間輸送量が旅客・貨物とも大幅に伸び、2011年には1995年と比較して旅客1・7倍、コンテナ貨物3・8倍、車両保有台数2倍になると予想していた。1日あたりの高速鉄道の輸送能力は52万人である。これは高速道路の25万人、複線電化鉄道の27万人の約2倍となる。高速鉄道は総運行時間16時間中、ピーク時は4分間隔の運転でも満席が予想され、残りの時間でも乗車率は85％と予想していた。高速鉄道は旅客用であるから、完成後は在来線の電化を実施することで、貨物輸送量が35万TEU（1TEUは、20フィートコンテナ1個）から300万TEUと8・6倍に増えて、画期的な経済波及効果があると期待されていた。

　土工・トンネル・橋梁で構成された路盤は、最も重要な基盤施設であるため、総事業費の半分を占める。特にKTXは、高速運転を行うため可能な限り一直線に線路を敷設したため、全体路線の70％以上がトンネルと橋梁になった。KTXと東北新幹線の比較は表7－3に示した。

　KTXの軌道は、より快適な乗り心地を提供するため、レールの継ぎ目をすべて溶接し、ソウル－釜山間は1本のロングレール化することにより、衝撃と振動を最小限に抑える配慮がなされた。設計基準・敷設工法等の主要技術事項はフランス技術陣の支援を受け、レール溶接のため五松《オソン》軌道基地（忠清北《チュンチョンブク》道《ト》清原《チョンウォン》郡）内に最新の自動電気溶接設備を完備している。枕木は、日本と同様に夏場は高温多湿になる韓国の気候に配慮してシングルブロック

図7-19　HSR350の外観。

式のバラスト軌道を採用した。だが韓国は、日本とは異なり石の質が悪いため、高速鉄道で使用するには適さない。本来ならばスラブ軌道を導入することが望ましいが、「初期投資が高くなる」という理由から見送られた。

地上設備であるが、変電所は本線区間に８か所、車両基地２か所にも設けられたため、計10か所に建設された。送電線は二重回線とし、断線事故時にも電力供給が可能になるバックアップ体制を確立した。また架線は、冬季には氷点下になる韓国の気候も考慮して、氷や雪を溶かす装置や自動張力調整装置が設置された。中央電力司令室に遠隔制御装置（ＳＣＡＤＡ）が設けられ、すべての電気施設の状況を24時間監視する体制を採っている。また電力通信網も二重化することで信頼性を高めた。

ＫＴＸは日本の新幹線とは異なり、副本線の進入に46番ポイントを使用する。両端が機関車であるために加減速性が悪く、３分30秒間隔で運行するには副本線へ１６０キロで進入する必要がある。それには分岐器の長さが１４５メートル、稼動部分が50メートルもある46番ポイントを使用しなければならない。このポイントを転換する場合は、トングレール部に８個、可動ノーズ部に３個の計11個のモーターを使う必要がある。１基あたりの価格が約５０００万円と非常に高価になる以外に、維持費やポイントを稼働させる費用も高い。日本の新幹線は、18番ポイントを使用するため進入速度は80キロとなるが、動力分散方式のため加減速性が優れ、その欠点を克服できる。そしてポイント１基あたりの費用も１０００万円以下で済み、維持費も低減できる。

図７-20　ＨＳＲ350の１等車。

図７-21　ＨＳＲ350の２等車。

車両や信号システムであるが、高速鉄道が走る京釜回廊は都市が繋がっており、TGVの車両断面は日本の新幹線と比較して狭いことから定員が少なく、機関車も入れて20両編成としなければ旅客需要に対応できない。フランスのアルストム社の機関車は、誘導電動機1個あたりの出力は1130キロワットであるが、出力不足は否めない。そこでKTXは、両端の機関車の次にモーター付き動力客車を組み込み、動力装置の数が少ないためにモーターなどの保守費が低減できる機関車方式の長所を活かした。ブレーキ方式は、TGVと同じ摩擦・発電・回生ブレーキの3つを備えている。300キロからの制動距離は、3300メートルである[7]。

ところで機関車は摩擦・発電・回生のブレーキの使用が可能であるが、中間にある客車は機械ブレーキのみとなる。頻繁に機械ブレーキを使用する停車駅の多い列車では、制輪子等の磨耗が激しく、メンテナンス面で不利である。

韓国鉄道技術院は、KTXでは300キロが限界であるため、最高速度350キロ運転が可能なG7、HSR350X（図7－19）という試験車の開発を行った。KTXが鋼製であるのに対し、G7とHSR350Xは350キロ運転を可能とするため、車体はアルミ合金製である。またKTXと同様に両端機関車方式を採用するが、KTXでは出力不足であった。そこでG7は、電動車の比率を上げ

表7－4　HSR350Xの性能表。

運行速度	最高速度350km/h、設計速度385km/h（j252350km/h+10%）
車体と設備	先頭車形状：空気抵抗を考慮した流線型 材質：機関車は鋼製 電動客車と客車はアルミ製 空気圧コントロールシステムの採用により、トンネル内でも快適に過ごすことが可能
駆動システム	モーター：誘導電動機（1,100kw） 牽引力：均衡速度350km（上り5‰） 高速対応ファンタグラフ
列車コントロールシステム	TCN(Train Communication Network) 最先端のコントロール装置とソフトウェアー
ブレーキ装置	既存の摩擦ブレーキに渦電流ブレーキを併設により、安全な制動距離を確保
台　車	385km走行が可能な連接台車

出典：パンフレット「Korean High Speed Railway Prototype Test Train HSR 350x」をもとに作成

て6M14Tとした。HSR350Xの1編成は、機関車も含めて7両で車両長は145メートルと短いが（図7－20、7－21）、KTXと同様に両端機関車で次がモーター付き客車として、出力アップを図っている。

KTXがサイリスタ制御であるのに対して、G7とHSR350XはIGCT使用のVVVFインバーター制御を採用する。中間の付随車にも渦電流ブレーキが採用され、KTXよりも技術的進歩が見られる。HSR350Xの性能は表7－4で示した。

KTXの信号方式は、TGV北欧州線で用いられるTVM（＝Transmission Voie Machine）430という車内信号方式が採用された。このTVMとは「線路から列車への伝達」の意味である。列車の安全運行のためにATC、運行管理のためにCTC（列車集中制御方式）を採用した。そしてさらに障害物検知装置や車軸発熱検知装置など、KTXでは各種先端装置が設けられた。フランスのTGVは、300キロ運転を実施しているが、信号や案内盤を目視で確認を行う。つまり基本的には在来線の高速化である。日本の新幹線は、信号システムにATC、CTCを採用し、在来線とは独立した異なったシステムである。そう考えると、KTXの信号システムは日本の新幹線に一歩近づいたことになる。

300キロ運転を実施するにあたり、避けて通れないのが騒音対策である。TGV、ICEなどの欧州の高速列車が通る沿線は、日本のように人口密度が高くないことから、この問題にあまり配慮されていない。しかしKTXが通る沿線は、人口高密度地域であるため、政府は最高騒音度基準から等価騒音度基準（Leq）60～65デシベルへ変更する政策協議を行い、最終的には調査団が騒音基準を策定した。

KTXは20両編成で運転されるため、安定した電力の供給を目的に、屋根上に特殊高電圧線を敷設して2004年4月1日から営業運転を開始した。そしてトンネル走行時の車内の騒音基準も73デシベル以下と定められたが、実際はこの基準値を超えていると報告されている。

筆者の感想であるが、日本の新幹線と比較して建造物に無駄な設計が多い。軌道の中心間隔を5・0メートルも必要とするのは、フランスのＴＧＶの気密性が日本の新幹線ほど完璧でないからである。これによりトンネル断面や高架橋（幅14メートル）も新幹線と比較して大きくなり、建設費が高くなった。両端機関車方式は日本の新幹線と比較して軸重が重くなり、それゆえ建造物の強度を上げる必要性がある。また加減速性の悪さから側線の有効長を長く採る必要があり、建設費が割高となる。

軌道も乗り心地とメンテナンスを考慮すれば、初期投資は高くなるがスラブ軌道を導入するべきだった。開業時は新しく乗り心地は比較的良好であったが、開業から7年も経過すると乗り心地が悪くなっていた。

韓国はフランスと異なり、冬は氷点下20℃位まで下がり、かつ降雪もある。それゆえ架線等の地上設備だけでなく、車両も耐寒・耐雪構造化が不可欠となる。フランスは比較的温暖な気候であるから、寒冷地や積雪に対するノウハウがない。ＫＴＸは、ＴＧＶの大西洋線用の車両がベースであり、この点の対策が不十分である。冬季に車両故障などによる運休や立ち往生が、時々生じている。そしてＫＴＸが走るソウル－釜山間は、都市が連続するため高頻度運転となる。動力分散方式の日本の新幹線を採用しなかったため、追い越しの列車が設定できない。韓国のように寒冷地で降雪もあり、沿線人口が多く、定員を確保する必要性といった要素まで加味するとなおさらである。

韓国は国民所得の向上に伴い、環境に対する意識が高揚した。高速化を妨げる最大の要因である騒音の発信源は、車輪の摩擦音、トンネル進入時の風

図７−22　ＫＴＸの１等車。

圧音、パンタグラフの風切り音などがある。KTXはバラスト軌道を採用したことから、いずれ車輪の摩擦音は顕著化するだろう。その対策としてKTXの線路沿いに高さ約2メートルの防音壁を設けた。それゆえせっかくの眺望が台なしとなり、乗客にはKTXの魅力が半減した。スラブ軌道は初期の投資コストこそ高いが、レールと路盤の間に敷かれたゴムが衝撃や振動を吸収する。その結果、静かで滑らかな乗り心地の提供以外に、メンテナンスコストや騒音・振動の低減も可能になるから、今回の処置は残念でならない。パンタグラフの風切り音に関しては、日本の新幹線はカバーを設けて対応するが、KTXでは実施されていない。

車内設備は、KTXの車体幅は2・9メートルであり、日本の新幹線の3・4メートルと比較して狭く、KTXの1等車は1－2（図7－22、7－23）、2等車は2－2の座席配置であるが、定員を確保するために2等車のシートピッチは930ミリである。これは、日本の新幹線の普通車の1040ミリと比較すれば狭いうえ、座席が固定され半分の座席は逆向きを強制されるため、乗客から非常に不評である。

KTXは開業当初、韓国鉄道庁が運営する国鉄であった。だが2005年の元旦からは上下分離経営と公社化が同時に実施され、インフラは韓国施設公団が所有するが、列車の運行と運営は韓国鉄道公社（KORAIL）が行うようになった。KORAILは、逆向きの乗客の運賃を5％値引きした。乗客から「座席の回転を可能にしてほしい」という要望は強いが、開業から

図7-23　KTXの1等車では、缶ジュースのサービスがある。

２年間はアルストム社との契約で改修できないことになっていた。契約期間が過ぎた２００６年12月に、車両更新を迎える２０１２年から１２００億ウォンを投入して回転式に改良することを発表した。だが完成は２０１６年であり、かつ定員の減少による減収を心配している。

　２００４年の第１期工事が完成した時は、ソウル－光明間や、大田、大邱付近、東大邱－釜山間は在来線を走行していたため、高速新線区間は一部だけであったが、特急「セマウル」で４時間30分程度要していたソウル－釜山間は、２時間40分程度に短縮された。これによる航空機からのモーダルシフトも生じた。

　ＫＴＸは、乗客からの評判が決して良くなかったため、２０１０年３月２日より比較的需要の少ない京釜線・湖南《ホナム》線のソウル－木浦《モッポ》間で、ＨＳＲ３５０Ｘの量産車であるＫＴＸ－山川（ＫＴＸ－Ⅱ）の営業運転を開始した。ＫＴＸ（初代の車両）では、一般席はＴＧＶと同様に集団見合い型の座席構造としたため、「座席の向きが変えられない」「車体が小さくて窮屈である」など、乗客の不満が強かった。そこで従来のＫＴＸよりシートピッチを50ミリ拡大した９８０ミリの回転式リクライニングシートが採用され、居住性が改善した。また列車運用に柔軟性を持たせるため、ＫＴＸより短編成化を行った。その結果、１編成が客車８両プラス両端の動力車となり、定員は特室が30名、一般室が３３３名の合計３６３名となった。今後は、輸送量の少ない全羅《チョルラ》線にも投入される予定である。筆者自身は、使用する線区や気候等を考えると、動力分散方式である日本の新幹線をベースに研究開発を行い、自国に適した形で導入するべきだったと考える。Ｇ７やＨＳＲ３５０Ｘなどの試験車は役目を終えたため、現在は営業運転に従事していない。

　京釜線の第２期工事であるが、建設中の工事区間で、２００９年２月18日に枕木15万本にひび割れが見つかった。専門家が見たところ、高速走行時に危険性が高いことが判明した。ただちに枕木の交換と軌道などの修復作業が開始されたが、韓国の信用は失墜したため、同時期に予定されていた韓国政府による米国・ブラジル（リオデジャネイロ－サンパウロ間）への高速鉄道技術の売り込みは即刻中止となった。そんな中、２０１０年11月１日には、京釜高速鉄道の第２期区間である東大邱－釜山間が開業すると同時に、五松《オソン》、金泉《キムチョン》（亀尾《グミ》）の両駅が開業した。これにより金泉、亀尾に直通する系統は廃止された。さらに同年の12月1日からは、平日に限りソウル－釜山間を2時間8分で結ぶノンストップ便が試験的に運行を開始した。また同年の12月15日からは、慶全《キョンジョン》線の複線電化が開業したことに伴い、馬山《マサン》までKTX－山川を使用して、平日に7往復、土日に12往復が乗り入れを開始した。

居住性の改善を目的に導入されたKTX－山川であるが、故障続きで品質が良くないため、KORAILは初めて事実上の「リコール」を要求した。KORAILと鉄道労組によると、2011年5月7日未明に高速鉄道の車両基地で係員が事前点検を実施中、電動客車である2号車のモーターを減速機に固定する台で車両の欠陥が見つかったという。

車両トラブルの続出以外にも構造物の施工不良もあり、韓国は最終的には車両の輸出を断念せざるを得ないと筆者は考える。韓国の鉄道車両の品質は、日本と比較すれば劣っており、台湾国鉄が導入した韓国製の電車や客車なども、事故こそ生じていないが故障が多発しているため、現場の担当者は困っている。また中国の高速鉄道も、2011年6月の開業から1か月で大多数の死傷者を出す大事故を起こしたため、信頼性がない。そうなると日本の新幹線かドイツ・フランスの高速鉄道の争いとなる。

韓国内の航空であるが、KTXがソウル－釜山間やソウル－木浦間で開業したにもかかわらず、大韓航空とアシアナ航空が、ソウルの金浦《キンポ》空港を中心に釜山、済州《チェジュ》など国内15都市を結んでいる。ソウルから日本海側の江稜《カンリョン》や東海《トンヘ》へ行くとなれば、未だ高速鉄道がないうえ、太白山脈がある関係上、鉄道は南側に大きく迂回を強いられるため、航空需要が根強い。ソウル－釜山の所要時間は約1時間であり、KTXの約2時間40分と比較すれば所要時間は半分以下である。だが航空機は、都心部と空港間の移動が強いられるため、KTXの開業前と比較すれば本数は削減されている。それでも大韓航空は、ほぼ毎日7時00分から20時00分まで1時間間隔で、B737－900を用いて運航されており、短いながらもプレステージクラスというビジネスクラスも8席設けられている。

一方のアシアナ航空であるが、こちらも7時30分から8時30分までほぼ1時間間隔で毎日運航されている。機材は

B737－400が用いられているが、大韓航空とは異なり、エコノミークラスだけのモノクラスで運航されている。韓国では、国内線を利用する際に5000ウォン（1ウォンは約0・07円）の空港設備使用料が必要であり、航空券を購入する際に請求される。

KTXが開業する以前は、ソウル－釜山間で大韓航空が片道26～31本、アシアナ航空が20～27本運航されていた。そのためKTXの開業により、各社とも便数が半分程度に減少している。

〔注〕

（1）長万部－札幌間の整備方式は「要検討」となっており、スーパー特急方式の可能性も残されている。

（2）ヘリウムは希ガスの一種であり、水素に次いで軽い気体のためガス風船に用いられる。通常の状態では原子で存在する（他の物質と反応して化合物を作ったり、ヘリウム同士が結合して分子にもならない）。希ガスであるから高価である。

（3）JALは民主党政権の肝いりで破綻処理された経緯があり、京セラの稲盛会長が民主党と深い関係にあるだけに、当時の菅内閣もこれ以上の経営悪化は避ける必要があった。

（4）団体航空券等、一部変更が不可な航空券もある。台北－台南の路線でも、同様のサービスが検討されていた。

（5）日本の高速道路通行料は、欧州などと比較して3～5倍程度割高な状態にある。日本は山が多いためにトンネルが多く、かつ地震が多いことから耐震構造が要求されることもあるが、受益者負担の原則に基づき建設費を通行料で償還するというシステムも影響している。民主党は、これが物流コストを釣り上げていると考えており、物流コストを引き下げると、最大で2・5兆円の国民負担の軽減が可能になると予想する。2010年（平成22）6月28日からは渋滞が激化する心配が少なく、フェリーへの影響がない地方の高速道路のうち、50区間が無料となる社会実験が始まった。国土交通省は、2010年8月11日に無料化の社会実験が始まって1か月経過した時点の全国50区間の交通量を発表した。平均交通量が1・87倍になったが、「物流コストが減少した」と回答した物流業者は36％にとどまっている。56％の物流事業者は、「変わらず」と回答しており、現時点では効果は限定的である。

一方、JR北海道・四国・九州の管内で、無料化対象区間と並行して走る12路線の特急列車の利用者の調査も行ったが、平日で前年同期の利用者数を上回ったのは1路線だけであり、後の11路線は利用者が減少した。ゆえに物流コストも下がらずCO_2の増加を招く一方、公共交通の利用者を減少させる高速道路の無料化は、早期に中止しなければならない。

（6）東海道・山陽新幹線は軸重が16トンであるが、東北・上越新幹線は寒冷地対策を施す必要性があるため、車両重量が増加して軸重が17トンとなった。フランスTGVの軸重は19・5トンである。それゆえ高架橋などの強度が増すため、建設費が高くなる。

（7）日本の新幹線の制動距離は約2500メートルであるため、KTXの制動距離は長いと言える。

おわりに

わが国では、新幹線と航空機は常に競争関係にあった。１９６４年（昭和39）の東海道新幹線の開業は、世界の人々を驚かすと同時に、「鉄道斜陽」が叫ばれていた欧米でも、鉄道を見直す機会を与えることになる。またわが国でも、新幹線の持つ卓越した高速性は、人々のライフスタイルを大きく変えることになった。東京－大阪間の出張などは、完全に日帰りとなっただけでなく、それまで準急を利用していた東京－熱海・伊豆方面への旅行者も、新幹線へシフトするようになった。それゆえ新幹線の経済波及効果を享受したく、各地で新幹線誘致運動が興り、やがては整備新幹線計画へと発展するようになる。

その東海道新幹線も開業してから45年以上が経過するが、最初から安定して走行した訳ではなかった。初期故障だけでなく、関ヶ原付近の積雪には大いに苦しむことになる。開業当初は、運行規定や検査規定なども在来線の延長的な考えであったが、やがて２００キロを超える高速鉄道にふさわしい規定に改まられた。新幹線の安全・安定した輸送システムおよび検査規定などの確立に貢献したのが、齋藤雅男であった。彼の献身的な努力があったからこそ、開業以来死傷者ゼロという世界に誇れる記録が樹立されただけでなく、後に開業する東北・上越などの新幹線にも、そのノウハウが受け継がれている。

一方の航空であるが、１９５１年（昭和26）にＪＡＬが民間企業として設立されたことから、わが国の戦後の航空の歴史はスタートする。１９５２年（昭和27）のサンフランシスコ講和条約の発効に伴い、翌年からは半官半民のＪＡＬとして日米線を就航したが、この当時の日本の航空業界は雨後のタケノコのように小さい航空会社が乱立する状態であった。政府は航空事業の重要性を認識していたことや、当時は航空事故が多発していたこともあり、事業統合を進めることになった。その結果、1972年（昭和47）に国際線と国内幹線はJAL、国内幹線はANA、ローカル線はTDAという形で航空会社は統合された。俗にいう「45・47体制」であり、この当時の航空業界は規制を強化していた。

ところが1973年（昭和48）11月に第1次オイルショックが発生し、高度経済成長は終焉を迎えた。物価の高騰から翌1974年（昭和49）は、戦後初のマイナス成長を記録したが、その後の日本は安定成長期に入る。1975年（昭和50）3月10日に山陽新幹線が博多まで開業するが、国鉄の経営状態の悪化や物価高騰もあり、当初は1976年（昭和51）に開業を予定していた東北・上越新幹線は、開業が大幅に遅れることになった。また1976年秋に国鉄は、戦後の混乱期を除けば初となる運賃・料金の50％値上げを行った。これにより新幹線のグリーン車や在来線特急のA寝台車を利用すれば、航空機よりも割高となり、長距離旅客は航空機へシフトするようになった。さらにこの時代の国鉄は、順法闘争を激化させていたこともあり、ストライキが多発していた。そのため技術革新などは停滞し、新幹線の最高速度も開業時から据え置かれていた。新幹線の最高速度の据え置きは、順法闘争の激化だけでなく、騒音対策という環境意識の高まりもあった。

1987年（昭和62）4月1日に国鉄は分割民営化され、それ以降は新幹線のスピードアップや新在直通などのサービス向上に熱心に取り組みようになる。東海道・山陽新幹線では、国鉄末期に最高速度が220キロに向上した後は、グランドひかりの山陽新幹線内の230キロ運転を経て、1992年（平成4）3月のダイヤ改正からは、「のぞみ」が270キロ運転を行うようになるなど、目に見えた改善が行われるようになった。だがそれは新幹線が、より実用本位になったことを意味しており、2階建て車両や食堂車などが廃止された。

航空に関しては、1986年（昭和61）に「45・47」体制を見直し、ANAやTDA（後のJAS）の国際線への進出が認められ、3社の棲み分けが解消された。1990年代に入ると規制緩和に対する圧力が高まり、1995年（平成7）12月22日からは同一路線・同一運賃の原則が撤廃され、上限価格と下限価格という幅の中で、多様な運賃設定を可能とする「幅運賃制度」が導入された。航空会社の裁量も加味した運賃設定が可能となり、１９９０年代の後半にはスカイマークやエア・ドゥなどの新規参入が行われた。２０００年（平成12）には１９５２年以来の航空法が抜本的に改正され、需給調整規制の撤廃および運賃設定の自由化が行われ、航空業界にも競争の導入が促進されるようになり、「早割」や「特割」などの割引運賃が充実するようになった。そしてスカイネットアジア航空やスターフライヤーが参入を行った。

だが羽田空港の発着枠の制約から、新規航空会社に充分な発着枠が与えられていないことに加え、日本では航空機をリースしたり、整備を請け負う業者などが整っていなかった。そこへ甘い見通しも加わり、エア・ドゥが会社更生法の適用を申請したり、スカイネットアジア航空が産業再生機構から支援を受けることになった。そこでエア・ドゥやスカイネットアジア航空はＡＮＡの支援で再建され、スターフライヤーもＡＮＡと共同運航を行うなど、新規参入の航空会社が単独で生き残ることは難しい。２０１０年（平成22）１月19日にはＪＡＬの経営破綻もあり、そのうえ東北新幹線の新青森開業や九州新幹線の全通、少子高齢化および今後は地方分権が進展することが予想されるため、国内航空需要が増える要素は少なく、前途は決して明るいとは言えない。

その新幹線も、国鉄の分割民営化後は赤字必至の並行在来線をＪＲから経営分離してもよくなったため、かつてのように「新幹線大歓迎」という雰囲気ではなくなっている。並行在来線は、地元自治体などが出資する形で第三セクター鉄道を設立させ、経営が移管される。そうなると地元自治体は赤字補填の負担を負わされ、利用者は普通運賃や通勤・通学定期券が大幅に値上げされるうえ、運転系統が分断されて乗り換えが強いられるようになる。さらに以前であれば、新幹線が開業すれば地元に莫大な経済波及効果をもたらしたが、現在は大都市に利益などが吸い取られるストロー効果が生じるようになり、新幹線の開業が必ずしも地元を潤すとは言えなくなっている。

日本は既に成熟期に入っており、新幹線や空港などのインフラは、主要な部分には整備が完了している。また国と地方を合わせると１０００兆円以上の借金があるため、従来のように高速交通手段を全て望むことは困難になっており、整備には費用対効果を充分に吟味する時代となった。

最後に本著を出版するにあたり、東京堂出版の太田基樹氏には大変お世話になった。また取材に応じていただいたスターフライヤーの高橋信取締役、明石多佳夫客室課アシスタントマネージャー、資料を提供していただいた秋田県建設交通部建設交通政策課の内田鉄嗣氏、台湾高速鐵路の江信助氏に、厚くお礼申し上げます。

2012年3月

堀内　重人

■参考文献

【著　書】

国土交通省（旧運輸省）『航空輸送統計年報』昭和38～42年度
国土交通省（旧運輸省）『航空輸送統計年報』昭和48～53年度
川村知哉編集『国鉄車両大カタログ』１９８２年８月、ＪＴＢ出版
星　晃『回想の旅客車 特ロ、ハネ、こだまの時代 上』１９８５年11月、交友社
星　晃『回想の旅客車 特ロ、ハネ、こだまの時代 下』１９８５年12月、交友社
片山　修『ＪＲ躍進のプロセス』毎日新聞社、１９８９年
須田　寛『東海道新幹線』大正出版、１９８９年10月
久保田博『鉄道工学ハンドブック』グランプリ出版、１９９５年
中島廣、山田俊英『韓国の鉄道』ＪＴＢ出版、１９９８年
佐藤芳彦『世界の高速鉄道』グランプリ出版、１９９８年
ケビン＆ジャッキー・フライバーグ（翻訳：小幡照雄）『破天荒！サウスウエスト航空―驚愕の経営』１９９７年、日経ＢＰ社
浜田輝夫『Ａｉｒ Ｄｏ　ゼロから挑んだ航空会社』ＷＡＶＥ出版、１９９９年
齋藤雅男『驀進』鉄道ジャーナル社、１９９９年
高橋団吉『新幹線をつくった男 島秀雄物語』小学館、２０００年
村上英樹、加藤一誠、高橋望、榊原胖夫『航空の経済学』ミネルヴァ書房、２００６年
塩見英治『米国航空政策の研究―規制政策と規制緩和の展開―』文眞堂、２００６年
塹江　隆『観光と観光産業の現状（改訂版）』文化書房博文社、２００６年
齋藤雅男『新幹線安全神話はこうしてつくられた』日刊工業新聞社、２００６年

ＡＮＡ総合研究所『航空産業入門』東洋経済新報社、２００８年
堀内重人『高速バス』グランプリ出版、２００８年
青木栄一『交通地理学の方法と展開』古今書院、２００８年
井上泰日子『航空事業論』日本評論社、２００９年
堀内重人『鉄道・路線廃止と代替バス』東京堂出版、２０１０年
香川正俊・澤 喜四郎・安部誠治・日比野正巳編著『都市・過疎地域の活性化と交通の再生』成山堂書店、２０１０年
『格安エアライン利用ガイド』イカロス出版、２０１０年
堀内重人『廃線の危機からよみがえった鉄道』中央書院、２０１０年
堺屋太一『第三の敗戦』講談社、２０１１年
堀内重人『ブルートレイン誕生50年―20系客車の誕生から、今後の夜行列車へ』クラッセ、２０１２年
Jackie Clarke（寄稿）、Ken Harris（編集）『Jane's World Railways 2009-2010』Jane's社発行
『Korean High Speed Railway Prototype Test Train HSR 350x』韓国鉄道技術院発行のパンフレット

【参考論文】

鉄道ジャーナル編集部「〝60・3〟ダイヤ改正ＧＯ！」『鉄道ジャーナル』１９８５年5月号
種村直樹「剣が峰に発つ国鉄と〝60・3〟―昭和60年3月ダイヤ改正の評価と問題点」『鉄道ジャーナル』１９８５年7月号
佐藤公夫、倉本建二、辻村和人「新幹線240km/h運転のメカニズム」『鉄道ジャーナル』１９８５年7月号
「第二世代の全2階建て新幹線電車ＪＲ東日本Ｍａｘ Ｅ4系登場」『鉄道ジャーナル』１９９８年1月号
「新幹線電車の系譜」『鉄道ジャーナル』１９９８年1月号
宮林秀次「北陸新幹線高崎～長野間 施設の概要」『鉄道ジャーナル』１９９８年1月号
須田 寛「東海道新幹線の現状と展望」『鉄道ジャーナル』１９９８年2月号

鉄道ジャーナル編集部「500km/hを超えた山梨リニア」『鉄道ジャーナル』１９９８年2月号
鶴　通孝「パンタグラフの音を減らせ!!」『鉄道ジャーナル』１９９８年2月号
鉄道ジャーナル編集部「新幹線の特徴と本質」『鉄道ジャーナル』１９９８年2月号
戸崎　肇「航空と他の輸送モードとの関係性について―シャトル便問題を考える」『運輸と経済』２０００年10月号
戸崎　肇「航空法改正の意味とその影響の可能性について」『運輸と経済』２００１年1月号
秋山芳弘「韓国の高速鉄道」『ＪＲＥＡ』日本鉄道技術協会、２００１年5月号
榊原胖夫「自由化1年後の航空輸送」『運輸と経済』２００１年8月号
塩見英治「改正航空法と競争促進の課題」『運輸と経済』２００１年8月号
井手秀樹「航空事業の制度改革と競争環境の整備」『運輸と経済』２００１年8月号
秋山芳弘「韓国鉄道の現状と京釜高速鉄道」『汎交通』日本交通協会、２００１年8月号
齋藤雅男「高速鉄路建設のあゆみ（9）」『鉄道ジャーナル』鉄道ジャーナル社、２００２年1月号
齋藤雅男「高速鉄路建設のあゆみ（10）」『鉄道ジャーナル』鉄道ジャーナル社、２００２年2月号
藤田崇義「韓国型高速列車Ｇ７その開発の意義」『鉄道ジャーナル』鉄道ジャーナル社、２００２年8月号
藤田崇義「韓国京釜高速鉄道と環境問題」『ＪＲＥＡ』日本鉄道技術協会、２００２年8月号
萩原善泰「新幹線電車の省エネルギー効果」『ＪＲＥＡ』日本鉄道技術協会、２００２年8月号
戸崎　肇「ＪＡＬ・ＪＡＳ統合問題をめぐる評価」『運輸と経済』２００２年11月号
堀内重人「韓国高速鉄道（ＫＴＸ）の試乗会に参加して」『土木学会誌』土木学会、２００３年4月
柳田圭三郎「国内航空市場での競争環境の実現に向けて・スカイマークエアラインズの取組みから」『運輸と経済』２００４年6月号
堀内重人「韓国の高速鉄道ＨＳＲ３５０の試乗会の印象」『鉄道ジャーナル』２００５年2月号
堀内重人「韓国高速鉄道（ＫＴＸ）に乗車して（日本の新幹線と比較して）」『ペンデルツーク』海外鉄道研究会、２００５年５

月
石井伸一「日本の航空市場におけるＬＣＣビジネスモデル生成の課題」『運輸と経済』２００５年５月号
堀内重人「第三セクター鉄道活性化への一考察」『都市問題』第97巻第2号２００６年2月号
佐藤一・山内弘隆「空港整備と経営の課題」『運輸と経済』２００６年5月号
塩見英治「拠点複数空港と民営化の課題」『運輸と経済』２００６年8月号
堀内重人「第三セクター鉄道の経営条件を探る－地域全体で支える鉄道へ」『都市問題』第98巻第6号、東京市政調査会、２００７年6月
「ここまで来た！世界の「空」バトル エアーポート＆エアライン」『週間 東洋経済』２００８年7月26日号
上村敏之「空港整備に関わる特別会計の現状と将来」『運輸と経済』２００８年8月号
小島克己「わが国の航空規制緩和と航空会社再建に向けた今後の課題」『運輸と経済』２０１０年6月号
中条 潮「航空政策・空港政策に関する誤解と疑問―成長戦略に向けての本質的課題―」『運輸と経済』２０１１年1月号
阪口健治「「さくら」発進 難産の子供はよく育つ」南日本新聞 ２０１１年3月21日の朝刊
田中 健「九州新幹線全線開業」『ＪＲＥＡ』２０１１年4月号
遠藤知幸・田中修司・齋藤裕之「Ｅ５系新幹線電車（量産車）のグランクラス導入とデザイン」『ＪＲＥＡ』２０１１年4月号
渡邉亮「国内航空運賃に関する一考察～割引運賃の割引率に基づく路線の類型化～」『交通学研究』２０１１年4月
「新幹線ＶＳ航空機ＶＳバス シェア争いに激変の予兆」『週刊ダイヤモンド』２０１１年7月30日号
「優位性を維持・向上する 経済効果、利便性、技術力」『週刊ダイヤモンド』２０１１年7月30日号
「整備新幹線の新規着工」 読売新聞 ２０１２年2月10日朝刊
「弾丸の如く 東海道疾走」 読売新聞 ２０１２年2月11日朝刊

【資　料】

堀内重人「規制緩和と格安航空会社の展望―スターフライヤーの事例を通して、格安航空会社を考える―」２０１１年１月、日本交通学会関西部会資料

ＦＤＡ（フジドリームエアラインズ）のパンフレット

藤井大輔「整備新幹線並行在来線転換の措置に関する考察」２０１１年日本交通学会全国大会資料

【インターネット】

都市間の鉄道輸送の再活性化に向けて　http://homepage1.nifty.com/JR-RENGO/k-seisaku/21vision/kaisetu3.htm

肥薩おれんじ鉄道ホームページ　http://www.hs-orange.com/

信州まつもと空港―長野県のホームページ　http://www.pref.nagano.jp/kikaku/koutuu/airport/shinsyu/bus/bus.htm

スカイネットアジア航空ホームページ　http://www.skynetasia.co.jp/

スターフライヤーホームページ　http://www.starflyer.jp/ap/Main/Top.aspx

エア・ドゥ ホームページ　http://www.airdo.jp/ap/index.html

スカイマークホームページ　http://www.skymark.co.jp/ja/

ＪＲ東海ホームページ　http://company.jr-central.co.jp/index.html

新潟県　北陸新幹線に関する報道発表資料　http://www.pref.niigata.lg.jp/koutsuseisaku/1267048918058.html

山形県　山形空港利用促進取組み状況
http://www.mlit.go.jp/koku/04_outline/01_kuko/06_riyou-sokushin/data/yamagata.pdf

秋本貴雄「航空規制改革と日本型政策決定システム」
http://www.esri.go.jp/jp/others/kanko_sbubble/analysis_07_09.pdf#search

日本国内発生の航空機事故一覧１９６０－１９６９　http://mirabeau.cool.ne.jp/air/1960.html

台灣高鐵ホームページ　http://www.thsrc.com.tw/jp/
韓国高速鉄道「ＫＴＸ」トラブル多発でリコール要請　http://fxya.blog129.fc2.com/blog-entry-1925.html
Ｎ７００系　http://homepage3.nifty.com/canada/Shinkansen/N700-0~jp.html
長野県ホームページ（信州まつもと空港）　http://www.pref.nagano.jp/kikaku/koutuu/airport/gaiyou/riyou/jyoukyou.htm
長崎県ホームページ（九州新幹線西九州ルート）　http://www.pref.nagasaki.jp/shinkansen/
岡田孝「地方空港民営化に関する考察」　http://www.jri.co.jp/page.jsp?id=16395
大韓航空ホームページ　http://www.koreanair.com/
アシアナ航空ホームページ　http://jp.flyasiana.com/Global/JP/ja/index
中華航空ホームページ　http://www.china-airlines.co.jp/
エバー航空ホームページ　http://evakitty.evaair.com/jp/site_map.html
国土交通省「国内航空における規制緩和—改正航空法による規制緩和の検証—」２００５年３月　http://www.mlit.go.jp/common/000043164.pdf
ジェットスターアジア航空ホームページ　http://www.jetstar.com/sg/en/home
台湾高鐵「2010 Annual Report」　http://www.thsrc.com.tw/download/tc/file/02/report_99.pdf
台湾高鐵「2011 Finacial Report」　http://www.thsrc.com.tw/download/tc/file/01/report_100_1h.pdf
台湾鐵路管理局　http://www.railway.gov.tw/tw/
韓国鉄道公社　http://www.korail.com/

〔著者略歴〕　堀内重人（ほりうち・しげと）
1967年（昭和42）生まれ。立命館大学経営学研究科博士前期課程修了。運輸評論家として執筆や講演活動を行う傍ら、ＮＰＯなどで交通問題を中心とした活動を行う。日本交通学会、公益事業学会、日本海運経済学会、交通権学会、日本モビリティ・マネジメント会議、日本環境教育学会会員。
著書に『鉄道・路線廃止と代替バス』（東京堂出版）、『ブルートレイン誕生50年―20系客車の誕生から、今後の夜行列車へ―』（クラッセ）、『地域で守ろう！鉄道・バス』（学芸出版社）、『廃線の危機からよみがえった鉄道』（中央書院）、『高速バス』（グランプリ出版）、『都市鉄道と街づくり―東南アジア・北米西海岸・豪州などの事例紹介と日本への適用』（文理閣）などがある。

新幹線 vs 航空機

平成24年3月20日　初版印刷
平成24年3月30日　初版発行

ISBN978-4-490-20770-5　C0065

著　者　　堀内重人
発行者　　松林孝至
印刷製本　図書印刷株式会社
発行所　　株式会社東京堂出版
http://www.tokyodoshuppan.com/
〒101-0051　東京都千代田区神田神保町1-17
電話03-3233-3741　振替00130-7-270